"十二五"普通高等教育本科国家级规划教材

会计名校名师
新形态精品教材

ACCOUNTING PRINCIPLES

会计学原理

微课版 第五版

石本仁 谭小平 主编

人民邮电出版社

北京

图书在版编目（CIP）数据

会计学原理：微课版 / 石本仁，谭小平主编. -- 5
版. -- 北京：人民邮电出版社，2021.9
会计名校名师新形态精品教材
ISBN 978-7-115-56867-0

Ⅰ. ①会… Ⅱ. ①石… ②谭… Ⅲ. ①会计学－高等
学校－教材 Ⅳ. ①F230

中国版本图书馆CIP数据核字(2021)第129406号

内 容 提 要

　　本书是依据 2006 年财政部颁布的企业会计准则体系及其贯彻实施过程中颁布的《企业会计准则讲解》（2010），以及后续新修订的或新颁布的企业会计准则（2014—2021）、全面"营改增"后颁布的《增值税会计处理规定》等编写而成的。全书分为十一章，内容包括会计的性质与目的，账户与复式记账，会计循环，收入、货币资金与应收款项，生产成本、销售成本与存货，长期资产与投资，负债，流转税与所得税，所有者权益，财务报表。

　　本书可作为高等学校会计学、财务管理、审计学、工商管理、国际贸易、市场营销、金融学等经济管理类专业本科生教材，也可作为会计从业人员的参考书。

◆ 主　　编　石本仁　谭小平
　　责任编辑　刘向荣
　　责任印制　李　东　胡　南

◆ 人民邮电出版社出版发行　　北京市丰台区成寿寺路 11 号
　　邮编　100164　　电子邮件　315@ptpress.com.cn
　　网址　https://www.ptpress.com.cn
　　三河市中晟雅豪印务有限公司印刷

◆ 开本：787×1092　1/16
　　印张：15.5　　　　　　　　　　　2021 年 9 月第 5 版
　　字数：428 千字　　　　　　　　　2021 年 9 月河北第 1 次印刷

定价：49.80 元

读者服务热线：(010)81055256　印装质量热线：(010)81055316
反盗版热线：(010)81055315
广告经营许可证：京东市监广登字 20170147 号

会计对经济的发展虽然起着十分重要的作用，但是从深层次来看，会计的发展始终依赖经济环境的变化。我国会计制度的改革就是为满足国企改革的需要而启动和展开的，是我国体制转轨中的一项基础性制度建设（马骏，2005）。自 20 世纪 80 年代开始的我国经济体制改革，采取的是一种渐进和稳健的方式，这就决定了我国会计制度的变迁也只能是渐进的，即逐步推进、分步到位。对外开放、引进外资点燃了我国会计制度改革的导火线；而现代企业制度和资本市场的建立则引发了我国的会计风暴；加入世界贸易组织（WTO），使我国会计制度进一步向国际惯例靠拢。2006 年 2 月，财政部出台了新的企业会计准则，标志着我国会计准则与国际会计准则的趋同已取得实质性进展。在经济与会计变迁中，会计的职能与角色也随之演化。

一、对外开放、引进外资是点燃我国会计制度改革的导火索

1978 年，党的十一届三中全会召开，确立了以经济建设和经济体制改革为全党的工作中心。我国建国 30 年来高度集权的计划经济体制，严重制约了企业的活力和劳动者的积极性，与加强经济建设、发展生产力的要求不相适应。改革经济管理体制、扩大企业自主权成为当务之急。基于这样的政治与经济背景，为适应经济环境变革的需要，一系列相关的法律制度与政策出台了。1979 年 7 月，第五届全国人民代表大会第二次会议审议通过了《中华人民共和国中外合资经营企业法》；1980 年 9 月，第五届全国人民代表大会第三次会议通过了《中华人民共和国中外合资经营企业所得税法》，由此拉开了我国对外开放、引进外资的经济改革的序幕。

会计制度改革是经济发展与经济环境变迁的必然结果。随着经济改革的推进，为保证和促进经济体制改革的顺利进行，保证和促进对外开放的进一步扩大，财政部于 1980 年在总结历史经验和广泛调查研究的基础上，对当时涉及面广、影响大、会计业务相对复杂且具有普遍性的《国营工业企业会计制度》进行修订。此后，为适应经济体制改革的需要，财政部先后于 1985 年和 1988 年对《国营工业企业会计制度》进行了两次重大的修订。修订的重点内容是调整与增加会计科目和改革会计报表，使其满足经济体制改革对企业会计核算的要求。

随着我国对外开放的发展，引进外商直接投资的工作有了较大进展，中外合资经营企业、中外合作经营企业和外资企业出现了蓬勃发展的局面。这些企业的出现突破了传统的计划经济体制，其经营方式与计划经济体制下的国营企业大不相同，其会计核算的要求也与计划经济体制下国营企业会计核算的要求大相径庭。为适应对外开放、引进外资的需要，财政部于1985年正式发布并实施《中外合资经营企业会计制度》《中外合资经营工业企业会计科目和会计报表》。这是一部具有划时代意义的会计制度，它的制定与实施，标志着我国会计制度迈出了与国际会计惯例协调的步伐。实际上，它是我国对社会主义商品经济乃至社会主义市场经济会计制度模式进行的一次积极的探索，是我国市场经济体制下企业会计制度改革的先导。

二、现代企业制度和资本市场的建立是引发我国会计风暴的基本动因

我国虽然根据经济体制改革的实际情况，对传统的会计核算体系进行了一系列改革和完善，但是传统的企业会计核算体系和管理模式并没有根本性改变。时至1989年的会计制度改革，我国会计核算规范主要是国家统一发布的，按各种所有制形式、部门制定的会计制度。随着社会主义市场经济体制的确立，这种会计制度模式已日益显露其局限性和不适应性。市场经济的发展与完善，对会计制度的全面改革提出了越来越紧迫的要求。

1992年经国务院批准，财政部发布了《企业会计准则》《企业财务通则》以及13个行业的企业会计制度和财务制度，简称"两则两制"，并于1993年7月1日起实行。故1993年被称为掀起"会计风暴"之年。《企业会计准则》在借鉴和参考国际会计经验，总结我国会计核算实践经验的基础上，改革了会计等式，即将我国传统会计中应用了30年的会计等式"资金占用=资金来源"改为国际通行的"资产=负债+所有者权益"，明确了会计核算的基本前提和一般原则，规定了资产、负债、所有者权益、收入、费用、利润等会计要素的确认与计量方法以及财务会计报告的编写要求等。13个行业会计制度则一改以往我国按照所有制成分，分不同部门或行业来设计和制定会计制度的模式，根据企业会计准则的要求，结合各行业生产经营活动的不同特点及不同的管理要求，将国民经济各部门划分为若干行业并分别制定会计制度，从而形成了一个比较完整的企业会计核算制度体系。随着经济体制改革的全面展开，股份制也悄然出现于经济体制改革实践之中。1984年7月，北京天桥百货股份有限公司成立，1984年11月，上海飞乐音响股份有限公司首次向社会公开发行股票50多万元。1990年，上海证券交易所成立，延中实业等企业在上海证券交易所上市，成为中华人民共和国成立以来首批上市公司。1991年4月，深圳证券交易所宣告成立。1992年10月，国务院证券委员会和中国证券监督管理委员会成立。为推动股份制试点工作的健康发展，规范上市公司会计核算及其会计信息的披露，财政部于1992年5月制定并发布《股份制试点企业会计制度》。这一会计制度一改传统计划经济体制下的会计制度模式，是一次企业会计制度改革的成功探索。1993年6月底，证监会又发布与修订多项《公开发行股票公司信息披露内容与格式准则》，以规范公开发行股票公司的信息披露行为。随着经济体制改革的进一步深化，企业制度改革的进一步深入，财政部于1998年1月制定并发布《股份有限公司会计制度》。随着现代企业制度的建立、资本市场的快速发展，为适应市场经济发展的新需求，规范会计行为，保证会计信息的真实完整，提高经济效益，维护市场经济秩序，全国人民代表大会常务委员会于1999年10月31日审议通过了新修订的《中华人民共和国会计法》（以下简称《会计法》）。新修订的《会计法》突出强调了单位负责人对本单位会计工作和会计资料真实性、完整性的责任，进一步加强会计监督的要求，并进一步完善了会计核算规则。为了配合新修订的《会计法》的实施，规范企业财务报告，保证会计报告的真实与完整，财政部于2000年12月制定并发布《企业会计制度》。《企业会计制度》在总结现有会计制度实践经验的基础上，对资产、负债、收入、费用等规定了统一的确认和计量标准，促进了我国会计核算标准与国际会计准则的充分协调。

三、加入世界贸易组织使我国会计制度进一步向国际惯例靠拢

2001 年，中国加入 WTO，这对我国经济管理体制、政治体制和价值观念的改革等都产生了巨大的影响，对我国会计制度形成了"刚性约束"，并使我国会计制度变迁的路径依赖得到了摆脱（温美琴，2002）。诺斯曾指出，制度变迁中存在较强的路径依赖，人们过去的选择往往决定了他们现在可能的选择。沿着既定的路径，制度变迁可能进入良性循环的轨道，也可能顺着原来的错误路径往下滑。要从既定的路径中摆脱出来，就必须引入外生变量。加入 WTO 正是我国会计制度变迁中的外生变量，为我国会计制度从传统的具有中国特色的制度变迁路径中摆脱出来提供了机会，同时进一步加速了我国会计标准国际化的进程。随着我国经济体制改革和对外开放的深入，我国资本市场得到快速发展，经济的国际化程度不断提高。而全球经济一体化与资本市场国际化的迅猛发展则要求作为国际商业语言的会计提供具有国际可比性的会计信息。正是基于这样的经济背景，为适应我国资本市场发展的要求，促进市场经济体制的完善与对外开放，以及实现我国会计标准国际化的需要，2006 年 2 月，财政部出台了新的企业会计准则。财政部这次颁布的新会计准则体系由 1 项基本准则、38 项具体准则组成。该会计准则体系于 2007 年 1 月 1 日起在上市公司实施，并鼓励其他企业执行；2008 年在国有大中型企业中执行；2009 年，在所有中型以上企业执行。作为企业会计准则体系重要组成部分的《企业会计准则——应用指南》已于 2006 年 10 月出台。该指南由两部分组成，第一部分为各项会计准则的解释，第二部分为会计科目和主要账务处理。由财政部会计司编写组编写的《企业会计准则讲解》已于 2007 年 4 月出版，其主要内容是对会计准则更细致的解释，其中结合了大量实例，使得会计准则的运用更具可操作性。

四、新会计准则的特点

新会计准则的特点主要体现在以下几个方面。

第一，向国际惯例尤其是国际会计准则靠拢，实现了与国际会计准则的趋同。我国新会计准则在资产负债观的运用、公允价值的运用以及基本计量的要求上都趋同于国际会计准则，但由于中国特有的经济、政治与法律环境，新会计准则在资产减值、关联方披露、企业合并、退休福利、企业持有以备出售的流动资产、终止经营以及恶性通货膨胀经济中的财务报告等方面与国际会计准则还存在一定的差异。

第二，新会计准则形成了一个可单独实施的较为完善的准则与核算体系，并与会计制度相分离。财政部在 1992 年发布了《企业会计准则——基本会计准则》，而在 1993 年又颁布了 13 个行业会计制度，从此，企业基本上都是依据行业会计制度来进行核算。因此，1992 年的准则并没有什么实际意义，更多的是一种象征性的准则。但随着资本市场的快速发展，一系列新的问题暴露出来，尤其是琼民源事件——有关关联方收入确认方面的问题。于是，1997 年，财政部发布了第一个具体会计准则《企业会计准则——关联方关系及其交易的披露》。之后，随着问题的出现又陆续发布了 15 个具体会计准则，故有人把这些准则称为"救火式"准则。因此，原有的基本会计准则和 16 个具体会计准则并不是一个完整的准则体系，实际上从属《企业会计制度》，对会计制度起补充作用。而新会计准则体系与国际会计准则体系基本相同，形成了一个较为完善的准则与核算体系，也标志着我国会计准则建设走上了一个新台阶。

第三，按公允价值计量是此次新准则的一个亮点，使决策有用性的目标得以充分体现，确立了资产负债表观的核心地位，并突出会计信息的价值相关性。但根据我国的实际情况，公允

价值的使用还存在一定的限制。本套新准则体系主要在金融工具、投资性房地产、非同一控制下的企业合并、债务重组以及非货币性资产交换等方面采用公允价值。

第四，将表外项目引入表内。例如，2006 年修订后的《企业会计准则第 20 号——企业合并》，要求当被购买方的或有负债预计很可能发生并且其公允价值能够可靠计量时，确认为对合并成本的调整。这就改变了过去对或有事项在报表附注中披露的做法，将表外项目引入表内。又如衍生金融工具、股份的支付、合并报表外延的扩大等。表外业务表内化，有利于及时、充分反映企业该类业务所隐含的风险及其对企业财务状况和经营成果的影响。

第五，引入开发费用资本化制度，完善成本补偿制度；要求正确核算职工薪酬，改变成本中低人工费用的格局；将企业承担的社会责任纳入会计体系；预计弃置费用计入固定资产成本；提高信息透明度，突出充分披露原则等。

五、新会计准则对财务会计教学的影响

新会计准则对财务会计教学的影响，主要体现在以下两个方面。

首先，是教材的编写。在新会计准则颁布之前，有关财务会计的教材都是依据企业会计制度、原有会计准则以及相关的法律法规制度来编写的。而新会计准则是一套可单独实施的、与国际准则趋同的会计准则体系，并且执行新会计准则的企业，不再执行原有准则、《企业会计制度》《金融企业会计制度》及各项专业核算办法和问题解答。这表明原有财务会计的教材已过时和落后于现有经济与会计的发展，根据新会计准则体系重新编写一套财务会计教材乃当务之急。

其次，是教学的安排。由上述新会计准则的特点可知，新会计准则体系与原有准则及相关会计制度发生了较大的变化，这要求财务会计的教学也应随之进行改变。如财务会计的基本框架、学时安排、各课程间的衔接、教学重点与难点等。同时还应加强法律与职业意识的培养，加强职业判断与职业道德的培养。另外，还有一点值得重视的是，在财务会计的教学中应该加强我国会计准则（CAS）与国际会计准则（IAS，IFRS）之间的比较与衔接，关注国际会计准则的最新发展动向，并引导学生学会把握准则，进而达到可直接根据准则对经济业务进行核算的目标。因为国际会计准则体系中并没有规定会计科目，企业要根据准则再结合自身的特点来设计适合本企业的会计科目。新会计准则体系考虑到我国会计人员整体素质较低、对原有做法与习惯的依赖性等，在《企业会计准则——应用指南》的附录部分附上了会计科目和主要账务处理。但随着会计标准国际化的进一步深入，这一做法可能会逐步取消而采用国际惯例的做法。因此，财务会计教学有义务和责任培养学生直接准确地把握会计准则的能力。

六、财务会计各门课程安排的初步设想

新会计准则体系的出台与实施标志着我国会计准则与国际会计准则的趋同已取得实质性进展，从而使得依据新会计准则体系所编教材的内容，不仅在质上而且在量上也发生了较大变化。财务会计学按其程度可分为初级财务会计（会计学原理）、中级财务会计与高级财务会计。而这三门课程的内容设计以及相互之间的衔接则是一个值得重视的问题。

有关这三门课程具体的内容安排及每门课程课时安排的初步设想如下。

初级财务会计（会计学原理）是财务会计的入门课程，重点讲述会计核算的基本程序与方法。与传统做法不同的是，我们在这门课程中将结合企业组织（独资、合伙、公司）、企业类型（服务业、商业、制造业）和经济业务（购进、生产、销售）讲解会计处理的程序与方法。例如，在讲述货币资产、应收款项时与销售业务结合起来；讲述成本时，与生产过程、企业的经济活动类型（服务业、商业、制造业）结合起来；讲述所有者权益时，与企业组织（独资、合伙、公司）结合起来。使学生在学会记账的同时，又能将会计信息与企业组织、经济活动类型与经济业务有机联系起来。初级财务会计（会计学原理）的具体内容如图1所示。

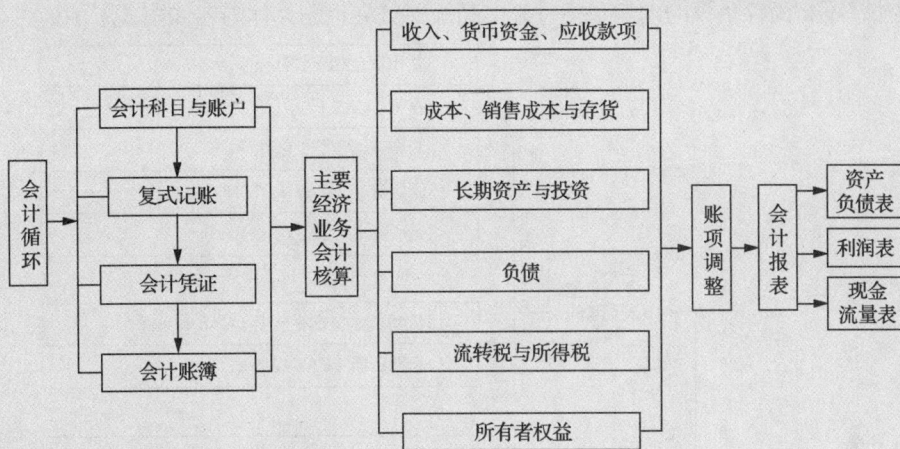

注：收入一章，主要包括收入的类型、收入的确认时间等；

　　成本一章，先讲公司的类型（服务企业、商业企业、制造企业）以及各种类型企业成本的特点；

　　所有者权益一章，主要讲述公司组织形式（独资、合伙与公司制）及各种组织形式所有者权益的特点；

　　会计学原理以讲解会计科目的运用为主，按主要经济业务的类型进行讲解。

图1　初级财务会计（会计学原理）的基本结构

中级财务会计主要围绕编制一般通用财务报告展开，内容包括六大会计要素的会计处理，另外，纳入所得税会计、租赁会计、养老金会计、会计变更与会计差错等。后面这些内容在我国原来的财务会计教材体系中差异较大，有的将其中部分内容放入高级财务会计，有的放在中级财务会计。我们则按照国际流行的做法，将这些内容放在中级财务会计中。中级财务会计和会计学原理在体系上有重复的内容，但在不同课程中同样内容讲解的侧重点是不一样的。如货币资金和应收款项，初级财务会计（会计学原理）与中级财务会计讲解的区别主要体现在，前者着重讲述核算，而后者主要讲述货币资金的管理与控制、结算、坏账准备的计提、应收票据的贴现。另外，初级财务会计（会计学原理）与中级财务会计相同的部分是前者着重会计科目的介绍与运用，后者则重点依照会计准则的规定讲述。中级财务会计的具体内容如图2所示。

一般而言，中级财务会计讲述的是通用财务报告的编制，针对一般企业的基本经济业务。而高级财务会计则是讲述中级财务会计没有涉及的一些内容。这些内容的特点可以用三个字来概括，就是"难""特"和"新"。"难"体现在会计处理的复杂性上，一般认为，高级财务会计中存在三大难点：合并会计、外币业务与外币报表折算、物价变动会计，后来随着衍生工具的大量出现，衍生工具会计成为高级财务会计的又一大难点*。"特"主要体现在两个方面，一是特殊组织会计，如合伙会计、政府与非营利组织会计；二是特殊业务，如企业重组与破产会计、遗产与信托会计等。"新"则体现在一些前沿领域，如人力资源会计、绿色会计（又称环境会计）、社会责任会计等。教材一个约定俗成的写法是将在理论研究中已经形成比较一致的观点，以及在实务中已经有了相应制度规范的内容进行阐述。由于高级财务会计本身带有一

---

* 我国著名会计学家常勋教授1999年出版专著《财务会计三大难题》（立信会计出版社），2002年又出版一本名为《财务会计四大难题》的专著（立信会计出版社），就反映了这种变化。后者已发行第三版。

些探索的意味，因此，一些编者会将还处于争议阶段的内容纳入高级财务会计中，但另一些编者则不采用这种做法，这就导致我们看到的国内高级财务会计的体系出入很大。我们采用一种稳健的做法，不将尚存争议的内容包括进来。高级财务会计的具体内容如图3所示。

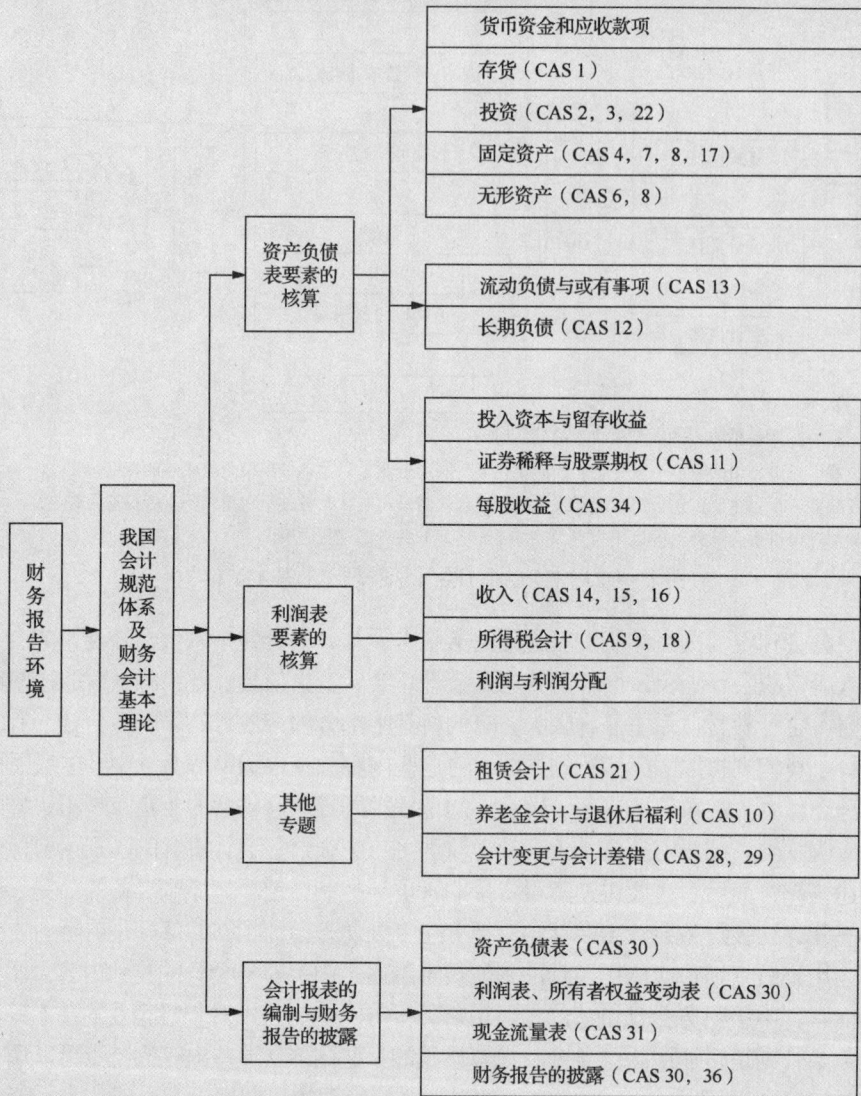

注：中级财务会计主要按准则的规定进行讲述。

图 2   中级财务会计的基本结构

此外，根据三门财务会计课程内容的多少以及难易程度，我们建议初级财务会计（会计学原理）安排 50~60 学时；由于中级财务会计讲述了一个企业的基本经济业务的会计核算，内容较多，一般需安排 60~80 学时；高级财务会计重点讲述难点业务与特殊业务的会计核算，难度较大，课时安排为 50~60 学时。在中级和高级财务会计课程中基本涉及新会计准则的大部分准则（请参见图 2 和图 3 的准则号标注），但仍有一部分特殊行业和特殊业务准则未能涉及，这部分内容则由专门的特种会计课程来讲述，如生物资产（CAS5）、原保险合同（CAS25）、再保险合同（CAS26）、石油天然气开采（CAS27）。

```
                                              ┌─ 长期股权投资与企业合并（CAS 2，20）
                        ┌─ 合并会计 ────────┼─ 合并财务报表编制程序（CAS 33）
                        │                     └─ 公司间交易的抵销（CAS 20）
            ┌─ 三大难点 ─┼─ 外币业务与外币报表折算 ─┬─ 外币交易（CAS 19）
            │           │                           └─ 外币报表折算（CAS 19）
            │           │                     ┌─ 主要衍生工具的交易与定价机制
            │           └─ 衍生金融工具会计 ──┼─ 主要衍生工具的会计处理（CAS 22，23，37）
            │                                 └─ 套期会计（CAS 23，24，37）
            │           ┌─ 合伙会计 ────────── 合伙会计
  高级      ├─ 特殊组织 ─┤
  财务      │           └─ 政府及非营利组织会计 ─┬─ 政府会计
  会计 ─────┤                                   └─ 非营利组织会计
            │           ┌─ 企业重整与破产会计 ─┬─ 企业重整会计
            ├─ 特殊业务 ─┤                      └─ 企业破产会计
            │           └─ 遗产与信托会计 ────── 遗产与信托会计
            │           ┌─ 分支机构会计 ──────── 分支机构会计
            └─ 其他专题 ─┤                      ┌─ 上市公司信息披露（CAS 36）
                        └─ 上市公司信息披露 ──┼─ 分部报告（CAS 35）
                                              └─ 中期财务报告（CAS 32）
```

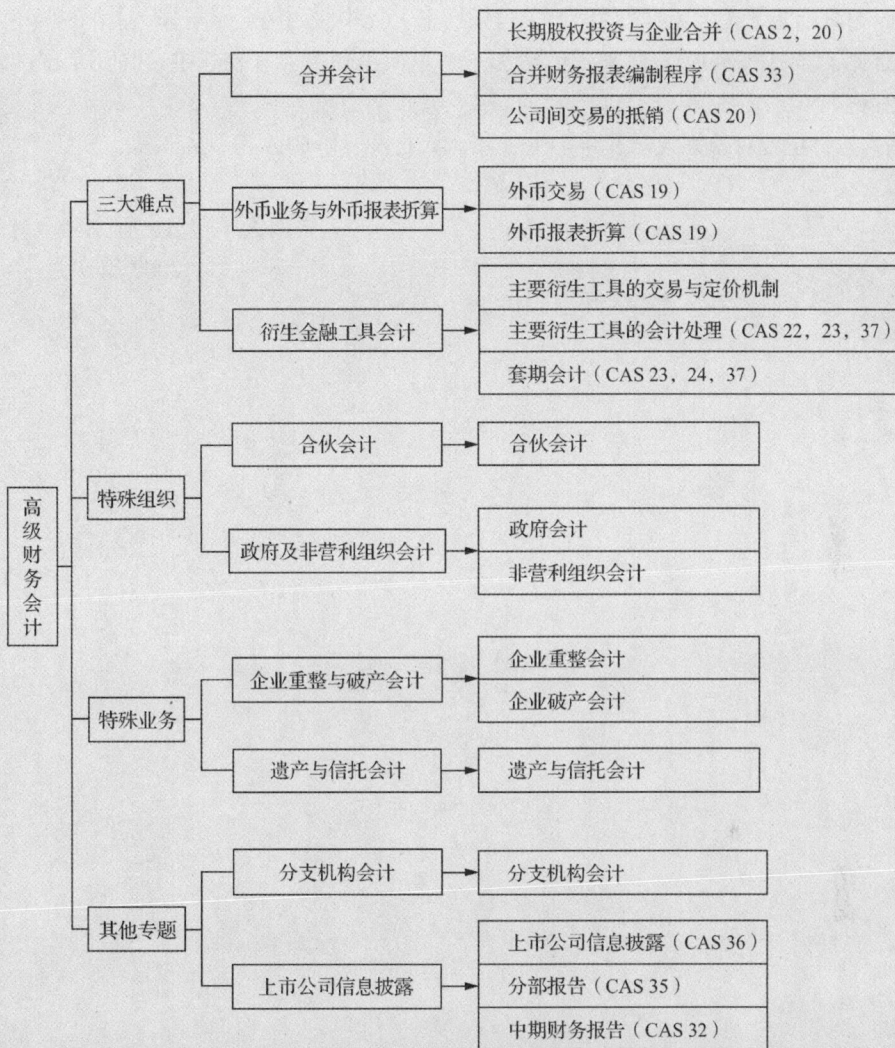

注：企业合并的难点问题及衍生工具更复杂的会计问题等可以作为研究生的教学内容。

上市公司信息披露以中国证券监督管理委员会相关信息披露规定为主。

一些还没有准则规范的内容借鉴国际会计准则和国际惯例进行讲解。

图 3　高级财务会计课程结构

　　总的来说，会计是国际通用的商业语言，趋同是大势所趋。但会计准则毕竟只是一个提供与生产会计信息的技术规范，它解决的是"该如何办"的问题（楼继伟，2006），对会计准则的实施，则需要会计人员直接对其进行应用与操作。要想达到准则的目标，会计人员能较好地把握会计准则是必不可少的条件。众所周知，我国会计人员整体素质有待提高，而高等院校培养的会计学专业的学生是未来会计人员队伍的主力军和领军力量。因此，为保证新会计准则的顺利实施，根据新会计准则体系来展开财务会计改革及教学乃当务之急。

　　为了推动新会计准则的实施，我们按照上述设想，依据新会计准则编写出版了财务会计系列教材，分别是《会计学原理》《中级财务会计》和《高级财务会计》。为了方便教学和自学，我们相应配套出版了《〈会计学原理〉学习指导书》《〈中级财务会计〉学习指导书》和《〈高级财务会计〉学习指导书》。后来我们增加了一本涵盖财务会计初、中、高三个层次的《会计教学案例》。

本系列教材主要对象为大学本科学生、会计从业人员和 CPA 考试人员等。

暨南大学财务会计系列教材编写组

2007 年 9 月

前　言（第五版）

　　2018 年、2019 年和 2020 年，我国财政部陆续对《企业会计准则》进行了修订，又发布了一系列会计制度、准则解释公告、准则应用案例等，同时对增值税税率又进行了调整。为此，我们对本系列教材进行全面、重大的修订，推出《会计学原理（微课版 第五版）》。

　　此次《会计学原理》的重大变化是，我们按新的税制和税率对全书进行修订与替换，同时，根据 2018 年、2019 年和 2020 年会计准则和会计制度的变化对一些会计处理做了相应调整。另外，编者对相关数据进行了更新，对部分章首故事进行了更新，将全书涉及的试算平衡表通过 Excel 完成，并以 Excel 表格呈现。最后，考虑到非会计专业读者（包括 MBA 学员）也会使用本书，在第十一章后附"合并财务报表"。各章的具体调整如下。

　　第一章：更新了章首故事。强调随着计算机科学、信息技术、人工智能和大数据等飞速发展，许多会计处理已经机器化、智能化，低端会计人才已呈现过剩之态。会计人员必须对传统的财务知识结构进行调整。

　　第二章：更新了《会计常用会计科目》表。

　　第五章：更新了税率和上市公司应收账款周转率的数据。

　　第六章：更新了章首故事以及税率、上市公司销售毛利率和存货周转率的数据。

　　第七章：更新了章首故事和税率。

　　第八章：更新了税率和上市公司流动比率与速动比率、资产负债率、利息保障倍数的数据。

　　第九章：更新了章首故事和增值税税率。

　　第十章：更新了章首故事、税率和上市公司每股收益、净资产收益率以及其他综合指标的数据。

　　第十一章：更新了税率及相应的会计处理结果。补充资料"合并财务报表"一节，主要讲述合并财务报表编制的基本原理以及如何阅读理解合并财务报表。

　　本次修订更新的关于上市公司的指标和数据由谭小平负责。其他修订工作由石本仁负责完成。在《会计学原理》中推行案例教学，是我们的一次尝试，敬请读者提出宝贵意见。

编者

2021 年 7 月

目 录 Contents

第一章　会计的性质与目的

第一节　会计的形成 / 2
第二节　会计职业与会计职业道德 / 8
第三节　财务会计的特点与学习方法 / 13

第二章　账户与复式记账

第一节　会计等式 / 19
第二节　账户和会计科目 / 26
第三节　复式记账 / 30

第三章　会计循环（一）

第一节　会计凭证与会计分录 / 45
第二节　会计账簿与过账 / 52
第三节　试算平衡 / 60

第四章　会计循环（二）

第一节　期末账项调整 / 67
第二节　结账 / 75
第三节　编制财务报表 / 80
第四节　会计电算化与人工智能 / 84

第五章　收入、货币资金与应收款项

第一节　企业主要经济活动与会计核算 / 90
第二节　收入 / 93
第三节　货币资金 / 97
第四节　应收款项 / 104

第六章　生产成本、销售成本与存货

第一节　企业的类型、存货的种类与会计信息处理系统 / 115
第二节　生产过程与存货的初始计量 / 116
第三节　实地盘存制与永续盘存制 / 120
第四节　发出存货计价与期末存货计价 / 123
第五节　存货的管理评价与控制 / 129

第七章　长期资产与投资

第一节　长期资产概述 / 135
第二节　长期资产取得的会计处理 / 138
第三节　长期资产的后续计量与处置 / 141
第四节　证券投资 / 147

第八章　负债

第一节　负债概述 / 157
第二节　流动负债 / 158
第三节　非流动负债 / 163
第四节　负债分析 / 167

第九章　流转税与所得税

第一节　增值税 / 173
第二节　其他流转税 / 176
第三节　所得税 / 179

第十章　所有者权益

第一节　企业的性质与企业的组织形式 / 186
第二节　独资权益与合伙权益 / 189
第三节　股东权益 / 193

第十一章　财务报表

第一节　企业经济活动与财务会计信息系统 / 203
第二节　综合举例 / 207
第三节　财务报表的编制 / 216
补充资料　合并财务报表 / 227

第一章

会计的性质与目的

✎ **本章要点**

- 了解现代会计与经济发展的关系
- 认识会计的实质
- 掌握会计学科的结构
- 了解会计职业
- 认识会计职业道德的重要性
- 了解财务会计的性质与特点
- 明确如何才能学好财务会计

👓 **章首故事**

热门的会计学专业

暨南大学会计学系的前身是中国现代会计学宗师潘序伦博士于1925年亲手创办的会计统计系，也是中国最早在大学设立的会计学专业之一。目前，会计系开设注册会计师专门化（CPA）、会计学和财务管理三个专业。另外，会计系和英国特许会计师公会合办会计学（ACCA），国际学院与加拿大注册会计师协会合办会计学（CGA）。近十年来，这些专业的平均录取分数线在暨南大学所有专业录取分数中一直位居前列。除2015年（文科）外，会计学（CPA）专业一直位居所有专业录取分数线第一名，表1-1是近五年暨南大学在广东省录取分数排名前十的专业。但随着计算机科学、信息技术、人工智能和大数据等的飞速发展，低端会计人才已呈现过剩之态。

表1-1　　　暨南大学广东考生历年高考各专业录取分数前十名（2016—2020 年）

排名	2016年		2017年		2018年		2019年		2020年	
	文科	理科	文科	理科	文科	理科	文科	理科	文科	理科
1	会计学（CPA）	会计学（CPA）	会计学（CPA）	会计学（CPA）	会计学（CPA）	会计学（CPA）	会计学（CPA）	会计学（CPA）	会计学（CPA）	会计学（CPA）
2	金融学	金融学	金融学	金融学	新闻学	金融学	金融学	经济学	金融学	口腔医学
3	会计学	会计学	会计学	会计学	金融学	会计学	新闻学	口腔医学	新闻学	计算机科学与技术
4	会计学（ACCA*）	经济学	会计学（ACCA）	会计学（ACCA）	广告学	经济学（投资经济）	会计学	会计学（ACCA）	网络与新媒体	金融学
5	经济学	会计学（ACCA）	经济学（投资经济）	金融学（全英）	会计学	软件工程	广告学	会计学	会计学	临床医学
6	新闻学	财务管理	新闻学	财务管理	财务管理	精算师	经济学	计算机科学与技术	广告学	软件工程
7	财务管理	会计学（CGA）*	国际经济与贸易	统计学（精算）	经济学	计算机科学与技术	法学	临床医学	英语	经济学（国际创新）
8	国际经济与贸易	金融学（全英）	法学	经济学（投资经济）	工商管理	国际经济与贸易	财务管理	经济学（国际创新）	财务管理	经济学
9	财政学	国际经济与贸易	经济学	经济学	经济学（投资经济）	经济学（国际创新）	金融学（全英）	软件工程	经济学	会计学
10	税收学	财政学	财务管理	计算机科学与技术（全英）	国际经济与贸易	法学	商务英语	法学	法学	网络与新媒体

*CGA 现已改为 CPA Canada。另外，ACCA 从 2020 年起停招。

会计学是所有经济管理专业，特别是会计学专业的学生必须掌握的一门实用学科。在迈入会计学的门槛时，我们面临的第一个问题是，学习会计学有何意义，会计学的性质和作用是什么？第二个问题是，会计（职业）是干什么的，会计学这门学科的内容是什么？第三个问题是如何才能学好这门课程等。这一章，我们将主要回答这些问题，使读者对这些问题有了较明确的答案后，带着清晰的目标，朝着既定的方向，按照正确的方法去学习，从而学好会计学，走好职业人生的第一步。

会计的性质与目的

本章第一节介绍会计的形成及会计的学科体系；第二节讨论会计职业的特点与分类，以及会计职业道德；第三节讲述财务会计的特点、给读者的建议，最后概述一下本书的基本结构。

第一节　会计的形成

一、企业组织发展与会计发展

会计产生于人类的生产经济活动，最早是服务于官厅（政府）的，后来随着商品经济的发展，会计的重心开始转向企业（民间）的经济活动，现代会计学研究、会计学科的重心也集中在企业会计上。因此，可以这样说，现代会计的核心就是现代企业（公司）会计，是以现代股份公司为对象而建立的、直接为现代股份公司服务的会计。从发展的维度看，现代会计的整个框架都是在适应股份公司不断发展的基础上演变完善而成的。因此，在了解会计的含义之前，我们先了解一下现代会计是如何在企业组织发展的进程中形成的。

"对那些认为会计不仅是一种技术系统，而且认为其多样的形式受到各时代工商组织发展影响的人来说，会计史与经济史的密切关系是显而易见的。所谓时代，指的是这些技术形式达到的发展阶段。正是每个时代企业发展的需要，创造了这一技术系统的结构。"[①]的确如此，会计的发展是和经济发展，尤其是企业组织的发展紧密相连的。从历史的发展进程来看，引领世界发展的国家分别为：意大利（威尼斯）—荷兰—英国—美国，而同时，会计也在这些国家得到了充分的发展。为了便于更直观地了解企业组织变迁与会计发展二者之间的联系，现将这一关系归纳成表 1-2。

表1-2　　　　　　　　　　　企业组织发展与会计发展

企业发展	概况	年代	会计发展	概况
家庭经济	自给自足，简单商品交换	15 世纪前的中国、印度、古埃及、古巴比伦、古希腊、古罗马	简单刻记及单式簿记	古巴比伦，记录官将商业契约、商业交易等记录于黏土制成的薄板上。[②] 古埃及，利用纸草作为记账材料。 中国周朝，官厅会计已发展到顶峰。 古希腊，已出现财务公开的概念，并最早利用货币进行记录。 古罗马，银行家的商业账簿中，开始采用左右对照的账户形式

① 海渥. 会计史. 北京：中国商业出版社，1991：3.
② 人类最早的文字记录是一份财经文件，由一位会计师完成的。参见：尤瓦尔. 人类简史. 北京：中信出版社，2014：121.

续表

企业发展	概况	年代	会计发展	概况
独资合伙	资本主义的兴起和东西方贸易的发展；资本主义生产方式的萌芽与发展期	15、16 世纪的意大利	复式簿记	1494 年，卢卡·帕乔利在《算术大全》中系统阐述了复式簿记，为现代会计的产生奠定了基础
股份制萌芽期	资本主义生产关系进一步发展，海上贸易进一步扩张	17 世纪的荷兰	会计发展停滞期	复式簿记进一步完善，会计分期观念形成。1673 年，法国国王路易十四签署颁布了《商业条例》，明确规定商人必须每两年编报财产目录
公司制形成期	机器取代工场手工业，资本主义生产规模不断膨胀，商业资本向工业资本转化，借贷资本逐渐形成	18、19 世纪的英国	民间审计折旧会计成本会计	1720 年，英国南海泡沫公司倒闭，斯内尔于次年编制世界上第一份审计报告书。1854 年，苏格兰成立世界上第一个皇家特许会计师协会。持续经营观念产生，与之相应的是折旧概念和方法的形成以及资本与收益的区分，出现配比观念萌芽，对收益计算的要求日趋严格，推动成本会计的产生与发展
现代公司成熟期	大规模现代股份公司大量出现，职业经理层形成，科学管理兴起，资本市场建立	20 世纪 20 年代后的美国	现代财务会计、公认会计准则、内部审计、管理会计	1938 年，AICPA 组织成立会计程序委员会，对外颁布公认会计准则；以会计准则为指南，定期对外提供通用财务报告的现代财务会计逐步形成。随着"泰罗制"在生产中的广泛应用，以及数学模型、电子计算机等技术被引入会计，在 20 世纪 60 年代末以后，管理会计进一步从执行会计阶段转入决策会计阶段

由此，我们可以把会计和企业组织的发展划分为相互对应的三个阶段①。第一个阶段，与以自给自足、家庭经济为主的生产组织形式对应的简单刻记和单式簿记的会计，这一时期的会计可以称为古代会计。严格来讲，这一时期的会计并不是真正意义上的会计，它同统计、算术混合在一起，还没有完全独立出来自成一体。并且，这一时期的会计主要是为政府服务的（即官厅会计）。会计诞生在企业发展的第二个阶段。这一时期会计的基本特征为以复式簿记（主要为借贷记账法）为记录手段，以权责发生制为确认基础，以历史成本为计量属性。这一时期会计的突破主要是由于民间商业活动的兴盛所致，会计的重心也由此从政府转向企业（即民间会计）。现代会计则是在企业发展进入第三个阶段产生的，它是在现代股份公司发展成熟后逐步形成的。除了具备传统会计的一些基本特点外，现代会计的一些主要特征还包括形成了以对外提供财务报告为主的现代财务会计和以企业内部经济决策为主的现代管理会计两大分支。公认会计准则为会计核算的基本规则，对外财务报告必须经过严格的独立审计，企业内部设立了越来越严格和科学的内部审计和控制制度等。应该说，现代会计就是现代公司会计，是围绕现代股份公司而建立的、直接为现代股份公司服务的会计。

二、会计的含义

对会计下一个明确的定义，是一件棘手的事。在众多的定义中，有人将会计定义为一种（商业）语言，或一种历史记录，或目前的经济现实，或信息系统，或一种商品，甚至是一种意识形态。②我们倾向于将会计理解成一种信息与控制系统。

会计的本质

---

① 石本仁. 公司治理与中国会计改革. 广州：广东人民出版社，2000：30。
② 贝克奥伊. 会计理论. 上海：上海财经大学出版社，2004：60。

（一）会计作为一种信息系统

会计作为一种信息系统，主要通过对企业经济活动按照会计处理规则加工成财务报告（会计产品），向外部使用者提供企业的财务状况（如企业的资产规模、结构、资产的来源与构成等）、经营成果（收入、成本费用结构）、所有者权益变动（所有者投入的变化过程和结果）和现金流量（现金流入与现金流出）等信息。这些外部的使用者主要包括企业的投资者、债权人、原料供应商、客户、政府、证券分析师、经济学者、经济管理专业的学生等。他们利用这些信息主要进行投资、贷款、产品买卖、管理与征税等决策，当然，也有一部分人利用这些信息进行分析、学习和研究等活动。

企业日常的经济业务是纷繁复杂的，如设备购置、原材料采购、员工招聘与培训、产品设计与生产、战略规划与管理、组织与实施、谈判、修理、广告宣传、产品销售、售后服务、法律纠纷等。如果将这些图景一幅幅展现在我们面前，我们感受到的就只能是树木，却难见森林，因而无法评估一个企业真正的实力和经营能力。这时就需要一个处理系统通过特定的加工手段给我们提供一幅全景式的图画。作为信息系统的会计，就是对企业纷繁复杂的经济活动按照会计规则进行处理，从而向我们提供一种全景式的画面——财务报告。

下面用一张图来归纳会计信息处理的基本过程（见图 1-1）。图中企业经济业务是输入会计信息处理系统的"原材料"，进入会计处理系统后，按照一定的会计处理规则——确认、计量、记录和报告进行加工，最后，会计产品以标准的形式——财务报告向外部信息使用者提供。

企业经济业务	会计处理系统	会计产品
交易或事项	确认、计量、记录、报告	财务报告

图 1-1　财务会计信息处理过程

在输入经济业务时，不是所有的经济业务都能进入会计处理系统进行加工。根据会计处理规则，会计人员要对这些"原材料"进行一定的筛选，并且选择适当的时间，以恰当的会计名目进行登记，这一程序称为"确认"。[①]确定了要登记的经济业务，进一步要解决的问题是以什么计量属性和什么计量单位进行登记。属性是指要计量对象的某一方面，如一张桌子，是登记其长度、高度，还是面积、体积；计量单位是计量标准，如是米还是分米等。如果以交换的商品为例，它的计量属性是指其购买价格还是销售价格等，它的计量单位则是指名义货币还是不变购买力。解决了计量问题，登记的名目解决了，以什么数量进行登记也解决了，接下来的工作就是记录。会计初学者往往会认为记录是一件非常简单的工作，实际上以什么方式进行记录正是会计区别于其他工作（如统计、数学等）的最主要特征。会计记录是以复式簿记的方式进行的，复式簿记是会计工作的最大特色。对复式簿记的系统论述将在下一章展开。

会计信息处理系统的最后一个环节就是将已经记录的众多经济业务按一定的标准进行分类、汇总，最终按照标准的格式加工成财务报表。需要说明的是，财务报表只是财务报告的一部分内容，除财务报表外，还需要附加其他相关内容（如报表附注和其他报告）加工成财务报告，这时会计产品才算最终加工完毕。

为了让大家对财务报表有个初步的印象，请参见本书第十一章的资产负债表（见表 11-4）、利润表（见表 11-5）和现金流量表（见表 11-6）。

---

① 这里不是对确认、计量等相关概念的准确定义，而是一种通俗的说法，更深入地讨论参见本书后面和本系列教材（《中级财务会计》和《高级财务会计》）的相关阐述。

（二）会计作为一种控制系统

如果说会计作为一个信息系统主要是向外部提供企业的相关信息，那么会计作为一种控制系统则主要是对内提供管理决策服务。

会计从某种程度而言，就是为管理服务的。管理从一门艺术走向科学，会计学科也有其独特的贡献。因为会计使管理决策数量化、精细化和科学化，使管理的过程更加制度化、程序化和标准化，使管理的结果更具有预见性、计划性和可控性。管理从其活动的基本职能和过程来看，可以分为：预测、决策与计划，组织、实施与控制，评价、考核与分析。在管理活动的每一个阶段，会计都在其职能范围内提供支持，如图 1-2 所示。

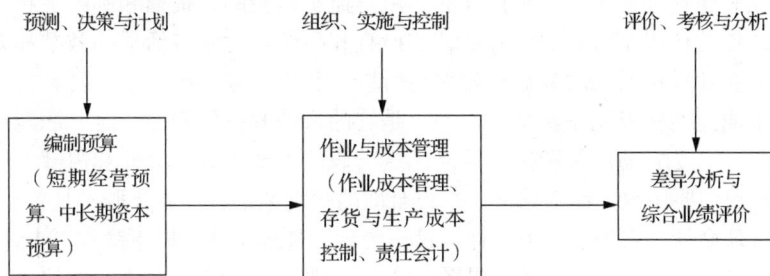

预测、决策与计划　　　　组织、实施与控制　　　　评价、考核与分析

```
┌──────────────┐      ┌──────────────┐      ┌──────────────┐
│  编制预算     │      │ 作业与成本管理 │      │  差异分析与    │
│（短期经营预   │ ───→ │（作业成本管理、│ ───→ │  综合业绩评价  │
│ 算、中长期资本 │      │ 存货与生产成本 │      │              │
│ 预算）        │      │ 控制、责任会计）│      │              │
└──────────────┘      └──────────────┘      └──────────────┘
```

图 1-2　管理会计信息处理过程

1. 预测、决策与计划阶段

在管理层做出各项中长期投资决策前，会计要提供投资项目的可行性分析报告，对该项目的市场前景进行预测，对项目带来的经济效益进行计算，以测算投资回报率与投资回收期，供管理层最终决策使用；决策通过后，会计还要编制详细的人力、资金、物资等方面使用的计划（预算）。同时，每年管理层都要确定当年的经营目标，会计要根据这一目标编制系统的经营预算，经营预算既是对企业年度总目标的一个分解和计划方案，也是各部门执行和考评的一个依据和标准。一句话，预算就是企业的行动方案和行动标准。

2. 组织、实施与控制阶段

组织计划的实施是管理的关键环节，作为与管理过程的配合，管理会计的工作主要体现在对生产与成本的管理上。首先，根据对每一项经济活动和产品生产过程的分析，将产品的价值链和成本动因结合起来，确定产品生产的每一个必要环节，设计企业生产流程，设置岗位（机构）和制度，保证企业经营活动的合理性、功能的最大化和成本的最小化。同时核算作业成本，提供系统的成本数据，并根据事先确定的标准成本，对生产成本进行适时的控制。

其次，我们应该清楚，企业的成本主要来源于人工、材料和设备的使用，对材料的控制主要体现为对存货的控制，零存货是一种理想的状态，如果做不到这一点，向这个方向靠拢就是一个目标。对人工成本的控制，主要体现在责任会计上，责任会计的实质就是将总目标的责任落实到每一个部门、每一个岗位和每个人身上，将企业分为投资中心、利润中心、收入中心和成本中心。各个部门、岗位和个人都有明确的责任（目标），不同的责任层级分别按投资、利润、收入、成本等指标进行考核。降低人工成本最有效的途径是充分调动每个员工的积极性。

3. 评价、考核与分析阶段

每期生产活动的结束并不是管理活动的结束，而是一个新的管理过程的开始。只有这样，管理才会不断改善，生产成本才会不断降低，生产效率和效益才能不断提高。管理会计在这一阶段所做的工作：一是对期初预算进行评价，找出差距，并进一步分析原因；二是对企业所有部门的业绩进行评价，落实奖励措施。由于促进一个企业发展的因素是多方面的，对一个部门的评价不能只从能够量化的财务指标上看，还要从市场、顾客、学习能力等全方位进行考评，这就是所谓的综合业绩评价。

现在，我们可以对现代会计进行一个小结。一方面，为了满足股份公司对外筹资的需要，现代会计必须按公认会计准则的要求向外部使用者提供企业经营的基本信息，以便投资者对企业经营能力做出一个基本的评价，从而做出正确的投资决策；由于这一信息是由企业内部加工完成的，因此，需要由独立的第三方进行客观公正的审查和评价。另一方面，从企业内部而言，要做到对生产成本的控制、生产经营的全面预算、长期投资的科学决策等，管理需要同会计结合起来，这样才能真正做到科学化的管理。同时，加强对生产过程中的内部审计和内部控制，可以起到防护性和建设性的作用。防护性的作用是监督和控制、揭露和制约各种不道德和不规范的行为；建设性的作用是对企业经济活动的检查和评价，对经济活动的效益和效率不足提出建议，充分提高企业经济活动的效益和效率。所以，我们可以归纳一下：会计是一个信息控制系统，它的基本职能主要表现在两个方面，一是它的反映和评价职能，这一职能主要由财务会计和审计来完成；二是它的监督和控制职能，这一职能主要由管理会计和内部审计与内部控制来完成。因此，我们要认识会计必须从一个更全面的角度来进行，会计既不是单一的财务会计，也不是单一的管理会计，它是由财务会计、管理会计、外部审计（以下简称"审计"）和内部审计与内部控制共同组成的一个集合体（见图 1-3）。当然，会计是一个发展的概念，随着公司对会计提出新的要求，会计将会产生新的功能以适应公司发展的需要，这时会计可能又会产生新的分支。

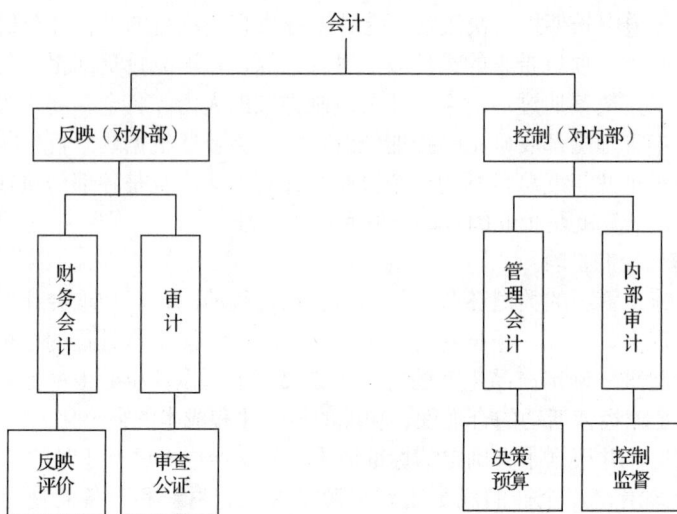

图 1-3　会计——一个信息控制系统

三、会计的学科体系

认识了现代会计的基本内涵，现代会计的学科体系的构建逻辑也就明晰了。图 1-4 是现代会计学科体系（主要为会计学专业核心课程）的一个基本框架图。

会计学专业课程体系和层次

审 计 学

内 部 审 计

鉴证 →

← 计算与分析报告

实施与控制 →

产品形式 ─ 财务报告

产品形式 ─ 计算与分析报告

服务于外部决策（投资、信贷等）
遵循统一的会计规范
提供通用的财务报告
以公司为整体
提供公司过去的信息

服务于内部决策（管理）
满足内部需要
灵活（数量与质量信息）
以分部和整体为对象
提供现在与将来的信息

特点 ↑

特点 ↑

处理程序 ─ 确认 计量 报告 记录

处理程序 ─ 分析 预算 决策 评价

↑ 细分

↑ 细分

基础会计
（记账的基本处理程序）

中级财务会计
（基本业务的会计核算）程序

高级财务会计
（特殊与难点业务的会计核算）

成本会计
（成本计算与分析）

管理与决策会计
（成本控制与投资决策分析）

现代财务会计

现代管理会计

分化

传统会计
特征：
权责发生制
复式簿记
历史成本

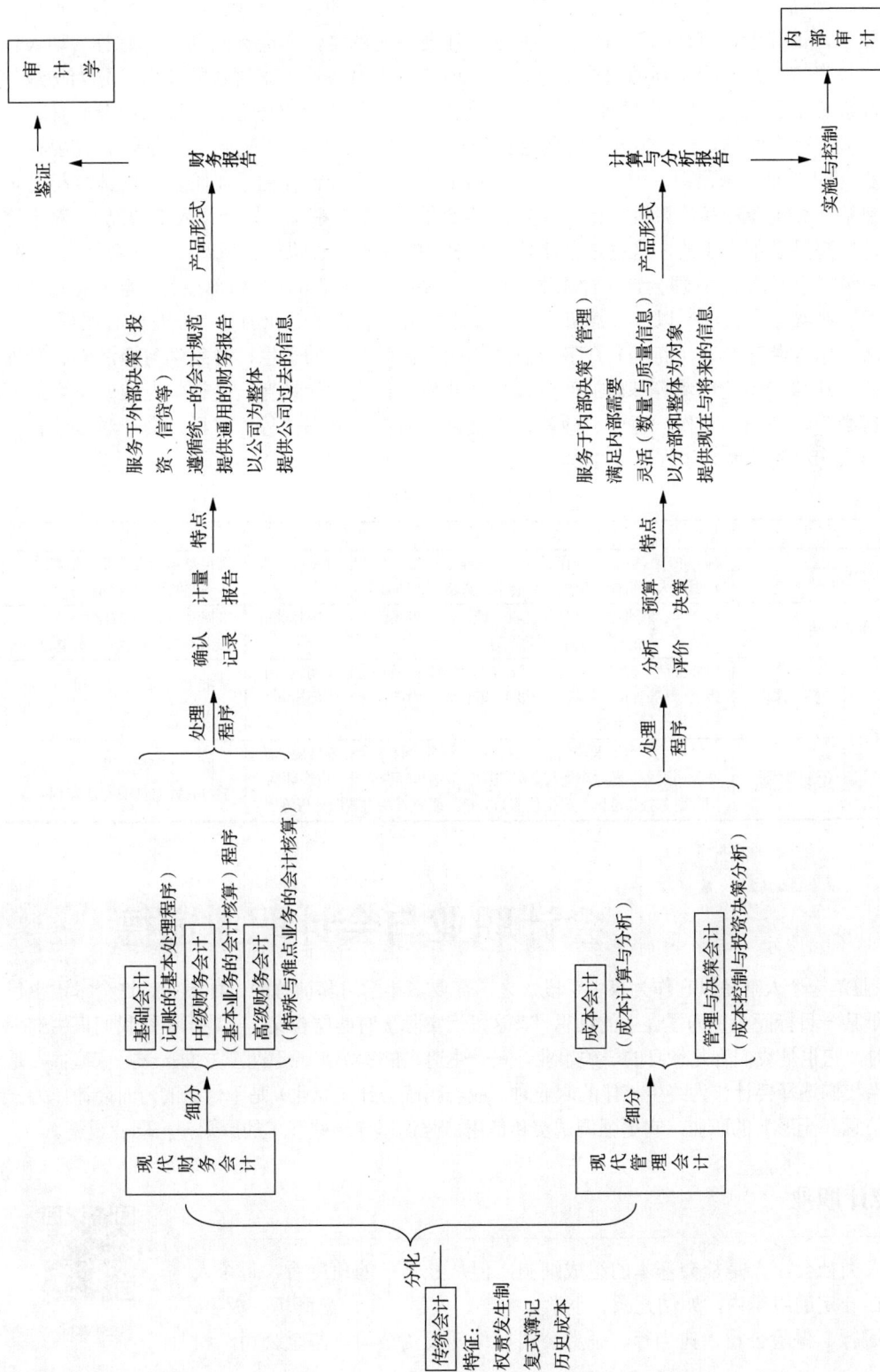

图1-4 现代会计学科专业核心课程体系

从图 1-4 中可以发现，现代财务会计和管理会计在核算程序、核算特点和产品形式，包括提供的对象、产品加工要求上都存在很大差异。至于外部审计和内部审计的结构和特点，不再进一步讨论了，请读者在以后的学习中自己归纳。还要说明的是，在会计活动中，财务活动（包括筹资、投资等）是其中重要的组成部分，这些内容是由财务管理来讲解的（也可分为初级、中级和高级三个层次）。另一点要说明的是，财务会计（包括中级财务会计和高级财务会计）都是针对一般工商企业的，一些特殊行业的会计处理（如银行、保险、农业、石油等），需要在专门的课程（即专业选修课程）中学习。最后要指出的是，会计已经由手工阶段转向计算机处理阶段（包括计算机会计和计算机审计，甚至更高级的信息管理系统，如会计人工智能）。对于这些工具的掌握是必不可少的，这也是会计学专业学习的基本核心课程。因此，财务会计（初级、中级、高级三个层次）、管理会计（含成本会计）、审计学、内部审计与内部控制、财务管理（初级、中级、高级三个层次）以及计算机会计和审计等组成会计学专业的基本专业核心课程。

当然，作为经济管理（商学）众多专业之一的会计学专业的学生，必须学习经济学、管理学、税收、法律、商业环境等基础的商学课程。此外，作为大学教育，会计学专业的学生还要学习高等数学、外语、写作、哲学、政治、人文艺术鉴赏等通识课程。这样，会计学专业课程体系的层次和结构就明晰了（见表 1-3）。

表 1-3　　　　　　　　　　　　　　会计学专业课程体系和层次

层级		课程	目标
通识教育		高等数学、外语、写作、哲学、法学、政治、程序设计基础、大数据、人工智能、历史、社会学、人文艺术鉴赏等	奠定基本人文素养，培养对基本问题的识别与判断力
商学基础		经济学、管理学、财政与税收、经济法、市场营销学、国际经济与贸易、统计学、金融学等	掌握经济管理基础性（商学）知识，为专业学习打好基础
专业课程	核心课程	财务会计（初级、中级、高级）、成本会计、管理会计（初级、中级）、财务管理（初级、中级）、审计学、内部审计、内部控制、计算机会计、税法等	掌握专业领域的基础与核心知识
	选修课程	会计理论、政府及非营利企业会计、税务会计、会计发展史、跨国公司财务、金融市场与金融机构、金融与证券会计、资产评估、国际财务报告准则、投资估值与分析、研究方法与数据分析等	根据自身兴趣以及择业方向，学习有针对性的专业课程

第二节　会计职业与会计职业道德

"职业是一个人准备以它作为谋生手段，之前需要多年学习和训练的一种事业。这个术语也包含献身于某一目标而不是为了谋生的意思。"[①]这段话实际上有两层含义：一是职业是我们谋生的手段；同时，它也是我们为此献身的一项事业。人一生追求的幸福来源于两个方面：一是家庭；二是事业。当我们选择会计作为终生相伴的职业时，应当明确会计（职业）是干什么的，而会计作为一个加工信息（无形）的职业，它更强调诚实和信用，强调坚守一些基本的原则——职业道德。

一、会计职业

在人类社会，人是社会基本的组成细胞。但从社会学的角度看，每个人都生活在一定的组织内，如幼儿园、小学、中学、大学、工厂、商场、饭店、宾馆、银行、保险公司、典当行、证券公司、信托投资公司、基金公司、租

会计职业

---

① 索耶. 现代内部审计实务. 北京：中国商业出版社，1990：15.

赁公司、财务公司、期货公司、会计师事务所、律师事务所、咨询公司、医院、政府机关、图书馆、慈善机构等。上述组织有不同的分类标准和分类结果，如果按照营利性这一标准来分，大体可分为两类：一类是单纯以追求利润为目标的，如工厂、商场、饭店、宾馆、银行、保险公司、典当行、会计师事务所、律师事务所等组织，这些组织也被称为营利性组织或企业；另一类是不以营利为主要目的但要收取一定费用的组织，如各类学校、医院等组织，或者完全不收费用的，如政府机关、图书馆、慈善机构等，这一类统称为行政或事业单位，或政府与非营利组织。会计主要是为这些组织服务的。我们把服务于营利性组织或企业的会计称为企业会计，后者称为政府与非营利组织会计，另外，我们把服务于会计师事务所这一行业的会计称为公共会计。

（一）企业会计

企业会计是向企业内部和外部提供决策支持的信息控制系统。现代会计主要是针对营利企业的经济活动来展开研究的。因此，会计学专业设置的专业课程，大部分也是与企业会计有关的。

为了明确企业会计的基本工作内容，这里将一个大型公司的财务系统组织结构图勾勒如下（见图1-5）。

在图1-5中，我们看到一个大型公司财务系统的最高负责人为首席财务官（CFO），接受首席执行官（CEO）的直接领导。财务系统的工作又分为三块：财务会计、管理会计和财务管理。

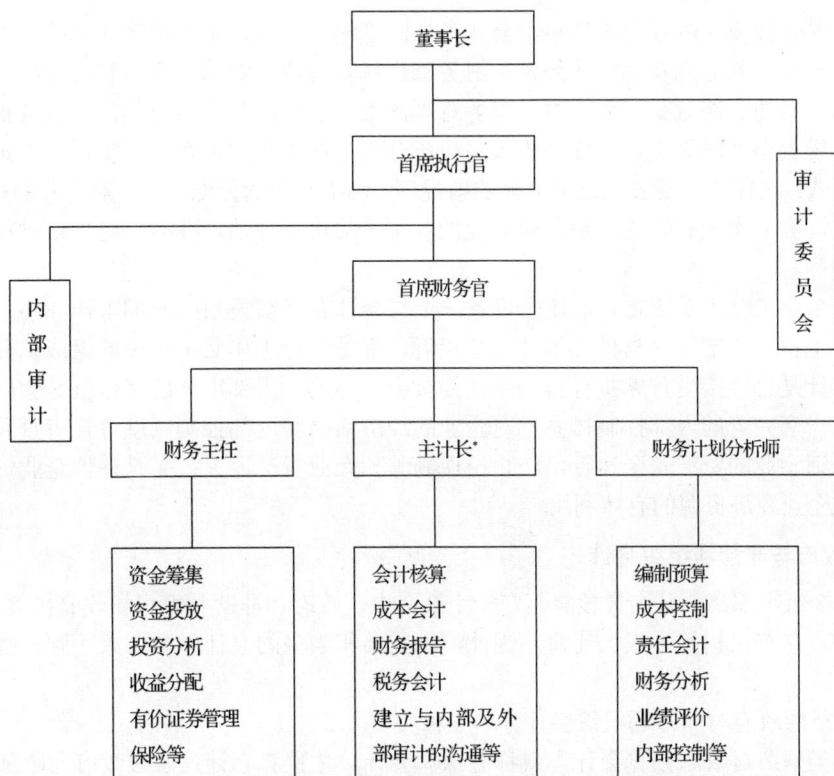

图1-5　大型公司财务系统组织结构图

第一，财务会计。财务会计是企业财务系统的一项基础工作。这一部门在主计长（或会计科长、会计经理）的组织下，将企业经济活动按财务会计的基本处理程序和规则加工成财务报

---

* 主计长相当于会计主管。

告，其中包括对生产成本的核算。另外，税务会计是企业财务会计的一项重要工作，企业要缴纳各种税收（包括流转税和企业所得税），税务会计就是根据税法的要求，计算和缴纳企业应缴的各项税收。同时，税务会计人员在不违反税法的情况下，可以进行税务筹划，以降低企业的税收负担。一般而言，企业财务会计部门会设置出纳（收支两条线）、各会计核算岗位（如固定资产、材料、往来款、销售等）、税务会计、总账会计、主管会计等。岗位的多少和每个岗位配备人员的多少由企业的规模和需要而定。

第二，管理会计。管理会计是从财务会计中分离出来的。应该说，一个企业越重视管理，管理的水平越高，就越会加强和突出管理会计的工作，因为管理会计是直接为企业内部管理决策服务的。前面我们已经提到作为一个控制系统的会计的基本活动过程，实际上这些活动过程就构成了管理会计工作的基本内容。具体来说，管理会计部门从事的工作主要有：编制企业预算（包括企业短期经营计划和中长期资本投资预算），为企业经济活动提供系统的计划；对企业生产成本实施控制，降低企业消耗，节约成本；落实、分解、执行企业预算，落实责任，提高计划的执行力；对企业财务活动进行分析，总结经验找出问题，提出解决问题的办法；期末对各部门（个人）的成果（从财务、市场、顾客和学习等多方面）进行综合考核与评价，兑现奖励措施，激励全员的士气；最后，与内部审计部门和公司审计委员会建立一套良好的内部控制体系。和财务会计岗位设置有一定规律性不同，管理会计岗位的设置主要看企业的需要，根据自身的特点来设置，具有很大的灵活性。

第三，财务管理。财务管理是整个会计工作的延伸。资金是企业经济活动的血液，一旦企业血液流通不畅，就会危及企业的经营。财务管理就是围绕企业的资金运转展开的，以保证企业资金流动的畅通、高效。具体来讲，财务管理的工作包括：资金的筹集，通过各种渠道，及时、低成本筹集企业所需资金；资金投放与投资分析，在周密的可行性分析后，确定资金的投放方向与方式；在保证投资者利益最大化的前提下，确定利益的分配方式；对企业的投资品（包括各种有价证券）实施有效的管理；对企业的各种风险进行评估，并有针对性地进行投保和实施风险控制等。

最后，企业在财务系统之外，还会设置一个与会计有密切关系的内部审计部门。从工作的内容和程序上讲，内部审计与外部审计十分接近，都是会计工作必不可少的组成部分。在管理上，内部审计是直接接受首席执行官和审计委员会领导的。内部审计的工作就是会同其他部门为企业建立一套完善的内部控制体系，对企业的经济活动和内部控制制度进行审查和评价。其目的一是保证企业的资产安全运行，防止出现舞弊和企业资产流失；二是评价企业资产的运行效率，保证企业经济资源的有效利用。

（二）政府与非营利组织会计

任何一个组织都离不开会计核算。在一个社会中，政府和非营利组织如政府机关、图书馆、医院、学校、慈善机构等占很大比重，因此，也需要相当多的会计学专业人才到这些部门从事会计工作。

我国现行的政府与非营利组织会计分为三种类型。

第一种类型：财政总预算会计，或称总预算会计。总预算会计是各级政府财政部门核算、反映和控制政府预算执行和财政周转金等各项财政性资金活动的专业会计。它由中央和地方各级政府的财政机关具体实施。我国政府预算是按照统一领导、分级管理的原则进行的，每一级政府都设置相应的总预算，每一级总预算都设置总预算会计。现在，我国政府机构是按中央、省、市、县、乡（镇）五级来设置的，按一级政府建立一级财政的原则，相应地就设置五级总预算会计。

第二种类型：行政单位会计。行政单位是指行使国家权力、管理国家事务、维护社会公共秩序、进行各项行政管理工作的政府机构，其人员列入政府行政编制，所需经费全部由政府预算拨款。行政单位会计就是核算、反映和控制本单位经济业务活动的专业会计。行政单位包括国家各级权力机关，如各级人民代表大会及其所属机构；各级行政机关，如国务院及其所属各部委和各省、市、县、乡的各级人民政府及其所属机构；司法和检察机关，如各级司法部门、法院和检察院。此外，有些单位虽不属于行政单位，如各党派、人民团体，因其人员列入行政编制，经费也由预算拨给，也视同行政单位对待。军队虽然也通过预算拨款解决经费，但因人员不属于行政编制，不划为行政单位，而作为独立的系统。

第三种类型：非营利组织会计。非营利组织会计是核算、反映和控制非营利组织经济活动的专业会计。与营利企业相比，非营利组织提供的服务和产品具有公共品和准公共品的特点，即所提供的服务和产品具有很强的正外部性，其生产成本与收益不对称，导致这些组织的生产成本不能完全得到补偿。因此，这些组织除了收取一定的费用外，政府还通过减免税收、提供补助，或通过其他渠道如捐赠使其获得资助，从而使这些组织既能向社会提供具有福利性质的产品或服务，又能长期存在下去。非营利组织的类型主要有以下几种：一是教育、文化、科学研究机构，包括幼儿园、小学、中学、职业技术学校和高等学校、科学研究部门、博物馆、图书馆、艺术表演机构等；二是健康和福利组织，包括医院、疗养院、福利院、儿童保护组织、红十字会、社会救济机构等；三是慈善机构，包括社区筹资机构、基金会等；另外，还包括气象、体育等有关单位。

在我国，非营利组织分为公立（国有）和民间两大类，尤其是改革开放后，不断出现多种形式的民间非营利组织。公立的非营利组织一般称为事业单位。这样，我国政府与非营利组织会计也称为政府（总预算）、行政单位、事业单位和民间非营利组织会计。

（三）公共会计

与上述两种会计职业是为了加工组织自身活动的信息不同，会计师事务所（或会计公司）为其他组织的财务信息提供鉴证、评估和其他相关服务。因此，我们把会计师事务所从事的相关会计工作称为公共会计。会计师事务所提供的服务主要包括两类：一类是提供鉴证服务，即审计服务，提供审计服务的会计人员称为审计师或注册会计师；另一类是向客户提供非鉴证服务，包括管理咨询服务、税务服务、会计和记账服务、其他咨询服务等。

在会计师事务所从事审计工作，要求审计人员具备很高的执行能力和独立性，因此审计人员必须取得执业资格，通过注册会计师考试后方能执业。注册会计师是审计人员从事审计工作的执业资格，区分一个审计师的级别，各事务所的方法不同，但大体上可分为助理审计师、审计师、高级审计师、项目经理、高级经理和合伙人（合伙人有时也分等级）。提供其他服务的人员，与此类似。

从事财务会计和审计工作，都要遵循统一的外部规范，财务会计遵循的是公认的会计准则（或会计制度），从事审计工作遵循的是公认的审计准则。从事管理会计和财务管理工作没有相应的外部规范，但各个企业有自己内部的制度规范。另外，企业和相应组织从事会计工作的会计人员也要取得相应的上岗资格。随着会计工作能力的提高，通过相应考试后，可以取得一系列技术职称，如助理会计师、会计师等。需要说明的是，有些大型企业设置总会计师，这是一个职位，而不是技术职称。

二、会计职业道德

综合上面的论述，会计作为一种职业，可以细分为企业财务会计、企业管理会计、企业财务管理、企业内部审计和审计等。无论哪一种会计职业，一个共同的特点是，会计人员（包括审计人员，下同）熟知企业的经营情况、管理和控制企业的资金和财产运行、为管理层提供决策支持等。如果对会计人员的行为没有一定的约束，出现泄露企业商业秘密、私自或合谋侵吞企业财产、不胜任本职工作等问题，都会给企业带来重大损失。因此，会计人员在工作中除了遵守相应的法律、法规、制度外，还要遵循一定的职业道德规范。

所谓职业道德，就是会计人员从事会计、审计工作时所必须遵循的行为准则。会计工作分为不同的种类，不同的会计职业道德规范有所区别。

企业财务会计工作人员的道德规范在我国是由《中华人民共和国会计法》和《会计基础工作规范》来规定的。《中华人民共和国会计法》第三十九条规定："会计人员应当遵守职业道德，提高业务素质。对会计人员的教育和培训工作应当加强。"《会计基础工作规范》第二章第二节会计人员职业道德中，对会计人员的职业道德也进行了比较详细的规定。具体包括以下内容。

总体要求——第十七条：会计人员在会计工作中应当遵守职业道德，树立良好的职业品质、严谨的工作作风，严守工作纪律，努力提高工作效率和工作质量。

爱岗敬业——第十八条：会计人员应当热爱本职工作，努力钻研业务，使自己的知识和技能适应所从事工作的要求。

熟悉法规——第十九条：会计人员应当熟悉财经法律、法规、规章和国家统一的会计制度，并结合会计工作进行广泛宣传。

依法办事——第二十条：会计人员应当按照会计法律、法规和国家统一会计制度规定的程序和要求进行会计工作，保证所提供的会计信息合法、真实、准确、及时、完整。

客观公正——第二十一条：会计人员办理会计事务应当实事求是、客观公正。

搞好服务——第二十二条：会计人员应当熟悉本单位的生产经营和业务管理情况，运用掌握的会计信息和会计方法，为改善单位内部管理、提高经济效益服务。

保守秘密——第二十三条：会计人员应当保守本单位的商业秘密。除法律规定和单位领导人同意外，不能私自向外界提供或者泄露单位的会计信息。

注册会计师作为对外提供鉴证服务的人员，对其职业道德要求的程度更高。在《中华人民共和国注册会计师法》（以下简称《注册会计师法》）和《中国注册会计师职业道德基本准则》中有专门的规定。《注册会计师法》第十八条规定：注册会计师与委托人有利害关系的，应当回避；委托人有权要求其回避。第十九条规定：注册会计师对在执行业务中知悉的商业秘密，负有保密义务。《中国注册会计师职业道德基本准则》对注册会计师从业的职业道德进行了全面系统的规范，包括一般原则、专业胜任能力与技术规范、对客户的责任、对同行的责任、其他责任等。其中，一般原则包括"注册会计师应当恪守独立、客观、公正的原则"和"注册会计师执行审计或其他鉴证业务，应当保持形式上和实质上的独立"等。

一般而言，职业道德规范是由行业协会来制定的。我国的《中国注册会计师职业道德基本准则》就是由中国注册会计师协会制定的。实际上，在国外，各会计职业都成立有相应的会计行业协会。以美国为例，财务会计就专门成立有全国会计师协会（NAA）、财务管理有财务经理协会（FEI）、管理会计有管理会计师协会（IMA）、内部审计有内部审计师协会（IIA）、审计师有美国注册会计师协会（AICPA）。职业道德规范与法律不同，它不属于强制性的规定，一般都是由行业协会对会员实施约束，主要强调自律。无论哪个会计职业，归纳起来，职业道德的基本规范不外乎这几点：胜任、廉洁、保密、独立、客观、公正等。

从我们跨入会计职业门槛的第一天起，就要铭记：道德和职业道德是我们做好会计工作的前提，是我们一生的立身之本。在今后的工作中，遇到两难选择时，一要牢记法律，二要牢记职业道德。

第三节 | 财务会计的特点与学习方法

一、财务会计的性质与特点

前面两节所讨论的是一个广义的会计学的概念，它包括财务会计、管理会计、审计、内部审计及内部控制。由于基础会计（或会计学原理）是财务会计的初级部分，也是会计学专业的第一门专业课程，我们想让读者首先对会计建立一个总体的印象。接下来我们的阐述将集中于财务会计这门学科上。

财务会计是对企业经济活动进行加工，从而对外提供财务报告的一个信息处理系统。1494 年，意大利人卢卡·帕乔利在其《算术、几何、比及比例概要》（简称《算术大全》）中，第一次系统地介绍了复式簿记，由此形成了传统财务会计的核算与记录方法。传统财务会计的基本特点表现为以权责发生制为基础、以历史成本为计量属性、以复式簿记为记账方法等。20 世纪后，随着公认会计准则的出现，在传统财务会计的基础上，逐步形成了以会计准则为规范、提供通用的财务报告、经过严格的审计、财务报告披露的范围不断扩大的现代财务会计。

财务会计的性质和特点

总体而言，现代财务会计具有以下一些特点。

（1）对企业经济业务进行加工的信息处理系统。财务会计的一个主要目标就是向外部信息使用者提供有关企业财务状况、经营成果、权益变动和现金流动的信息，以便这些使用者做出正确的投资决策。所以把企业的经济业务转换成信息产品（财务报告），就是财务会计的核心工作。

（2）按照会计规范——会计准则或会计制度对企业经济业务进行加工处理。为了使各企业加工出来的信息产品（财务报告）具有可比性，必须要求所有企业在处理同样的经济业务时使用同一种或类似的会计规则。这样，财务会计在加工过程中就要遵循一定的会计规范，其核心就是会计准则。会计规范还包括相应的会计法律、法规、规章和制度。详细的论述请参见本系列教材《中级财务会计》的有关内容。

（3）主要是对企业已经发生的经济业务进行处理。进入财务会计信息处理系统的必须是企业已经发生的经济业务，财务报告所反映的是企业的事实和结果。与此形成对照的是管理会计，管理会计为了向管理层提供对未来事项决策的依据，必须对诸如中长期投资进行预测、估计和测算。

（4）对外部的使用者提供通用的财务报告。财务会计向外提供的信息——财务报告——不管是财务报表的种类、财务报表的格式还是内容，都是通用的。按照《企业会计准则第 30 号——财务报表列报》的规定，企业对外提供的财务报表主要包括资产负债表、利润表、所有者权益变动表、现金流量表和附注。另外，上市公司提供的财务报告的格式和内容要求，则由中国证券监督管理委员会统一规定。

（5）信息的类型主要为企业经济活动的货币表现形式。财务会计提供的财务报告主要是企业经济活动货币金额，即用货币作为计量单位对企业的经济活动进行计量、记录、分类、汇总和报告。这是财务会计的一个基本特色。

（6）对外提供的具体信息为企业整体的财务状况、经营业绩、权益变动状况和现金流量等信息。财务会计的这一特点体现在两个方面：一方面，财务会计提供的是企业经营活动的整体

信息；另一方面，这些信息包括企业的财务状况、经营业绩、权益变动状况和现金流量等四个方面。

上面讲述的财务会计的这些特点，都是比照管理会计而言的。由于管理会计是从财务会计中分离出来的，两者既存在密切的联系，又存在重大差别。通过图 1-6，读者可大致了解财务会计与管理会计的关系。

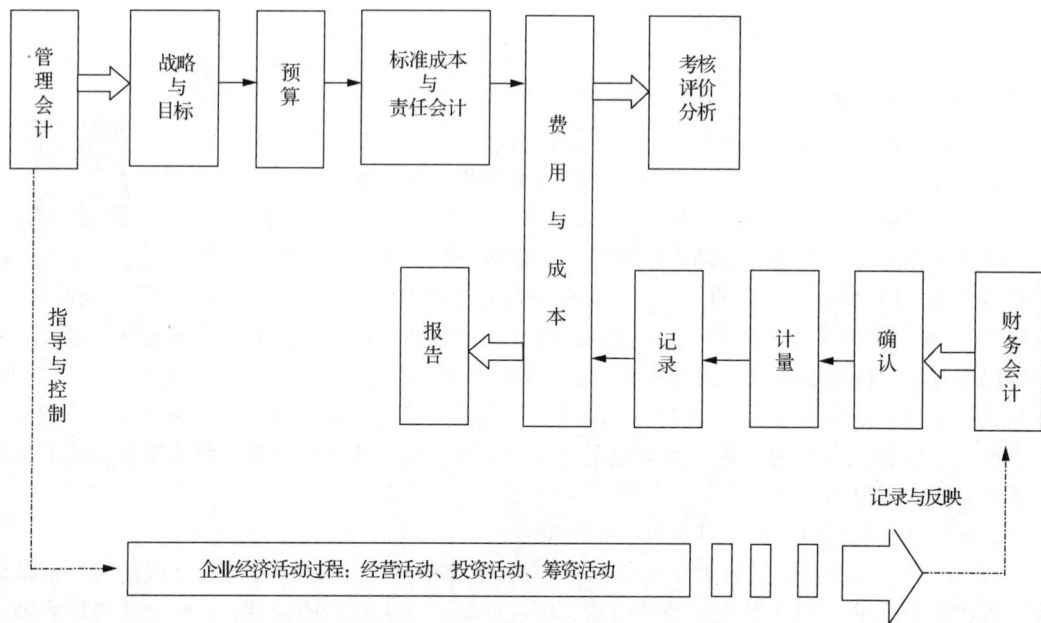

图 1-6　财务会计与管理会计的同源与分流

二、如何学好财务会计

财务会计的处理过程是在会计准则或会计制度的规范下进行的。因此，熟练掌握这些规范是学好财务会计的关键。2006 年 2 月，财政部颁布了一套系统的《企业会计准则》，包括 1 项基本准则和 38 项具体准则，从而形成了一个较为完善的会计规范体系。随后，又配套出台了《企业会计准则——应用指南》和《企业会计准则讲解》等。2014 年以后，财政部对这些准则进行了修订和增订，使具体准则的编号增至第 42 号①。由此，《企业会计准则》成为我国财务会计的基本规范文件。除了基础会计要先掌握会计基本核算程序和方法外，财务会计学的另两门课程（《中级财务会计》和《高级财务会计》）都将围绕讲解《企业会计准则》的制定背景、理论基础、处理方法、应用要点、国际比较等展开。

全球经济一体化，是世界经济发展的潮流。2001 年，中国加入 WTO 后，国内市场开始全面对外开放，资本国际交流大大增强，经济交流也日益频繁。中国制造开始出现在世界各国的市场上，同时，世界各国的产品也进入我们的日常生活，包括世界 500 强中的许多公司也在我国落户扎根。各国和各民族人民的交流是通过一种共通的语言来进行的，如英语。而各国各地区企业间的交流则是通过财务会计信息来进行的，财务会计也被通俗地称为"商业语言"，因此，作为用于国际交往的商业语言——财务会计也必须国际化，以满足国际贸易交往中的语言沟通需求。为了满足国际市场的这种需要，1973 年，澳大利亚、加拿大、英国、德国和法国等国发

---

① 由于第 15 号《建造合同》和第 26 号《再保险合同》被合并取消，至 2020 年 12 月，现行具体准则的实际数量为 40 个。

起成立了国际会计准则委员会（IASC），该委员会致力于制定各国公认的国际会计准则（IAS）。经过 2001 年的改组，国际会计准则理事会（IASB）逐步取得各国的认可，其所制定的 IAS 和国际财务报告准则（IFRS）为越来越多的国家或地区所采纳。我国新颁布的《企业会计准则》全面向国际会计准则趋同就反映了这一趋势。

全球经济一体化，给世界经济带来了巨大的冲击。这种冲击体现为：全球经济的竞争越来越激烈；为了取得竞争优势，各国加大对技术的研究与开发，技术的创新和突破日益频繁，知识经济（新经济）成为这个时代经济的最大特点；竞争的加剧和知识经济的出现，使得企业的风险日益凸显，不确定性也更加突出等。这些变化集中在企业经营上就是：企业产品的周期不断缩短；产品中的技术含量加大，产品越来越向知识性、无形化方向发展；产品将日益多元化；经营风险不断增加等。对于财务会计人员而言，这既是一种机遇，也是一种挑战。机遇是指，在这个时代，会计人员更重要了，企业价值与风险的评价离不开会计人员；挑战是指，我们在对企业的价值进行评估包括对具体的各项资产、收入等进行确认和计量时，在对每一项经济业务的实质进行认定时，将面临更大的不确定性和风险，这对会计人员的能力提出了更高的要求。

此外，随着计算机科学、信息技术、人工智能和大数据等的飞速发展，许多会计处理已经机器化、智能化，低端会计人才已呈现过剩之态。会计人员要不被这个时代所淘汰，必须对传统的财务知识结构进行调整。一方面，业财融合作为一个发展趋势，要求我们不仅掌握财务方面的专业知识，还需要熟悉各种经济业务，并将财务与业务有机结合在一起；另一方面，随着信息技术和人工智能的发展，会计人员也需要了解现代信息技术（包括大数据）处理方法及人工智能开发原理，更好地实现财务系统与企业整个运行系统的对接和融合。

学好财务会计，已经不是传统意义上掌握基本记账方法、熟悉会计准则或制度就可以了。在经济全球一体化，竞争日趋激烈的知识经济时代，一个合格财务会计人员基本能力的培养要从以下几个方面入手。

（一）动手能力

财务会计一个最大的特点是其实用性和操作性。任何一种会计程序、方法和具体处理的掌握都需要通过实际应用来检验，只有在实际中能够正确地运用，才表明我们实际掌握了某种会计程序、方法和某项具体准则。因此，在财务会计的学习中，我们既要通过自己的学习、老师的授课等多种方式去理解基本的概念、方法和原理，更要注重对这些方法的运用，亲自动手去做练习，每一个学习要点都要通过这种方式来检验和巩固。由此衍生的，就是会计是一项十分细致的工作，我们具体操作时，要兢兢业业、认认真真。操作性还表现在对计算机的操作、对相关计算（如对现值、股票期权价值计算和更复杂的计算模拟等）的操作和动手搜集相关资料和数据及处理等方面。

（二）职业判断能力

在今天日益复杂的经济环境中，对经济业务实质的判断，在众多的选择中和不确定的条件下做出正确的抉择，是会计人员面临的一个考验，职业判断能力成为会计人员必须具备的一项基本素质和能力要求。既要知其然，还要知其所以然，这是我们在学习中必须注意的，只有这样，我们才能慢慢养成看清问题实质的习惯。职业判断能力的形成，除了需要具备一定的专业和基础知识并不断地吸收新知识外，还必须积累丰富的实际经验，对于任何一项会计处理，要学会分析、判断、综合、总结，养成一种良好的思维习惯。只有通过不断的积累，这种职业判断能力才会形成并得以不断提高。总之，职业判断能力从根本上来说是一种职业培养、职业训练的结果，但同时它要求一个会计人员具备较高的理论素养，在实际工作中又要不断更新、提高，不断吸收新知识，掌握新情况。职业判断能力只能通过持续的、不间断地培养、训练，不断积累才能养成。虽然在学校我们无法完全形成这种能力，但这种思维习惯、能力培养和一些基本要求的建立已经开始。

（三）终生学习能力

这是一个不断变化的时代，有人说，现在唯一不变的就是变化。同学们毕业后会发现，进入社会后，环境变化了，许多会计制度改变了，所学的很多知识不再有价值了。这里要强调一种基本的观念，学习最重要的是培养一种学习能力，一种终生都能受用的学习能力。正如美国会计教育改革委员会（AECC）在其第 1 号公报《会计教育的目标》中所强调的"学校会计教学的目的不在于训练学生在毕业时即成为一个专业人员，而在于培养他们未来成为一个专业人员应有的素质"。再者，"会计教育最重要的目标是培养学生独立学习的素质。大学教育应是提供学生终生学习的基础，使他们在毕业后能够以独立自我的精神持续地学习新的知识。因此，终生独立自学能力就成为会计学专业人员生存与成功的必备条件"。[①]

（四）正确的职业道德观念

当你选择一种职业与你相伴终生时，一些基本的价值观念的建立是必不可少的。通过建立这些职业价值观念，我们认识到会计这份职业的要求、作用和意义，能珍惜并献身于该项事业，并为之精诚工作，为之奋斗一辈子。前面我们提到，人一生的幸福源于两个方面：家庭和事业。正确的职业道德观念的树立，会使我们养成一种良好的心态，平静对待工作和生活。

三、本书的结构

会计学原理的结构和内容

财务会计学按其程度可分为会计学原理、中级财务会计和高级财务会计。会计学原理是财务会计的入门课程，重点讲述会计核算的基本程序和方法，其基本结构如图 1-7 所示。

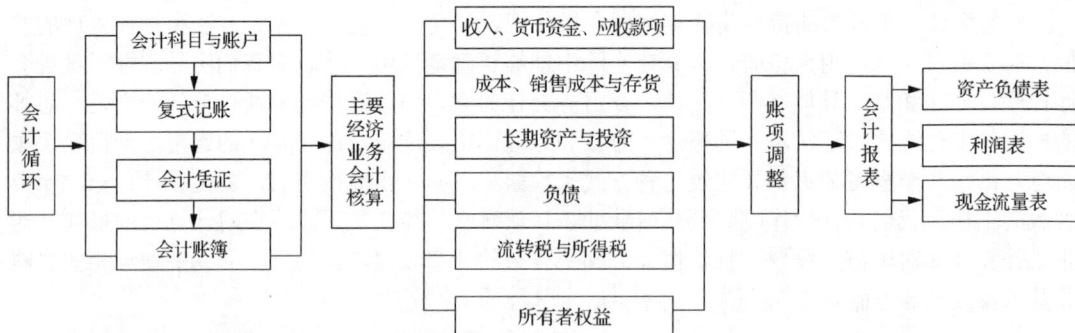

注：收入一章，主要包括收入的类型、收入的确认时间等；

成本一章，先讲公司的类型（服务企业、商业企业、制造企业）以及各种类型企业成本特点；

所有者权益一章，主要讲述公司组织形式（独资、合伙与公司制）及各种组织形式所有者权益的特点；

基础会计以讲解会计科目的运用为主，按主要经济业务的类型进行讲解。

图 1-7　会计学原理基本结构

在对会计的特点和性质有了初步认识后，我们讲述会计核算的基本程序与方法，主要是复式簿记——借贷记账法的原理与运用。接下来，将结合企业组织（独资、合伙、公司）、企业类型（服务业、商业、制造业）和经济活动类别（经营活动、投资活动、筹资活动）进一步讲解会计处理的程序与方法。例如，在讲述货币资产、应收款项时与销售业务结合起来；讲述成本

---

① 理查德·E. 弗拉赫扬：《美国会计教育改革与会计教育委员会》，载《会计研究》，1997（9）。

时，与生产过程、与企业的经济活动类型（服务业、商业、制造业）结合起来；讲述权益与投资时，与企业组织（独资、合伙、公司）结合起来，在讲述企业一般经济活动的会计处理时，将其按经营活动、投资活动和筹资活动分类进行讲解。这样，使读者在学会记账的同时，又能将会计信息与企业组织、经济活动类型与经济业务有机联系起来。会计核算的最后是两张基本报表——资产负债表和利润表的编制，另外对现金流量表的原理也要有一个基本的了解。总之，通过本书的学习，读者能够对会计有一个初步的认识，掌握复式记账的基本原理和主要经济业务会计核算的方法，以及企业组织、经济活动类型、经济业务三者与会计核算的有机联系，能够编制简单的资产负债表和利润表，大致了解现金流量表的原理。

简 答 题

1. 结合所学的历史，谈谈影响一个国家成为强国的主要因素。
2. 为何会计的重心是为企业服务？
3. 如何理解会计是一个发展的概念？
4. 简要归纳会计学科的核心课程以及相互之间的关系。
5. 简要归纳会计学专业课程体系的层次、逻辑、目的以及相互之间的关系。
6. 会计信息的使用者有哪些，他们将这些信息用于哪些方面？
7. 以你自己的生活为例，举出与会计有关的一些事情。
8. 学习本章前，你对会计是如何理解的？学完本章后，这种理解发生了哪些变化？
9. 你准备怎样学好财务会计，会有意识地去设计学习方法吗？
10. 你是如何认识职业、会计职业和会计职业道德的？你觉得职业道德很重要吗？
11. 你是如何选择会计学专业的，是家庭的选择，还是你自己的主动选择？你对这个职业感兴趣吗？是哪些因素最终导致你选择会计专业的？你对进入这个职业做好准备了吗？
12. 简要阐述财务会计与管理会计的区别以及财务会计的特点。
13. 上网搜索我国目前会计人员和审计人员（注册会计师）的人数。

案例分析——大学一年级：会计学专业①

---

① 本章新增了案例分析，具体内容见配套的《会计案例教学》，教师可根据教学情况使用。

第二章

账户与复式记账

本章要点

- 理解会计主体
- 了解基本财务报表及其构成
- 掌握会计等式
- 理解货币计量
- 掌握账户与会计科目的关系
- 理解复式记账
- 掌握借贷记账法

章首故事

帕乔利——复式簿记的奠基人[①]

西方资本主义萌芽源于 14～15 世纪的地中海沿岸，特别是意大利北部的一些城市，如威尼斯、佛罗伦萨等。同时，复式簿记在上述地区产生。

复式簿记的奠基人卢卡·帕乔利（Luca Pacioli）1445 年生于距离佛罗伦萨东南约 129 千米的小镇圣塞波尔克罗一个中下层家庭，早年在教会学校接受教育，16 岁时去当地一位大商人的家庭作坊当学徒，之后，跟随著名艺术家（同时数学造诣颇高）弗朗西斯卡学习，随后相继在佛罗伦萨、米兰、罗马等五所大学执教，同时还做过许多达官和富商的家庭教师。

帕乔利的一生适逢文艺复兴的黄金时期，他与著名建筑家阿尔贝蒂、画家达·芬奇和罗马教皇等都是要好的朋友。他是一位出色的著作家、演讲者和教师，对数学、神学、建筑学、军事战术学、商业等都有深入的了解。一生著述颇丰，包括《算术、几何、比及比例概要》（以下简称《概要》）《成功的经商之道》《智慧之道》《数的奥妙》《神妙的比例》等。

1494 年出版的《概要》分五个部分：（1）算术与代数；（2）算术与代数在贸易和计算中的应用；（3）簿记；（4）货币与兑换；（5）理论几何与应用几何学。其中第三部分簿记奠定了现代会计的基石，其复式簿记的基本原理历经 500 多年没有变化，对推动社会的发展起到了功不可没的作用。

财务会计是一个信息系统，基本过程包括确认、计量、记录和报告，最终以财务报告（核心为财务报表）的形式对外揭示企业的财务状况、经营成果和现金流量等信息。为了加工财务报表，必须对企业的经济业务进行确认、计量和记录，通俗地讲，就是"记账"。因此，学习财务会计首先要掌握记账的基本概念、原理和流程。本章主要围绕这个主题展开，如记谁的账——会计主体，账记在什么地方——账户，以什么方法记账——复式记账等。记账的具体程序将在第三章和第四章进行阐述。

账户和复式记账

[①] R.G. 布朗、K.S. 约翰斯顿著，林志军等译：《巴其阿勒会计论》[M]. 上海：立信会计图书用品社，1988（巴其阿勒也译做帕乔利——编者注）。

第一节 会计等式

一、会计主体

会计主体是指会计服务的特定经济实体，它为会计人员对经济活动进行会计确认、计量和记录以及编制财务报表等会计工作界定了空间范围。作为经济实体的会计主体可以是一个企业、一个行政事业单位、一个组织，也可以是一个企业或一个单位的特定组成部分（如分支机构、责任中心等），还可以是由多个企业形成的企业集团。

对会计主体的界定要遵循经济实质重于法律形式的原则。会计主体不同于法律主体（法人），法律主体的法人是指具有民事权利能力和民事行为能力，依法独立享有民事权利和承担民事义务的组织。会计主体与法人主体之间的关系分为三种情况：（1）既是会计主体又是法人主体，如有限责任公司，股份有限公司，具有法人条件的事业单位、社会团体等；（2）是会计主体但不是法人主体，如个人合伙企业、个体工商户、分支机构、企业内独立核算的一个部门等；（3）由多个法人主体形成的会计主体，如企业集团内的母子公司在法律上各自为独立的法人主体，但整个集团在经济实质上则为一个具有共同利益的经济实体，会计上应将母子公司的经济活动以合并报表的方式加以表达，形成一个报告主体（会计主体），从而使会计主体跨越法律主体的界限。

会计主体概念的一个重要特征就是：它是一个独立的经济实体，即独立于它的所有者和其他的会计主体。会计所确认、计量、记录和报告的一切要素都是针对一个会计主体而言的，而不是所有者或其他主体（单位）的信息。例如，李华决定开办一家电器修理店（以下简称"修理店"），他将其全部积蓄 3 000 元中的 2 500 元投入修理店，从会计的角度来看，修理店就是一个会计主体。修理店 2 500 元的现金就是其所拥有的资产，而这 2 500 元现金是所有者李华对修理店的投入资本，所有者投入这 2 500 元的目的在于通过有效经营赚取收入。显然，李华拥有对这 2 500 元的要求权，会计上称之为"权益"，也可看成是修理店对所有者李华的"债务"。如果李华随后又决定不开办此修理店，则修理店必须将这 2 500 元"偿还"给李华。而从所有者李华的角度来看，开办修理店后，李华的资金就只有 500 元了，但拥有修理店 2 500 元的权益。

二、基本财务报表

财务会计的主要目标是向会计信息使用者提供有助于经济决策的信息。会计信息的使用者主要包括投资者、债权人、企业、政府、财务分析师、潜在投资者等。按照美国财务会计准则委员会（FASB）第 1 号概念公告的说明，企业财务会计所生成的信息，最终是由以财务报表（financial statements）为核心的财务报告（financial report）作为传输手段，提供给投资人、债权人和其他类似使用者使用。财务报表是财务报告的中心部分，是向外界传递会计

会计等式与会计报表

信息的主要手段，同时也是会计人员的最终劳动成果。在对外的通用财务报告中，财务报表是一个会计主体所有已发生的交易或事项，按照会计准则确认为资产、负债、所有者权益、收入、费用等要素，在可靠计量和正确记录的基础上，再次确认为报表项目而形成的书面文件，它反映会计主体某个时点的财务状况（资产负债表，balance sheet），或某一期间的经营和财务业绩（利润表，income statement），或某一期间的现金流量（现金流量表，cash flow statement）。一个会计主体最基本的财务报表是资产负债表和利润表。

（一）资产负债表

资产负债表是反映会计主体在某一特定时点的财务状况，也就是其资产、负债和所有者权益状况的报表。资产负债表就像我们生活中所拍的一张"快照"，将会计主体不断发生变化的动态的财务状况冻结在某一时日，浓缩在一张静止的报表中。反映财务状况的组成要素是资产、负债和所有者权益，这三大要素构成了资产负债表的主要内容框架。

1. 资产

资产是指企业过去的交易、事项形成的，由企业拥有或者控制的，预期会给企业带来经济利益的经济资源。它包括各种财产、债权和其他权利。

企业的资产按流动性可分为流动资产和非流动资产两大类。在资产负债表中也应分流动资产与非流动资产两组进行列报，且资产负债表中的资产类至少应当包括流动资产与非流动资产的合计项目。

流动资产一般是指在一年或者超过一年的一个营业周期内可以变现或者被耗用的资产。满足下列条件之一的资产应归类为流动资产：（1）预计在一个正常营业周期中变现、出售或耗用；（2）主要为交易目的而持有；（3）预计在资产负债表日起一年内（含一年）变现；（4）自资产负债表日起一年内，交换其他资产或清偿负债的能力不受限制的现金或现金等价物。库存现金、银行存款、应收账款、预付账款、其他应收款、存货等都属于流动资产。

非流动资产是指流动资产以外的资产，具有以下几个特点：（1）使用年限在一年以上；（2）企业拥有此资产的目的是企业自身使用而不是出售；（3）通过对它的使用能直接或间接地给企业带来经济利益。固定资产、长期股权投资、无形资产等都属于非流动资产。固定资产是指使用年限在一年以上，并在使用过程中保持其原有实物形态的资产，如房屋及建筑物、机器设备、运输设备等。无形资产是指没有实物形态、可供企业长期使用的资产，如专利权、非专利技术、商标权、著作权、土地使用权等。

2. 负债

负债是指过去的交易或事项形成的，预期会导致经济利益流出企业的现时义务。按照流动性，负债可分为流动负债和长期负债。所有负债，根据其流动性逐项单独列示于资产负债表之中，且资产负债表中的负债类至少应当包括流动负债、非流动负债和负债的合计项目。

流动负债是指在一年或者超过一年的一个营业周期内必须偿还的债务。满足下列条件之一的负债应当归类为流动负债：（1）预计在一个正常营业周期中清偿；（2）主要为交易目的而持有；（3）自资产负债表日起一年内到期应予以清偿；（4）企业无权自主地将清偿推迟至资产负债表日后一年以上。短期借款、应付账款、应付职工薪酬、预收账款、应交税费、其他应付款等都属于流动负债。

流动负债以外的负债为非流动负债，如长期借款、应付债券、长期应付款等。

3. 所有者权益

所有者权益是指所有者在企业资产扣除负债后由所有者所享有的剩余权益，其金额为资产减去负债后的余额，又称为净资产。所有者权益的来源包括所有者直接投入的资本、直接计入所有者权益的利得和损失、留存收益等。具体分为实收资本（或者股本）、资本公积、盈余公积和未分配利润等，列示于资产负债表中。

所有者权益和负债都属于权益，都可看成企业的债务，但所有者权益与负债有着本质的区别。所有者投入企业的资财，一般企业可长期使用，无支付使用费的法定义务，并且所有者有权参与企业的经营管理；而负债是企业对内和对外所承担的经济责任，有使用期限，到期企业必须偿还，同时还需支付有关费用，如借款的利息费用等。另外，所有者可以参与企业的利润分配，拥有企业的剩余索取权，而债权人则无此项权利，只能按照预先约定的条件取得确定的利息收入。

（二）利润表

利润表是总括反映企业在一定期间经营成果的财务报表。反映企业经营成果的要素为收入、费用和利润，这三大要素构成了利润表的主要内容框架。

1. 收入

收入是指企业在日常活动中形成的，会导致所有者权益增加的，与所有者投入资本无关的经济利益的总流入，主要包括主营业务收入、其他业务收入和营业外收入。

主营业务收入是指企业销售商品、提供劳务等主营业务所实现的收入；其他业务收入是指除主营业务活动以外的其他经营活动实现的收入，包括出租固定资产、出租无形资产、出租包装物和商品、销售材料、用材料进行非货币性交换或债务重组等实现的收入；营业外收入主要是指债务重组利得、与企业日常活动无关的政府补助、盘盈利得和捐赠利得等。

收入能导致企业所有者权益的增加，具体可能表现为企业资产的增加，如增加银行存款、应收账款等；也可能表现为企业负债的减少；或两者兼而有之，如商品销售货款部分抵偿债务，部分收取现金。

2. 费用

费用是指企业日常活动中发生的，会导致所有者权益减少的，与向所有者分配利润无关的经济利益的总流出。与收入会增加企业所有者权益相反，费用最终会减少企业的所有者权益，具体表现为资产的减少或负债的增加。费用中能对象化的部分就是成本。企业为生产产品、提供劳务而发生的各种耗费，如直接原材料、直接人工和制造费用等应归为产品成本或劳务成本；不能予以对象化的费用则归为期间费用，如管理费用、财务费用和销售费用等，并于发生当期直接计入当期损益。

3. 利润

利润是指企业在一定会计期间的经营成果，也就是收入与费用配比、相抵后的差额，它反映了企业最终的经营成果。包括收入减去费用后的净额、直接计入当期利润的利得和损失等。

以上反映企业财务状况、构成资产负债表主要内容框架的三大要素与反映企业经营成果、构成利润表主要内容框架的三大要素，共同构成了《企业会计准则——基本准则》中所规定的六大会计要素，即资产、负债、所有者权益、收入、费用和利润。这些要素之间存在着密切的联系，会计等式揭示了这些要素之间的关系。

三、会计等式

（一）会计等式概述

会计等式（accounting equation）是指表明各会计要素之间基本关系的恒等式。企业要进行生产经营活动，必须拥有一定数量的资产。这些资产分布在经济活动的各个方面，表现为不同的占用形态，如货币资金、原材料、房屋建筑物等。另一方面，这些资产均有其来源，企业资产的来源最初只有两个：一是由企业所有者提供的经济资源；二是由企业债权人提供的经济资源。投资者（所有者和债权人）向企业投入经济资源不可能是无偿的，其代价就是对企业的资产享有一定的要求权，这种对资产的要求权，会计上称之为"权益"。然而，债权人与所有者对企业资产的要求权是不一致的，会计上将债权人对企业资产的要求权称为负债（债权人权益），所有者对企业资产的要求权则称为所有者权益。

资产和权益之间存在着相互依存的关系，二者是不可分割的。没有无权益的资产，也没有无资产的权益。从数量上来看，企业资产的总额必然等于权益的总额。因为资产反映的是企业拥有什么样的经济资源和拥有多少经济资源，权益则表明企业这些经济资源的来源渠道，资产和权益是同一事物的两个不同侧面。资产与权益之间的这种关系用公式表示如下：

资产=权益

或　资产=负债+所有者权益　　　　　　　　　　　　　　　　　　　　　　（2-1）

这就是会计等式，又称为会计平衡公式。它是会计核算中设置账户、进行复式记账和编制财务报表的理论依据，是会计核算方法的基础。下面将举例说明会计等式的运用。

【例 2-1】　李华于 7 月 1 日投资 2 500 元开办一家修理店。此时会计等式表示如下。

资产	=负债	+	所有者权益
现金 2 500 元	0		2 500 元（最初的投资）
资产（2 500 元）	=负债（0）	+	所有者权益（2 500 元）

【例 2-2】　承【例 2-1】，7 月 3 日，李华购买了一个铺面，花费 1 800 元。由于资金不够，向其好友张明借款 300 元，期限为 3 个月（不考虑利息），然后又购买了一台修理设备花费 500 元和一些修理使用的材料花费 200 元。此时会计等式表示如下。

资产	=负债	+ 所有者权益
固定资产——铺面（1 800 元）	300 元	2 500 元（最初的投资）
固定资产——设备（500 元）		
存货——材料（200 元）		
现金（300 元）		
资产（1 800+500+200+300）	=负债（300）	+ 所有者权益（2 500）

【例 2-3】　承【例 2-2】，自开张以来，李华的修理业务很是红火，截至 7 月 31 日，李华共获得了 900 元修理收入，修理材料也全部用完。此时的会计等式如下。

资产	=负债+	所有者权益
固定资产——铺面（1 800 元）	300 元	2 500 元（最初投资）
固定资产——设备（500 元）		
现金 [1 200（300+900）元]		700 元（留存利润）
资产（1 800+500+1 200）	=负债（300）+	所有者权益（2 500+700）

李华获得了 900 元的现金收入，而修理材料的成本为 200 元（在此暂不考虑设备的损耗），我们可知李华赚得 700（900-200）元的利润。利润属于企业的所有者，在此例中则属于李华，如果所有者不将其进行分配，则所赚得的利润就留存于企业（称为留存利润），增加所有者的权益。

【例 2-4】　承【例 2-3】，如果李华将所获取的 700 元利润中的 100 元分配给自己（所有者）。此时会计等式如下。

资产	=负债+	所有者权益
固定资产——铺面（1 800 元）	300 元	2 500 元（最初投资）
固定资产——设备（500 元）		
现金[1 100（1 200-100）元]		600 元（留存收益）
资产（1 800+500+1 100）	=负债（300）+	所有者权益（2 500+600）

由于向所有者分配了 100 元利润，留存利润则为 600（700-100）元，企业的所有者权益减少了 100 元，现金资产也减少了 100 元。

上述实例也可以帮助我们进一步理解会计等式的基本原理。

（1）企业经营活动所获得的利润或发生的亏损通过所有者权益进入会计等式。债权人权益与所有者权益对企业资产的要求权存在本质的区别，债权人的权益通过合同的安排，是固定的，即到期偿还本金与利息，相应的风险较小；所有者对企业资产的要求权则是企业的"剩余收益"权，相对风险较大。企业经营成功，赚得利润，利润属于所有者，"剩余收益"增加；反之，若经营失败，发生亏损，损失由所有者承担，"剩余权益"减少。利润或亏损进入会计等式的流程如图 2-1 所示。

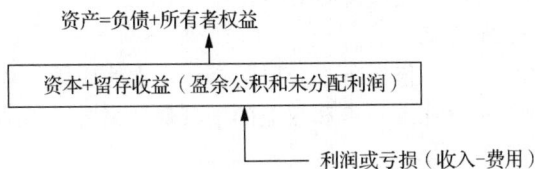

图 2-1　利润或亏损进入会计等式的流程

这里，我们可以推导出另一个会计等式变体，即

资产（期末）=负债（期末）+所有者权益（期初）+（本期收入-本期费用）　（2-2）

等式（2-2）的重要意义在于把企业一定时期的经营结果考虑进去，把资产负债表和利润表的基本要素全部结合起来。它由等式（2-1）的完全静止状态变为一个动态的等式，反映某一时点企业经过一定时期经营后的财务状况的构成和分布。

由此可见，企业的经营成果（利润或亏损）通过影响所有者权益，最终会影响企业的财务状况。但变化后的资产、负债和所有者权益之间又会产生新的平衡关系。

（2）在任何时点，会计等式都成立。企业一旦开始正常的经营活动，其资产的形态就会不断地发生变化。这时很难区分哪些资产是由债权人的资金形成的，哪些资产是由所有者的资金形成的。尤其是大企业，随着经营的不断进行，要做这样的区分几乎是不可能的。例如，在【例 2-2】中，我们就难以确定用来购买修理材料的 200 元是全部由所有者投入的，还是有借入款。但无论资产处于什么样的形态（如现金、固定资产、商品存货等），都有其来源，不是向债权人借入的，就是所有者投入的，或是通过经营赚取的。也就是说，总资产与总权益相对应的关系始终不会改变，在任一时点上会计等式都成立。

另外，通过对会计等式"资产=负债+所有者权益"的重新安排，我们可获得如下等式：

资产-负债=所有者权益　　　　　　　　　　　　　　　　　　　　　　（2-3）

"资产-负债"在会计上又称为"净资产"，因此，可通过此等式来计算任一时点所有者权益的数额。

会计等式两边的金额是不断变化的，导致这种变化的是企业纷繁复杂的经济业务。

（二）经济业务对会计等式的影响

1. 经济业务的含义

经济业务是指发生于企业经营过程中，进入会计信息系统，引起会计要素发生增减变化的事项、交易或情况。"事项"是"某一实体所遇到的结果"，通常指发生在主体内部各部门之间的资源转移，如生产车间领用原材料、设备的消耗等，又称为内部事项；"交易"是指发生在两个（或几个）实体之间的价值转移，又称为外部事项，如购买固定资产、支付款项、取得借款、向另一主体进行投资和捐赠等；"情况"是指"一般不会发生，一般不能预料的情景"，如债务人破产导致债权人难以收回应收账款、物价等的变化对资产或负债产生的影响。①我国会计工作中，习惯将"事项""交易""情况"统称为"经济业务"，指的就是这些发生在各主体之间、主体内部以及外部环境等，将导致会计要素数量发生变化的经济活动。

2. 货币计量

货币计量是指会计主体在进行会计核算时，以货币作为计量经济业务活动的最佳单位。尽管会计所提供的信息或数据不只限于以货币单位计量，但现有以财务报表为主体的财务报告体系主要包括以货币计量的财务信息。货币计量假设有两个含义：一是假设在诸多计量单位中，货币是计量会计主体经济业务活动及经营结果的最好单位；二是货币的单位价值是不变的。

3. 经济业务对会计等式的影响

进入会计信息系统的每一项经济业务都会引起会计要素的变化，从而影响会计等式。企业发生的经济业务错综复杂，但从企业资产和权益的增减变动来看，归纳起来，所有经济业务不外乎以下四种情况，如图2-2所示。

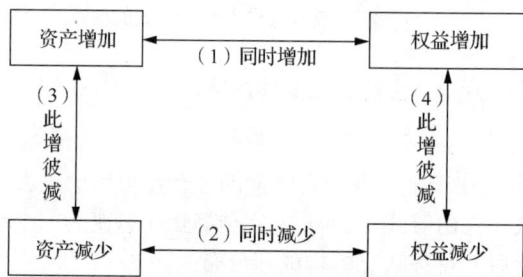

图 2-2　经济业务对会计等式的影响

（1）引起企业资产和权益（负债或所有者权益）同时等额增加的经济业务；
（2）引起企业资产和权益（负债或所有者权益）同时等额减少的经济业务；
（3）引起企业资产内部有关项目之间此增彼减的经济业务；
（4）引起企业权益内部有关项目之间此增彼减的经济业务。

由于企业权益由负债和所有者权益构成，企业经济业务在会计实务中表现为表2-1所示的九种形式。

表2-1　　　　　　　　　　　　　　经济业务对会计等式的影响

经济业务	资产	= 负债	+ 所有者权益
1	增加		增加
2	增加	增加	
3	减少	减少	
4	减少		减少
5	增加，减少		
6		增加，减少	
7		增加	减少
8			增加，减少
9		减少	增加

下面举例说明各类经济业务对会计等式的影响。

---

① 美国财务会计准则委员会（FASB）第6号财务会计概念公告《财务报表要素》，对需要进行会计记录的内容进行了全面讨论，提出了"事项"（events）、"交易"（transactions）和"情况"（circumstances）这三个概念。

【例 2-5】 假设珠江修理公司在 2021 年 12 月 31 日的总资产为 100 000 元，负债总额为 40 000 元，所有者权益为 60 000 元，2022 年 1 月发生了下列经济业务。

业务 1： 1 月 1 日，收到投资者投入维修设备一台，价值 20 000 元；

业务 2： 1 月 3 日，取得银行 5 年期借款 30 000 元；

业务 3： 1 月 7 日，偿还已到期的长期借款 15 000 元；

业务 4： 1 月 8 日，所有者抽回资本 10 000 元，用银行存款支付；

业务 5： 1 月 9 日，购买维修用零部件 10 000 元，货款已用银行存款支付；

业务 6： 1 月 10 日，签发商业票据，清偿到期的应付货款 8 000 元；

业务 7： 1 月 16 日，宣布发放股利 4 000 元；

业务 8： 1 月 21 日，将资本公积金 10 000 元转增资本；

业务 9： 1 月 26 日，由所有者直接偿还珠江修理公司到期的 3 年期借款 10 000 元，并将其转为投入资本。

上述业务是怎样影响会计等式的？以上九项业务对会计等式影响的分析如表 2-2 所示。

表 2-2　　　　　　　　　　各类经济业务对会计等式的影响　　　　　　　　　　单位：元

经济业务	影响结果			业务类型	
	资产	负债	所有者权益		
12 月 31 日	100 000　=	40 000	+ 　60 000		
业务 1	+20 000 （固定资产）		+20 000 （实收资本）	资产增加，所有者权益增加	（1）
新会计等式 1	120 000　=	40 000	+ 　80 000		
业务 2	+30 000 （银行存款）	+30 000 （长期借款）		资产增加，负债增加	（1）
新会计等式 2	150 000　=	70 000	+ 　80 000		
业务 3	−15 000 （银行存款）	−15 000		资产减少，负债减少	（2）
新会计等式 3	135 000　=	55 000	+ 　80 000		
业务 4	−10 000 （银行存款）		−10 000 （实收资本）	资产减少，所有者权益减少	（2）
新会计等式 4	125 000　=	55 000	+ 　70 000		
业务 5	+10 000 （原材料） −10 000 （银行存款）			一项资产增加，一项资产减少	（3）
新会计等式 5	125 000　=	55 000	+ 　70 000		
业务 6		+8 000 （应付票据） −8 000 （应付账款）		一项负债增加，一项负债减少	（4）
新会计等式 6	125 000　=	55 000	+ 　70 000		
业务 7		+4 000 （应付股利）	−4 000 （未分配利润）	负债增加，所有者权益减少	（4）
新会计等式 7	125 000　=	59 000	+ 　66 000		
业务 8			+10 000 （实收资本） −10 000 （资本公积）	一项所有者权益增加，另一项所有者权益减少	（4）
新会计等式 8	125 000　=	59 000	+ 　66 000		
业务 9		−10 000 （长期借款）	+10 000 （实收资本）	负债减少，所有者权益增加	（4）
新会计等式 9	125 000　=	49 000	+ 　76 000		

从以上列举的四类经济业务中可看出：任何一项经济业务的发生都会引起资产、负债和所有者权益至少两个项目发生增减变动。①凡是只涉及资产或权益内部增减的经济业务，即第（3）种和第（4）种类型，不会影响会计等式两边的总额；凡涉及资产和权益同增同减的经济业务，即第（1）种和第（2）种类型，会影响会计等式两边的总额，但等式两边会发生同向同等金额的变动，变动后，等式仍成立。由此可见，任何一项经济业务的发生，都不会影响资产与权益的相等关系。

（三）资产负债表与利润表的关系

资产负债表是反映会计主体在某一特定时日资产、负债和所有者权益状况的报表。资产、负债和所有者权益这三大要素构成了资产负债表的主要内容框架。而利润表是总括反映企业在一定期间经营成果的财务报表，其主要内容框架是收入、费用和利润。这两张基本财务报表之间存在怎样的关系呢？为此，接【例 2-5】我们先来看业务 10 对会计等式的影响。

业务 10：珠江修理公司于 1 月 30 日完成一项维修活动，共获得 12 000 元的现金收入，款项已存入银行，所耗用零部件的成本为 8 000 元。

根据业务 10 可知，珠江修理公司获得了 4 000（12 000-8 000）元的利润②，12 000 元是从事维修活动所获得的收入，8 000 元是进行维修活动所耗用零部件的成本，收入和成本（费用）是利润表的构成要素，反映在利润表中。同时这笔业务又使珠江修理公司增加了 12 000 元的银行存款，减少了 8 000 元的零部件，总资产增加 4 000 元。银行存款和商品属于资产要素，都反映在资产负债表中。通过这笔业务，珠江修理公司获得了 4 000 元利润，根据图 2-1 可知，所获得的利润会通过增加所有者权益 4 000 元而影响会计等式。发生业务 10 后，珠江修理公司的会计等式如下。

	资产	=	负债	+	所有者权益
原会计等式（9）	125 000	=	49 000		76 000
业务 10	+12 000（银行存款）			+	4 000（利润）
	-8 000（原材料）				（收入 12 000 元-成本 8 000 元）
新会计等式（10）	129 000=		49 000	+	80 000

从新会计等式 10 中可看出，业务 10 发生后，会计等式仍然成立。同时，会计等式又把资产负债表与利润表紧密地连接在一起，即通过"所有者权益"要素使之连接起来。这是由于利润表中的利润（严格来说，应该是"未分配利润"）属于所有者，最终要作为所有者权益的一个组成部分反映在资产负债表中。有关资产负债表与利润表的编制以及两者之间的关系将在后续章节进行更为详细的讲解。

第二节 账户和会计科目

一、账户

账记在什么地方以及以什么名目进行登记，是记账要解决的首要问题。本节主要讨论这两个问题——账户和会计科目。

账户与会计科目

---
① 与收入、费用有关的经济业务最终通过所有者权益影响会计等式，收入导致所有者权益增加，费用则导致所有者权益减少。
② 暂不考虑其他成本。

（一）设置账户的意义

任何一笔经济业务的发生都会引起相关会计要素的增减变动。企业的经济活动各种各样、错综复杂，而会计等式所涉及的会计要素又少，根本不能全面反映各种不同类型的经济活动。例如，从银行提取现金与用银行存款购买设备，这两笔业务都表现为一项资产增加，另一项资产减少。但这是两笔完全不同的经济业务，单以会计等式无法反映它们之间的差别。为了能更为全面、系统、连续、综合地反映企业所有经济业务的实质，给会计信息使用者的决策提供有用的经济信息，就必须将会计要素具体化并进一步分类，此方法称为"设置账户"。

账户就是对会计要素的内容进行科学的分类，并给每一类别赋予标准的名称（会计科目）和相应的结构。例如，从银行提取现金与用银行存款偿还购货款这两笔业务虽然都是一项资产增加，另一项资产减少，但它们涉及的账户不一样。从银行存款提取现金涉及的是银行存款和现金两个账户，而用银行存款偿还购货款涉及的是银行存款与应付账款这两个账户。每一个账户除了有自己的名称外，还有其特定的结构。同类账户具有相同的结构，不同类账户则具有不同的结构。

（二）账户的基本结构

账户的基本结构是指用来表示所发生的经济业务对会计要素在数量上的影响。对于一个会计主体来说，尽管经济业务种类繁多，但从其对会计要素数量的影响方面来看，不外乎两种情况：一是"增加"；二是"减少"。因而账户也相应地分成左方和右方两个部分，一方登记增加额，另一方登记减少额。至于在左右两方中，哪一方登记增加额，哪一方登记减少额，则取决于所采用的记账方法和所记录的经济业务的内容。其中，本期增加的金额称为本期增加发生额，本期减少的金额称为本期减少发生额。账户增加方金额与减少方金额相抵后的差额称为余额。余额按其表示的时间不同，分为期初余额和期末余额。这样，账户中所记录的金额就有期初余额、期末余额、本期增加发生额和本期减少发生额四项。这四项金额的基本关系如下。

期末余额=期初余额+本期增加发生额-本期减少发生额

账户的基本结构如图 2-3 所示。

图 2-3 所表示的账户结构是账户结构的简化形式。由于它的形状像英文字母"T"，故在英语系国家被称为"T"字形账户。在我国，由于中文文字"丁"字的形状与其相

左方　　账户的名称（会计科目）　　右方

图 2-3　账户的基本结构

似，所以我国实务工作中有人称之为"丁"字形账户。这种形式一般多用于教学，实务中很少采用这种形式。

实际工作中所运用的账户一般应包括下列内容：（1）账户名称（会计科目）；（2）日期和摘要（记录经济业务的日期、概括说明经济业务的内容）；（3）所依据的记账凭证的编号；（4）增加额、减少额以及余额。具体格式如表 2-3 所示。

表 2-3　　　　　　　　　　　　　　账户名称（会计科目）

年		凭证编号	摘要	左方	右方	左或右	余额
月	日						

在实际的会计处理过程中，对某些账户如原材料、应收账款、应付账款、固定资产等，还需要进一步了解其详细的信息。如对原材料，必须知道各种具体材料的种类、数量、单价和金额等信息，管理者才能进行原材料的优化管理；对应收账款和应付账款，则必须掌握各债务人、债权人所欠的和应付的款项、期限，以便于应收账款与应付账款的管理。为此，对某些账户就需要在原有的账户下再根据其用途和需要具体设置细目。原有的基本账户（直接根据会计科目

所设置的账户）称为"总分类账户"（general ledger account）或"一级账户"，简称为"总账户"，而根据用途和需要具体设置的细目则称为"明细账户"，示例如下。

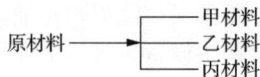

$$原材料 \longrightarrow \begin{cases} 甲材料 \\ 乙材料 \\ 丙材料 \end{cases}$$

"原材料"账户就是"总账户"，"甲材料""乙材料""丙材料"称为明细分类账户。在实务中，若有需要，总账户还可继续细分下去，细分的账户都称为明细分类账户。一般而言，只有处于结构最低层次的账户，才需要有一定的结构，用来反映具体经济业务的数量增减变化。假定到"甲材料""乙材料""丙材料"账户设置就完成了，则只有"甲材料""乙材料""丙材料"才需要具有一定的结构，以反映相应数量的增减变化，"原材料"就不需要有反映数量增减变化的结构了。从数量关系看，总账户的借方、贷方发生额合计和期末余额，应当与它所属的全部明细分类账户的借方、贷方发生额合计和期末余额合计相等。

二、会计科目

（一）会计科目的概念

会计科目是对会计要素的具体内容进一步进行科学分类的项目。会计科目与账户之间既有联系，又有区别。会计科目就是账户的名称，而账户除了名称之外，还有一定的格式和结构；会计科目只能反映会计要素的具体内容，而账户还能反映经济业务所引起会计要素的增减变动及其结果。在会计核算中，会计科目发挥着重要的作用，它是设置账户的依据，也是编制记账凭证和会计报表的基础。

（二）设置会计科目的原则

1. 全面性和互斥性原则

会计科目作为对会计要素的具体内容进行进一步分类的项目，其设置应能够全面、系统、综合地反映企业所有经济业务的实质，不能有任何遗漏。同时，各科目之间在核算的范围和内容上要互相排斥。各科目核算的内容必须严格、明确地加以界定，每一科目原则上只反映一项经济内容，各科目之间不能互相混淆。要在科学分类的基础上形成有机的整体。

2. 统一性和灵活性原则

统一性和灵活性原则是指，企业设置会计科目既要按照我国企业会计准则中确认和计量的规定，又可在不违反企业会计准则中确认、计量和报告规定的前提下，根据本会计主体的实际情况自行增设、分拆、合并会计科目。对于企业不存在的交易或事项，可不设置相关的会计科目。

3. 内外兼顾原则

企业在设置会计科目时，要兼顾对外报告信息和对内经营管理的要求，根据所需要的会计信息详略程度的不同，分设总分类科目和明细分类科目。总分类科目提供总括性信息，满足对外报告的需要；明细分类科目提供更详细、更具体的信息，满足企业内部经营管理的需要。

4. 稳定性和发展性原则

会计科目的设置应该保持相对稳定，以便在一定范围内综合汇总，在不同时期分析对比。同时，会计科目的设置还应该适应经济环境的变化和企业业务发展的要求，以便更准确地反映企业财务状况和经营成果。

（三）企业常用会计科目及其分类

2006 年，我国财政部发布《企业会计准则——应用指南》（2006），在其附录中，依据企业会计准则中确认和计量的规定制定了会计科目的名称、编号和每一会计科目的主要账务处理方法。所有的会计科目被分为六大类，即资产类、负债类、共同类、所有者权益类、成本类和损益类；会计科目的编号仅供企业填制凭证、登记会计账簿、查阅会计账目、采用会计软件系统参考，企业可结合实际情况自行确定会计科目的编号。资产类科目分为流动资产、长期投资、固定资产、无形资产和其他资产，包括"库存现金""银行存款""固定资产""长期股权投资""无形资产"和"长期待摊费用"等。共同类科目包括"清算资金往来""货币兑换""衍生工具"等。负债类科目分为流动负债和长期负债，包括"短期借款""应付账款""应交税费""长期应付款"和"应付债券"等。所有者权益类科目包括"实收资本""资本公积""盈余公积""本年利润"和"利润分配"等。成本类科目包括"生产成本""劳务成本"和"制造费用"等。损益类科目包括收入类科目和成本类以外的其他费用类科目。表2-4摘录其中常用的会计科目。由于自2014年后，具体会计准则的不断修订和增加，会计科目发生许多变化（表中带"△"号）：一些会计科目进行了调整；同时新增一批会计科目。此外，新增没有编号部分的会计科目，放在该表最后（带星号）。

表2-4　　　　　　　　　　　　企业常用会计科目

顺序号	编号	会计科目名称		顺序号	编号	会计科目名称	
		一、资产类		30	1601	固定资产	
1	1001	库存现金		31	1602	累计折旧	
2	1002	银行存款		32	1603	固定资产减值准备	
3	1012	其他货币资金		33	1604	在建工程	
4	1101	交易性金融资产		34	1605	工程物资	
5	1121	应收票据		35	1606	固定资产清理	
6	1122	应收账款		36	1701	无形资产	
7	1123	预付账款		37	1702	累计摊销	
8	1131	应收股利		38	1703	无形资产减值准备	
9	1132	应收利息		39	1711	商誉	
10	1221	其他应收款		40	1801	长期待摊费用	
11	1231	坏账准备		41	1811	递延所得税资产	
12	1401	材料采购		42	1901	待处理财产损溢	
13	1402	在途物资				二、负债类	
14	1403	原材料		43	2001	短期借款	
15	1404	材料成本差异		44	2201	应付票据	
16	1405	库存商品		45	2202	应付账款	
17	1406	发出商品		46	2203	预收账款	
18	1411	周转材料		47	2211	应付职工薪酬	
19	1461	融资租赁资产		48	2221	应交税费	
20	1471	存货跌价准备		49	2231	应付利息	
21	1481	持有待售资产	△	50	2232	应付股利	
22	1482	持有待售资产减值准备	△	51	2241	其他应付款	
23	1501	债权投资	△	52	2242	持有待售负债	△
24	1503	其他债权投资	△	53	2501	长期借款	
25	1504	其他权益工具投资	△	54	2504	继续涉入负债	△
26	1511	长期股权投资		55	2502	应付债券	
27	1512	长期股权投资减值准备		56	2701	长期应付款	
28	1531	长期应收款		57	2801	预计负债	
29	1581	继续涉入资产	△	58	2901	递延所得税负债	

续表

顺序号	编号	会计科目名称		顺序号	编号	会计科目名称	
		三、共同类		80	6101	公允价值变动损益	
59	3001	清算资金往来		81	6111	投资收益	
60	3101	衍生工具		82	6115	资产处置损益	△
		四、所有者权益类		83	6116	其他收益	△
61	4001	实收资本		84	6301	营业外收入	
62	4002	资本公积		85	6401	主营业务成本	
63	4101	盈余公积		86	6402	其他业务成本	
64	4103	本年利润		87	6403	税金及附加	
65	4104	利润分配		88	6411	利息支出	
66	4201	库存股		89	6421	手续费及佣金支出	
67	4401	其他权益工具	△	90	6601	销售费用	
		五、成本类		91	6602	管理费用	
68	5001	生产成本		92	6603	财务费用	
69	5101	制造费用		93	6701	资产减值损失	
70	5201	劳务成本		94	6702	信用减值损失	△
71	5301	研发支出		95	6711	营业外支出	
72	5401	合同履约成本	△	96	6801	所得税费用	
73	5402	合同结算	△	97	6901	以前年度损益调整	
		六、损益类					
74	6001	主营业务收入				使用权资产*	
75	6011	利息收入				租赁负债*	
76	6021	手续费及佣金收入				应收融资租赁款*	
77	6041	租赁收入				合同资产*	
78	6051	其他业务收入				合同负债*	
79	6061	汇兑收益					

*新增加没有编号的会计科目。

第三节 复式记账

一、记账方法

　　账户是专门用来记录经济业务的工具，而在账户中应如何记录经济业务，则取决于记账方法。记账方法是指在账户中记录经济业务的方式、方法。目前世界各国普遍采用的是借贷记账法。实际上，在会计学的发展历程中，记账方法总体上经历了从简单到复杂、从单式到复式、从不完善到完善和科学的发展过程。记账方法可分为单式记账和复式记账两种类型。

　　单式记账法是指对发生的经济业务一般只在一个账户中进行单方面记录的一种记账方法。单式记账法比较简单，其账簿记录主要考虑的是货币资金和债权、债务的发生情况，一般只设置"库存现金""银行存款""应收账款"和"应付账款"等账户，其余事项则不设置账户进行记录。例如，用银行存款 5 000 元购买原材料，在记账时，只记银行存款少了 5 000 元，至于原材料增加了 5 000 元则不进行记录。可见，单式记账法的记账手续虽简单，但账户之间不能形成互相对应的关系，难以保证账户记录的正确性，也不能形成一套完整的账户体系。

复式记账法是在单式记账法的基础上演变而来的，是指对每一项经济业务，都以相等的金额，同时在相互对应的两个或两个以上的账户中进行记录的记账方法。如用银行存款购买原材料这笔经济业务发生后，一方面应记录在"银行存款"账户中，反映银行存款的减少；另一方面还要记录在"原材料"账户中，反映原材料的增加。通过账户之间的这种对应关系，全面、清晰地反映经济业务的来龙去脉，从而能够了解经济业务的具体内容。同时，由于经济业务发生后，复式记账法是以相等的金额在有关账户中进行记录，因而便于用试算平衡的原理来检查账户记录的正确性。

二、借贷记账法

借贷记账法是指以"借""贷"为记账符号的一种复式记账法。借贷记账法产生于 13～14 世纪资本主义开始萌芽的意大利。1494 年，意大利人卢卡·帕乔利在其《算术、几何、比及比例概要》（也称《算术大全》）中第一次系统阐述了借贷记账法。这种记账方法 20 世纪初传入我国，是目前世界各国通用的一种记账方法。1992 年我国颁布的《企业会计准则》规定，企业会计记账统一采用借贷记账法。借贷记账法的内容包括记账符号、账户结构、记账规则和试算平衡四项。

借贷记账法

（一）记账符号

借贷记账法以"借"（debit，简写为 Dr）、"贷"（credit，简写为 Cr）作为记账符号。"借""贷"两字最初是从借贷资本家的角度来解释的，即用来表示债权（应收款）和债务（应付款）的增减变动。借贷资本家把放出的款项称为"借"，表示"人欠"，把吸收的款项称为"贷"，表示"欠人"。随着社会经济的发展，经济业务的内容日趋复杂，"借""贷"也就逐渐失去其原有的含义，成为纯粹的记账符号，其意义随账户的性质而异。

（二）账户结构

我们知道，每一个账户都有左、右两方。在借贷记账法下，账户的基本结构是左方为借方，右方为贷方。但究竟用哪一方来登记金额的增加，用哪一方登记金额的减少，期初或期末余额又在哪一方，则应根据账户所反映的经济内容以及与此相联系的性质而定。

在借贷记账法下，按照所反映的经济内容设置有六大类账户：资产类、负债类、所有者权益类、收入类、费用类和利润类。此外，还可设置共同类账户。

1. 资产、负债和所有者权益类账户的结构

反映各项资产的账户称为资产类账户，反映负债和所有者权益的账户则分别称为负债类账户和所有者权益类账户。由于一般在资产负债表的左方反映资产项目，则资产类账户的借方（左方）登记其增加额，账户的贷方（右方）登记其减少额，余额在借方；由于负债和所有者权益项目列示在资产负债表的右方，习惯上在负债类账户和所有者权益类账户的贷方登记其增加额，而在负债和所有者权益类账户的借方登记减少额，余额在贷方。资产、负债和所有者权益类账户的结构如图 2-4 所示。

借方	资产类账户	贷方
期初余额		
本期增加额	本期减少额	
期末余额		

借方	负债、所有者权益类账户	贷方
		期初余额
本期减少额		本期增加额
		期末余额

注：资产类账户的期末余额（借方）＝期初余额（借方）＋本期增加额或本期借方发生额－本期减少额或本期贷方发生额

负债、所有者权益类账户期末余额（贷方）＝期初余额（贷方）＋本期增加额或本期贷方发生额－本期减少额或本期借方发生额

图 2-4　资产、负债和所有者权益类账户的结构

2. 收入、费用、利润类账户的结构

企业在生产经营过程中会取得各项收入，为取得这些收入又会发生各种费用。当一定时期内收入大于费用时，表明企业的经营成果为利润；反之，则表明企业的经营成果为亏损。为了记录和反映一定时期内企业所获得的收入和发生的费用，完整地反映企业经营的最终结果，需要专门设置收入类账户、费用类账户和利润类账户。

通过分析会计等式可知，企业实现的利润最终归所有者拥有，利润使企业的所有者权益增加。因此，利润类账户结构应与所有者权益类账户结构相同，即增加额记在贷方，减少额记在借方。利润类账户余额可能出现在贷方，也可能出现在借方。如在贷方，表示企业实现的利润；如在借方，表示企业发生的亏损。但在年末时，需要将其期末余额转入所有者权益类账户（未分配利润）。从这个意义上来说，它的期末余额在性质上已变成所有者权益，原有意义上的利润类账户则无期末余额。

收入使企业利润增加，同时导致资产和所有者权益的增加，其账户结构也与所有者权益类账户相同。收入的增加额记在贷方，收入的减少额记在借方，期末将净收入（收入账户的贷方发生额与借方发生额的差额）转入利润账户。经结转后，收入类账户一般没有期末余额。

费用使企业利润减少，同时引起资产和所有者权益减少，其账户结构应与所有者权益类账户相反。费用的增加额记在借方，费用的减少额记在贷方，期末将费用类账户的借方发生额与贷方发生额的差额转入利润类账户。费用类账户一般也没有期末余额。

收入、费用、利润类账户的结构如图 2-5 所示。

借方	收入类账户	贷方
本期减少额 或转销额	本期增加额	

借方	费用类账户	贷方
本期增加额	本期减少额 或转销额	

借方	利润类账户	贷方
费用转入额（本期减少额）	收入转入额（本期增加额）	
	期末余额（转入未分配利润）	

图 2-5　收入、费用、利润类账户的结构

3. 共同类账户

共同性质账户是指具有资产和负债双重性质的账户。这类账户或者只有借方余额，或者只有贷方余额，但不可能同时出现借方余额和贷方余额。根据共同类账户期末余额的方向，可确定账户的性质。如果余额在借方，就是资产类账户；如果余额在贷方，就是负债类账户。设置共同类账户，可以减少账户的数量，使账务处理简便灵活。共同类账户的结构如图 2-6 所示。

借方	共同类账户	贷方
期初余额（表示资产）		期初余额（表示负债）
本期资产增加额		本期负债增加额
本期负债减少额		本期资产减少额
期末余额（表示资产）		期末余额（表示负债）

图 2-6　共同类账户的结构

为了便于掌握和使用不同的账户，现将上述各类账户的结构概括为表 2-5。

表 2-5　　　　　　　　　　　　　　　　　　各类账户的结构

账户类别	借方	贷方	余额
资产类账户	增加	减少	一般在借方
负债、所有者权益类账户	减少	增加	一般在贷方
收入类账户	减少	增加	期末一般无余额
费用类账户	增加	减少	期末一般无余额
利润类账户	减少	增加	实现利润，余额在贷方；发生亏损，余额在借方 年末转入所有者权益，无余额

（三）记账规则

在借贷记账法下，根据复式记账原理，对发生的每一笔经济业务都以相等的金额、相反的方向，同时在两个或两个以上相互联系的账户中进行记录，即按照经济业务的内容，一方面记入一个或几个有关账户的借方，另一方面记入一个或几个有关账户的贷方，并且记入借方与记入贷方的金额必须相等。

这就是借贷记账法的记账规则：有借必有贷，借贷必相等。

（四）试算平衡

试算平衡是根据会计等式"资产=负债+所有者权益"的平衡关系，按照记账规则的要求对本期账户记录进行汇总和比较，以检查和验证账户记录正确性的一种方法。在借贷记账法下，试算平衡的具体方法有余额试算平衡法和发生额试算平衡法两种。前者以会计等式"资产=负债+所有者权益"的平衡关系理论为直接依据，而后者以记账规则为直接依据。

1. 余额试算平衡

根据会计等式"资产=负债+所有者权益"的平衡关系可知，期末所有资产类账户余额的总和与所有权益类（负债和所有者权益）账户余额的总和必定相等。而在借贷记账法下，所有资产类账户的余额都在借方，所有权益类（负债和所有者权益）账户的余额都在贷方，因此，全部账户的借方余额合计必等于全部账户贷方余额合计，用公式表示如下。

期末资产总额=期末负债总额+期末所有者权益总额

全部账户借方余额合计=全部账户贷方余额合计

借贷记账法就是利用上述公式对账户余额进行试算平衡的。

2. 发生额试算平衡

在借贷记账法下，根据其记账规则，对发生的每一笔经济业务必须是"有借必有贷，借贷必相等"。也就是说，每项经济业务发生后，相关账户的借方与贷方（发生额）都被同时、等量地予以记录，因此，将一定时期（如 1 个月、1 个季度或 1 年）内全部经济业务登记入账后，所有账户的本期借方发生额合计与所有账户的本期贷方发生额合计必相等，用公式表示如下。

全部账户本期借方发生额合计=全部账户本期贷方发生额合计

借贷记账法就是根据上述公式来对账户本期发生额进行试算平衡的。

余额试算平衡和发生额试算平衡都是通过编制试算平衡表来进行的。试算平衡表的格式有两种：一是根据各个账户的本期发生额编制的"总分类账户本期发生额试算平衡表"（格式见表 2-6）；二是根据各个账户的期末余额进行编制的"总分类账户期末余额试算平衡表"（格式见表 2-7）。在会计实务中，也可将两表合一，通过编制"总分类账户本期发生额及余额试算平衡表"（格式见表 2-8）进行试算平衡。

表 2-6　　　　　　　　　　　　总分类账户本期发生额试算平衡表

账户名称	借方发生额	贷方发生额
合计		

表 2-7　　　　　　　　　　　　总分类账户期末余额试算平衡表

账户名称	借方余额	贷方余额
合计		

表 2-8　　　　　　　　　　　总分类账户本期发生额及余额试算平衡表

账户名称	期初余额		本期发生额		期末余额	
	借方	贷方	借方	贷方	借方	贷方
合计						

值得注意的是，试算平衡只是通过借贷金额是否平衡来检查账户记录是否正确。如果试算不平衡，也就是借贷不相等，则账户的记录或计算肯定有错，应查明原因并予以更正。如果试算平衡，则可能存在两种情况：一是账户记录正确；二是账户记录有错，但借贷两方的金额相等。出现这种不影响借贷平衡关系的错误有重记、漏记、记账方向相反、记错账户但方向正确等情况。

三、借贷记账法的运用

运用借贷记账法登记经济业务时，基本记账步骤如下。

第一，必须明确经济业务发生后受影响账户的名称和类别；

第二，确定这些账户的变动方向，是增加还是减少，以及相应的金额；

第三，根据账户的性质，确定应记入账户的借方还是贷方。

现仍以珠江修理公司为例说明怎样运用借贷记账法进行记账。

【例 2-6】　假设珠江修理公司 2021 年 12 月 31 日资产负债表如表 2-9 所示。

表 2-9　　　　　　　　　　　　珠江修理公司资产负债表

编制单位：珠江修理公司　　　　　　　　　2021 年 12 月 31 日　　　　　　　　　单位：元

资产		负债及所有者权益	
流动资产：		流动负债：	
货币资金	35 000	短期借款	7 000
应收账款	5 000	应付账款	8 000

续表

资产		负债及所有者权益	
存货	30 000		
流动资产合计	70 000	流动负债合计	15 000
非流动资产：		非流动负债：	
固定资产	30 000	长期借款	25 000
		非流动负债合计	25 000
		负债合计	40 000
		所有者权益：	
		实收资本	30 000
		资本公积	20 000
		盈余公积	5 000
		未分配利润	5 000
非流动资产合计	30 000	所有者权益合计	60 000
资产总计	100 000	负债和所有者权益总计	100 000

注：货币资金中，银行存款为 30 000 元，库存现金为 5 000 元。存货全部为原材料。

2022 年 1—2 月，珠江修理公司发生的经济业务详见【例 2-5】。

第一步，根据经济业务的性质确定账户名称和账户变动方向，登记入账。

业务 1：1 月 1 日，收到投资者投入维修设备一台，价值 20 000 元。对这笔业务的分析如表 2-10 所示。

表 2-10

受影响的账户	账户类别	变动方向	借方	贷方
固定资产	资产	增加	20 000	
实收资本	所有者权益	增加		20 000

此笔业务可在"固定资产"和"实收资本"账户中做以下记录。

固定资产				实收资本		
期初余额	30 000				30 000	期初余额
①	20 000				20 000	①

业务 2：1 月 3 日，取得银行 5 年期借款 30 000 元。对这笔业务的分析如表 2-11 所示。

表 2-11

受影响的账户	账户类别	变动方向	借方	贷方
银行存款	资产	增加	30 000	
长期借款	负债	增加		30 000

此笔业务可在"银行存款"和"长期借款"账户中做以下记录。

银行存款				长期借款		
期初余额	30 000				25 000	期初余额
②	30 000				30 000	②

业务3：1月7日，偿还已到期长期借款15 000元。对这笔业务的分析如表2-12所示。

表2-12

受影响的账户	账户类别	变动方向	借方	贷方
银行存款	资产	减少		15 000
长期借款	负债	减少	15 000	

此笔业务可在"银行存款"和"长期借款"账户中做以下记录。

	银行存款					长期借款		
期初余额	30 000	15 000		③			25 000	期初余额
②	30 000				③	15 000	30 000	②

业务4：1月8日，所有者抽回资本10 000元，用银行存款支付。对这笔业务的分析如表2-13所示。

表2-13

受影响的账户	账户类别	变动方向	借方	贷方
银行存款	资产	减少		10 000
实收资本	所有者权益	减少	10 000	

此笔业务可在"银行存款"和"实收资本"账户中做以下记录。

	银行存款					实收资本		
期初余额	30 000	15 000		③			30 000	期初余额
②	30 000	10 000		④	④	10 000	20 000	①

业务5：1月9日，购买维修用零部件10 000元，货款已用银行存款支付。对这笔业务的分析如表2-14所示。

表2-14

受影响的账户	账户类别	变动方向	借方	贷方
银行存款	资产	减少		10 000
原材料	资产	增加	10 000	

此笔业务可在"银行存款"和"原材料"账户中做以下记录。

	银行存款					原材料	
期初余额	30 000	15 000		③	期初余额	30 000	
②	30 000	10 000		④	⑤	10 000	
		10 000		⑤			

业务6：1月10日，签发商业票据，清偿到期的应付货款8 000元。对这笔业务的分析如表2-15所示。

表2-15

受影响的账户	账户类别	变动方向	借方	贷方
应付账款	负债	减少	8 000	
应付票据	负债	增加		8 000

此笔业务可在"应付账款"和"应付票据"账户中做以下记录。

	应付账款				应付票据	
		8 000	期初余额			0	期初余额
⑥	8 000					8 000	⑥

业务 7：1 月 16 日，宣布发放股利 4 000 元。对这笔业务的分析如表 2-16 所示。

表2-16

受影响的账户	账户类别	变动方向	借方	贷方
未分配利润	所有者权益	减少	4 000	
应付股利	负债	增加		4 000

此笔业务可在"未分配利润"和"应付股利"账户中做以下记录。

	未分配利润				应付股利	
		5 000	期初余额			0	期初余额
⑦	4 000					4 000	⑦

业务 8：1 月 21 日资本公积金 10 000 元转增为资本。对这笔业务的分析如表 2-17 所示。

表2-17

受影响的账户	账户类别	变动方向	借方	贷方
实收资本	所有者权益	增加		10 000
资本公积	所有者权益	减少	10 000	

此笔业务可在"实收资本"和"资本公积"账户中做以下记录。

	实收资本				资本公积	
		30 000	期初余额			20 000	期初余额
④	10 000	20 000	①	⑧	10 000		
		10 000	⑧				

业务 9：1 月 26 日，由所有者直接偿还珠江修理公司到期的 3 年期借款 10 000 元，并将其转为投入资本。对这笔业务的分析如表 2-18 所示。

表2-18

受影响的账户	账户类别	变动方向	借方	贷方
实收资本	所有者权益	增加		10 000
长期借款	负债	减少	10 000	

此笔业务可在"实收资本"和"长期借款"账户中做以下记录。

	实收资本				长期借款		
		30 000	期初余额				25 000	期初余额
④	10 000	20 000	①	③	15 000	30 000	②
		10 000	⑧	⑨	10 000		
		10 000	⑨				

业务 10：珠江修理公司于 1 月 30 日完成一项维修活动，共获得 12 000 元的现金收入，款已存入银行，所耗用零部件的成本为 8 000 元（本分录涉及的结转和结账概念的具体讲解在第四章中进行）。

对这笔业务的分析如下：首先银行存款增加，收入增加，如表 2-19 所示。

表 2-19

受影响的账户	账户类别	变动方向	借方	贷方
银行存款	资产	增加	12 000	
主营业务收入	收入	增加		12 000

此笔业务可在"银行存款"和"主营业务收入"账户中做以下记录。

银行存款					主营业务收入		
期初余额	30 000	15 000	③			12 000	⑩
②	30 000	10 000	④				
⑩	12 000	10 000	⑤				

同时，由于使用零部件减少了原材料，减少的原材料结转至主营业务成本中，如表 2-20 所示。

表 2-20

受影响的账户	账户类别	变动方向	借方	贷方
主营业务成本	成本费用	增加	8 000	
原材料	资产	减少		8 000

成本结转可在"原材料"和"主营业务成本"账户中做以下记录。

原材料					主营业务成本	
期初余额	30 000	8 000	⑩		⑩	8 000
⑤	10 000					

另外，"主营业务收入"与"主营业务成本"形成的利润 4 000 元，直接转入"未分配利润"账户。

主营业务成本					主营业务收入		
⑩	8 000	8 000	结转		结转	12 000	12 000	⑩

未分配利润			
		5 000	期初余额
⑦	4 000	4 000	结转

第二步，计算各账户本期发生额及期末余额。

1 月 31 日，珠江修理公司各账户本期发生额和期末余额如下。

固定资产			
期初余额	30 000		
①	20 000		
本期借方发生额	20 000	0	本期贷方发生额
期末余额	50 000		

银行存款			
期初余额	30 000	15 000	③
②	30 000	10 000	④
⑩	12 000	10 000	⑤
本期借方发生额	42 000	35 000	本期贷方发生额
期末余额	37 000		

原材料

期初余额	30 000		
⑤	10 000	8 000	⑩
本期借方发生额	10 000	8 000	本期贷方发生额
期末余额	32 000		

应付账款

		8 000	期初余额
⑥	8 000		
本期借方发生额	8 000	0	本期贷方发生额
		0	期末余额

应付票据

		0	期初余额
		8 000	⑥
本期借方发生额	0	8 000	本期贷方发生额
		8 000	期末余额

应付股利

		0	期初余额
		4 000	⑦
本期借方发生额	0	4 000	本期贷方发生额
		4 000	期末余额

长期借款

		25 000	期初余额
③	15 000	30 000	②
⑨	10 000		
本期借方发生额	25 000	30 000	本期贷方发生额
		30 000	期末余额

未分配利润

		5 000	期初余额
⑦	4 000	4 000	结转
本期借方发生额	4 000	0	本期贷方发生额
		5 000	期末余额

资本公积

		20 000	期初余额
⑧	10 000		
本期借方发生额	10 000	0	本期贷方发生额
		10 000	期末余额

实收资本

		30 000	期初余额
④	10 000	20 000	①
		10 000	⑧
		10 000	⑨
本期借方发生额	10 000	40 000	本期贷方发生额
		60 000	期末余额

库存现金

期初余额	5 000		
本期借方发生额	0	0	本期贷方发生额
期末余额	5 000		

应收账款

期初余额	5 000		
本期借方发生额	0	0	本期贷方发生额
期末余额	5 000		

短期借款

		7 000	期初余额
本期借方发生额	0	0	本期贷方发生额
		7 000	期末余额

盈余公积

		5 000	期初余额
本期借方发生额	0	0	本期贷方发生额
		5 000	期末余额

第三步，编制试算平衡表，如表 2-21 所示。

表 2-21 珠江修理公司试算平衡表（Excel 表）

编制单位：珠江修理公司　　　　　　　　　　　2022 年 1 月 31 日　　　　　　　　　　　单位：元

G19　　　　　　　ƒx　=SUM(G3:G18)

	A	B	C	D	E	F	G
1	账户名称	期初余额		本期发生额		期末余额	
2		借方	贷方	借方	贷方	借方	贷方
3	库存现金	5 000.00		0.00	0.00	5 000.00	
4	银行存款	30 000.00		42 000.00	35 000.00	37 000.00	
5	应收账款	5 000.00		0.00	0.00	5 000.00	
6	原材料	30 000.00		10 000.00	8 000.00	32 000.00	
7	固定资产	30 000.00		20 000.00	0.00	50 000.00	
8	短期借款		7 000.00	0.00	0.00		7 000.00
9	应付账款		8 000.00	8 000.00	0.00		0.00
10	应付票据			0.00	8 000.00		8 000.00
11	应付股利			0.00	4 000.00		4 000.00
12	长期借款		25 000.00	25 000.00	30 000.00		30 000.00
13	实收资本		30 000.00	10 000.00	40 000.00		60 000.00
14	资本公积		20 000.00	10 000.00	0.00		10 000.00
15	盈余公积		5 000.00	0.00	0.00		5 000.00
16	主营业务收入			12 000.00	12 000.00		
17	主营业务成本			8 000.00	8 000.00		
18	未分配利润		5 000.00	4 000.00	4 000.00		5 000.00
19	合计	100 000.00	100 000.00	149 000.00	149 000.00	129 000.00	129 000.00

简 答 题

1. 简述会计主体与法人主体之间的关系。
2. 什么是会计要素？会计要素的种类主要有哪些？各要素之间的相互关系怎样？
3. 负债与所有者权益的主要区别是什么？
4. 何谓复式记账，其主要特点是什么？
5. 简述账户的作用、结构与特点。
6. 会计科目的作用是什么？主要有哪几类会计科目？

练 习 题

一、会计等式

资料：南方公司 2021 年 12 月 31 日和 2022 年 12 月 31 日两个时点的资产与负债情况如表 2-22 所示。

表 2-22 资产与负债情况 单位：元

项目	2021 年 12 月 31 日	2022 年 12 月 31 日
资产	500 000 000	650 000 000
负债	200 000 000	250 000 000

要求：计算在下列各种情况下，2022 年南方公司的净利润是多少？

1. 假如投资者在 2022 年未追加投资或抽回投资。
2. 假如投资者在 2022 年未追加投资或抽回投资，年末已分配利润 20 000 000 元。
3. 假如投资者在 2022 年追加投资 50 000 000 元。
4. 假如投资者在 2022 年抽回投资 10 000 000 元。

二、会计等式

资料：南方旅业 2022 年 1 月发生下列经济业务。

1. 投资者投入 500 000 元，款项已存入银行。
2. 租入一建筑物，为期 3 年，预付一年的租金 50 000 元。
3. 用银行存款购买办公用品 2 000 元。
4. 提取 5 000 元的现金备用。
5. 购买 20 000 元的办公设备，款未付。
6. 本月服务收入收到现金 20 000 元，另外 2 000 元未收。
7. 支付本月水电费 2 000 元。
8. 本月总计购入并消耗原料 10 000 元，全部以现金支付。
9. 登记本月应付职工薪酬 3 000 元。
10. 以转账方式支付职工薪酬。

要求：根据上述经济业务，在会计等式两边填入增减符号和相应的金额，并加计核对等式两边是否相等。

业务	资产 ＝ 负债 ＋ 所有者权益 ＋（收入-成本或费用）
业务 1	+500 000　　　　　　　　　　+500 000
业务 2	
业务 3	
业务 4	
业务 5	
业务 6	
业务 7	
业务 8	
业务 9	
业务 10	
合计	

三、账户结构

资料：南方公司 2022 年各账户有关资料如表 2-23 所示。

表 2-23　　　　　　　　　　　　各账户有关资料　　　　　　　　　　　　单位：元

账户名称	期初余额	本期借方发生额	本期贷方发生额	期末余额
银行存款	20 000	14 500	13 600	
应收账款		5 600	23 000	14 580
预收账款	50 000		84 56	30 000
长期借款	100 000	50 000	25 000	
原材料	54 360	60 000		45 630

续表

账户名称	期初余额	本期借方发生额	本期贷方发生额	期末余额
库存商品	65 320		54 630	27 800
应付账款		89 000	120 000	65 000
预付账款	30 000	0	17 800	
应交税费	54 000	56 000	62 000	
实收资本	800 000	0		950 000
资本公积	120 000		120 000	240 000

要求：根据上表中各类账户结构的关系，计算并填列表中的空格。

四、会计科目

资料：南方公司 2022 年 3 月发生如下经济业务，并登记相应的会计科目（账户）。

业务	银行存款 + 原材料 + 预付账款 + 固定资产 = 短期借款	+ 应付账款	+ 实收资本	+ 主营业务收入	− 主营业务成本
业务 1	+100 000		+100 000		
业务 2	−50 000	+50 000			
业务 3	−10 000　+45 000		+35 000		
业务 4	−25 000	+25 000			
业务 5	+60 000	+60 000			
业务 6	−35 000		−35 000		
业务 7	−40 000		−40 000		
业务 8	+40 000			+40 000	
业务 9	+25 000　−25 000				
业务 10	−28 000				+28 000

要求：根据上述资料说明南方公司发生的经济业务。

五、借贷记账法

资料：南方汽车修理公司 2022 年年初各账户余额如表 2-24 所示。

表 2-24　　　　　　　　　　2022 年年初各账户余额　　　　　　　　　　单位：元

资产类		负债和所有者权益类	
库存现金	4 800	负债类	
银行存款	65 000	短期借款	50 000
应收账款	28 000	应付账款	25 000
预付账款	25 000	预收账款	10 000
原材料	50 000	应交税费	3 500
固定资产	100 000	应付职工薪酬	4 300
		所有者权益类	
		实收资本	180 000
合计	272 800	合计	272 800

2022 年 1 月，南方汽车修理公司发生以下经济业务。

1. 投资者又投入 100 000 元，款项已存入银行。

2. 购入一批 48 000 元的原材料，款项已转账。

3. 上期预付货款 25 000 元，对方企业已发出材料 15 000 元，材料已验收入库。

4. 本期购买一台新修理设备花费 85 000 元，其中 35 000 元货款未付。

5. 支付工人工资 4 300 元，直接转入工人工资账户。

6. 用存款缴纳上期应交税费 3 500 元。

7. 本月发生修理收入 20 000 元，其中 5 000 元未收，其余收到现金。

8. 将现金 10 000 元存入银行。

9. 本月共领用修理材料 8 000 元。

10. 支付本月水电费 2 000 元。

11. 归还上期应付账款 25 000 元。

要求：

1. 设置账户，将上述经济业务登入相应的账户。

2. 根据各账户的期初余额，计算其本期发生额和期末余额。

3. 编制试算平衡表（注：要求在 Excel 表中完成）。

案例分析——大学二年级：人生选择[①]

---

① 本章新增了案例分析，具体内容见配套的《会计教学案例》，教师可根据教学情况使用。

第三章

会计循环（一）

本章要点

- 理解会计循环
- 掌握会计分录的编制
- 掌握原始凭证与记账凭证的编制
- 掌握账簿的设置与登记
- 掌握过账方法和错账的更正方法
- 掌握试算平衡表的编制
- 了解试算不平衡的原因及试算表的局限

章首故事

报销

小张是一位大学毕业参加工作不久的公司新员工。前几天出差刚回来，还沉浸在出差的兴奋与喜悦中。这次出差，一是顺利地完成了公司交给的任务，同时，利用空余时间游览了这座城市的几个景点，最令小张高兴的是与大学同学的见面。虽然毕业才几个月，但是与同学相见却有一种久别重逢的感觉。

但这种喜悦很快就被报销弄得心烦意乱了。小张第一次拿着相关票据去报销，会计人员在审核第一张单据时就发现了问题——小张拿来的住宿票是一张收据，小张解释说："当时酒店前台说发票没有了，用收据行不行。"小张由于不知道收据和发票的区别，就让服务员开了一张收据。考虑到小张是第一次出差，对相关的财务报销制度不太熟悉，会计人员就让小张找财务经理签个字后再来报销。

当天财务经理出差在外地，等财务经理回来后，小张兴冲冲又来到了财务室。小张说明情况后，财务经理签了字，并告诫他以后再出现这种情况就不能报销了。之后小张去柜台找会计人员报销。拿着小张的飞机票，柜台会计人员问他，你知道你买飞机票是要自己贴钱的吗，小张说不知道，会计人员解释说，一般职员出差按规定只能买火车硬卧票，只有部门经理以上级别才能乘飞机，如果有急事必须乘飞机，就需要主管经理的签字。想到出差要自己贴几百元钱，小张确实心疼不已，但只能怪自己粗心，出差前曾有同事提醒过他，但他却没当回事。

会计人员在看完其他单据后，就记好账转给另一位会计人员审核，审核中会计人员又发现一个问题：小张提供的一张出租车票的日期与出差日期不符，小张的出差日期是 12 月 3 日至 12 月 8 日，但出租车票的日期却是 11 月 30 日的。小张说那天打车时出租车上的打票机正好缺纸了，司机就给了他一张以前的票。会计人员说，那这张出租车票就报不了，小张只好又掏了十几元钱。

最后总算报销完了，小张想，这财务制度可真严格。

前一章讲述了会计人员如何运用复式记账原理将经济业务记入账户（分类账），可会计实务工作并不是从登记分类账开始的，而是始于反映具体、复杂经济业务的原始凭证。从繁多、具体的经济业务到最终的信息载体——财务报告，会计在经济发展过程中逐渐形成了其独特的会计信息加工与处理程序和方法。由于此程序和方法在每一会计期间循环往复、周而复始，故称之为会计循环。本章主要讲述会计凭证、分录、记账（过账）与试算平衡，关于账项的调整、结账以及报表的编制将在下一章进行讲解。

第一节　会计凭证与会计分录

一、会计循环概述

所谓会计循环，是指企业在一个会计期间所需要经历的会计工作环节，一般包括编审凭证、编制分录、记账、试算、调整、结账和编制财务报表等一系列程序。由于这些程序和方法在每一会计期间循环往复、周而复始，故称之为会计循环。手工会计下典型的会计循环如图3-1所示。

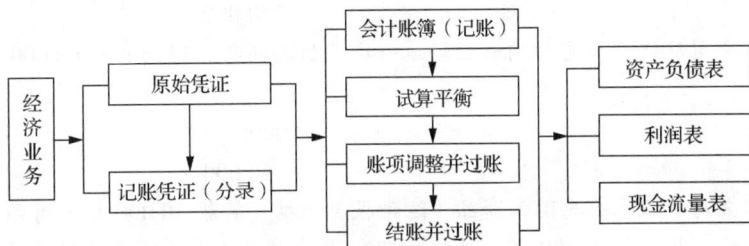

图3-1　会计循环流程图

上述会计循环流程步骤的说明如下。

（1）编审原始凭证。经济业务发生以后，会计人员需首先取得、编制并审核原始凭证。这是会计循环最初也是至关重要的一步。

（2）编制分录。即根据审核的原始凭证对经济业务进行分析，按照复式记账的原理确定哪些账户应借记，哪些账户应贷记，登记的金额各是多少，并将其分析结果填入记账凭证（编制分录）。这一步骤要求会计人员运用会计概念知识和专业判断能力。

（3）记账。记账也称过账，是将根据记账凭证填制的会计分录登记到各分类账。这是纯粹机械的一步。

（4）试算。对分类账各账户借方、贷方余额或发生额汇总列表，以验证分录或者过账是否准确。

（5）调整。在会计期末，根据权责发生制和配比原则，对调整事项进行调整。它们同其他事项一样，也需要编制分录并过账。

（6）结账。会计期末，需结转资产、负债、所有者权益类实账户；结清收入、费用类虚账户，并将利润或亏损结转至所有者权益。这也是机械性的一步。

（7）编制财务报表。根据结账结果，分类汇总并按一定的格式要求编制资产负债表、利润表、现金流量表等，以反映企业的财务状况、经营成果和现金流量等。

二、会计分录

为了保证账户记录的正确性，经济业务发生后并不直接记入有关账户，而是基于对经济业务进行分析的结果，根据借贷记账法的记账原理，确定相

会计分录

关账户及其应借应贷的金额，先编制会计分录，然后再根据会计分录记入有关账户。这样做一方面可以提高记账的效率；另一方面，通过记账凭证与原始凭证的归集，可以分类保存经济业务发生时留下的凭据，作为以后检查、责任归属和控制经济活动的依据。

所谓会计分录，就是标明某项经济业务的应借应贷账户及其金额的一种记录。会计分录分为简单分录和复合分录。简单分录只有一借一贷的对应关系，即借方和贷方各只有一个账户[如下面业务（1）的会计分录]；复合分录是指有一借多贷或一贷多借或多借多贷对应关系的会计分录[如下面业务（3）的会计分录]。会计分录的常用格式是贷记符号不能与借记符号写在同一行上，而是写在借方分录的下一行，并且行首向右缩进一格或两格。下面将举例说明会计分录的编制方法。

【例 3-1】 珠江公司为一商品流通企业，2022 年 12 月发生以下业务，各业务发生后的会计分录编制如下。

（1）12 月 1 日，所有者投资 200 000 元，创建珠江公司，款项已存入银行。

借：银行存款	200 000
贷：实收资本	200 000

（2）12 月 1 日，珠江公司从兴旺公司租用营业场地一块，租期两年，租金共计 60 000 元，并于当日支付了这笔租金。

借：长期待摊费用	60 000
贷：银行存款	60 000

（3）12 月 1 日，珠江公司从森林公司购入商品（运动服）一批，货款 30 000 元，商品已验收入库，开出 3 个月的带息商业汇票 20 000 元，利率为 6%，其余货款未付（不考虑相关税费）。

借：库存商品——运动服	30 000
贷：应付票据	20 000
应付账款——森林公司	10 000

（4）12 月 2 日，购买收银机两台，单价 1 000 元；空调两台，单价 4 000 元，货款未付。

借：固定资产——收银机	2 000
——空调	8 000
贷：应付账款	10 000

（5）12 月 5 日，珠江公司向美华公司销售运动服一批，货款 40 000 元，商品已发出，货款尚未收到。此次销售商品的成本为 28 000 元（不考虑相关税费）。

借：应收账款——美华公司	40 000
贷：主营业务收入	40 000

成本结转的分录如下。

借：主营业务成本	28 000
贷：库存商品——运动服	28 000

（6）12 月 8 日，珠江公司从银行提取现金 2 000 元，以备日常零星开支。

借：库存现金	2 000
贷：银行存款	2 000

（7）12 月 10 日，珠江公司从林和公司购进运动鞋一批，货款 50 000 元，已支付 30 000 元，其余货款暂欠。商品已验收入库。

借：库存商品——运动鞋	50 000
贷：银行存款	30 000
应付账款——林和公司	20 000

（8）12月12日，支付购买固定资产款项10 000元。

借：应付账款　　　　　　　　　　　　　　　　　　　10 000

　　贷：银行存款　　　　　　　　　　　　　　　　　　　10 000

（9）12月14日，从林通公司购进一批球拍，货款共计40 000元，贷款尚未支付。商品已验收入库。

借：库存商品——球拍　　　　　　　　　　　　　　　40 000

　　贷：应付账款——林通公司　　　　　　　　　　　　　40 000

（10）12月16日，收到美华公司的部分销货款30 000元。

借：银行存款　　　　　　　　　　　　　　　　　　　30 000

　　贷：应收账款——美华公司　　　　　　　　　　　　　30 000

（11）12月18日，向美达公司赊销运动鞋一批，货款共计60 000元，此次销售商品的成本为45 000元（不考虑相关税费）。

借：应收账款——美达公司　　　　　　　　　　　　　60 000

　　贷：主营业务收入　　　　　　　　　　　　　　　　　60 000

成本结转的分录如下。

借：主营业务成本　　　　　　　　　　　　　　　　　45 000

　　贷：库存商品——运动鞋　　　　　　　　　　　　　　45 000

（12）12月22日，以现金支付办公费用1 000元。

借：管理费用　　　　　　　　　　　　　　　　　　　　1 000

　　贷：库存现金　　　　　　　　　　　　　　　　　　　　1 000

（13）12月25日，向美景公司销售球拍一批，价款30 000元，货款已存入银行。此次销售商品的成本为20 000元（不考虑相关税费）。

借：银行存款　　　　　　　　　　　　　　　　　　　30 000

　　贷：主营业务收入　　　　　　　　　　　　　　　　　30 000

成本结转分录如下。

借：主营业务成本　　　　　　　　　　　　　　　　　20 000

　　贷：库存商品——球拍　　　　　　　　　　　　　　　20 000

（14）12月26日，收到美达公司贷款50 000元，已存入银行。

借：银行存款　　　　　　　　　　　　　　　　　　　50 000

　　贷：应收账款——美达公司　　　　　　　　　　　　　50 000

（15）12月30日，计提本月珠江公司应付职工工资，其中管理人员工资5 000元，销售人员工资15 000元。

借：管理费用　　　　　　　　　　　　　　　　　　　　5 000

　　销售费用　　　　　　　　　　　　　　　　　　　　15 000

　　贷：应付职工薪酬　　　　　　　　　　　　　　　　　20 000

（16）12月31日，发放职工工资共20 000元。

借：应付职工薪酬　　　　　　　　　　　　　　　　　20 000

　　贷：银行存款　　　　　　　　　　　　　　　　　　　20 000

（17）12月31日，本期珠江公司的水电费、电话费等共计5 000元，款项已通过银行直接转账支付。

借：销售费用（水电费等）　　　　　　　　　　　　　　5 000

　　贷：银行存款　　　　　　　　　　　　　　　　　　　　5 000

三、会计凭证

为了反映企业各种交易、事项（经济业务）对会计要素的影响，以编制最终的财务报告，企业会计人员必须在经济业务发生时填制或取得原始凭证（source documents），进而真正开始会计的记录工作。会计凭证就是记录经济业务的发生情况、明确经济责任、作为记账依据的书面证明。填制或取得并审核会计凭证是保证会计核算按照交易、事项的实际发生情况进行如实记录的基础，也是确保财务报告如实反映企业真实状况的前提条件。会计凭证按其填制的顺序和用途可分为原始凭证和记账凭证。

原始凭证与记账凭证

（一）原始凭证

原始凭证是在交易、事项发生或完成时取得或填制的，用来证明交易或事项已发生、明确经济责任并作为记账依据的最初书面证明文件，是会计核算的重要依据。如购买商品时由供货方开具的发票、银行支票、汇票、收款单、材料验收入库单、材料领用单、商品收货单、发货单等。原始凭证必须真实、完整、清楚、正确，并有经办人员的签字。

原始凭证按其来源，可分为自制凭证和外来凭证。自制凭证是由本单位的经办人员，在执行或完成某项交易或事项时所填制的原始凭证，如材料验收入库单、材料领用单等；外来凭证是在交易、事项完成时从其他单位或个人取得的原始凭证，如购货发票。无论是自制凭证还是外来凭证，都能证明交易、事项已经完成，审核后均可作为记账的依据。

原始凭证按其填制方法的不同可分为一次性凭证、累计凭证和原始凭证汇总表。一次性凭证是一次性填制完成的原始凭证，大多数原始凭证都属此类，如发票（格式见表 3-1）、收据（格式见表 3-2）、入库单等。累计凭证是指经多次填制完成的、定期根据其累计数作为计账依据的原始凭证。其通常用于反映一定期间内重复发生的同类交易或事项，最具代表性的累计凭证是限额领料单（格式见表 3-3）。原始凭证汇总表是根据许多同类交易或事项的一次性凭证或累计凭证定期编制的，如发料汇总表（格式见表 3-4）、工资汇总表等。

表 3-1 　　　　　　　　　　　　　　增值税专用发票

开票日期：　　年　　月　　日　　　　　　　　　　No.

购货单位	名称				税务登记号		
	地址、电话				开户银行及账号		
货物或应税劳务名称	计量单位	数量	单价	金额	税率		税额
合计							
价税合计							
备注							
销货单位	名称				税务登记号		
	地址、电话				开户银行及账号		

销货单位：（章）　　　　　　收款人：　　　　　　复核：　　　　　　开票人：

表 3-2 　　　　　　　　　　　　　　　　收据

　　　　　　　　　　　　　　　　年　　月　　日　　　No.

付款单位：
金额（大写）　　　　　　　　　　（小写）
收款原因：
备注：

收款单位：（章）　　　　审核：　　　　　经手：　　　　　出纳：

表3-3　　　　　　　　　　　　　　　　　　限额领料单

年　　月　　日

领料部门：　　　　　　　　　　计划产量：
用途：　　　　　　　　　　　　单耗定额：
材料名称：　　　　　　　　　　领料限额：
计量单位：　　　　　　　　　　单价：
发料仓库：　　　　　　　　　　编号：

日期	请领		实发						备注
	数量	领料单位盖章	数量	发料人	领料人	累计	限额结余		
累计实发金额									

供应部门负责人：　　　　　　　生产部门负责人：　　　　　　　仓库负责人：

表3-4　　　　　　　　　　　　　　　　　　发料汇总表

年　　月　　日　　　　　　　　　No：

会计科目		领料部门	原材料	辅助材料	燃料	合计
生产成本	基本生产车间	一车间				
		二车间				
		小计				
	辅助生产车间	供水车间				
		机修车间				
		小计				
	制造费用	一车间				
		二车间				
		小计				
合计						

会计主管：　　　　　　　　复核：　　　　　　　　制表：

尽管原始凭证的格式多种多样，所反映的交易或事项的内容也包罗万象，但任何一种原始凭证都必须起着证明交易或事项已发生或已完成的作用，并能明确经济责任。因此，原始凭证应具备以下基本内容。

（1）原始凭证名称；

（2）填制原始凭证的日期和编号；

（3）接受原始凭证单位的名称；

（4）事项、交易的内容（含数量、单价、金额等）；

（5）原始凭证填制单位签章；

（6）有关经办人员的签名、盖章。

只有经过审核无误的原始凭证才能进入会计信息系统。为了明确原始凭证是否真实地反映了交易或事项、是否遵循了有关法规和本单位相应制度的要求，一切原始凭证在填制或取得后，都应按规定的程序及时送交会计部门，由会计主管或具体处理该交易或事项的会计人员进行审核。原始凭证的审核主要分为以下两个方面。

（1）形式上的审核。即审核原始凭证的填制是否符合规定的要求，所应具备的内容是否填列齐全。尤其是审核数字计算是否正确，有关人员是否都已签章。

（2）实质上的审核。实质上的审核主要是：第一，审核原始凭证所反映的交易或事项是否真实，其来源是否可靠；第二，审核原始凭证所反映的交易或事项是否符合有关政策、法令、制度、合同以及计划等的要求，是否符合规定的审核权限和手续。

经审核不合格的原始凭证均不能作为记账的依据。通过对原始凭证进行审核，可确保输入会计信息系统的数据真实、合法，从而为会计信息系统最终所提供的财务报告信息的质量提供有效保证。

（二）记账凭证

交易、事项发生时所产生的财务信息是由原始凭证直接接收（记录）的，但并没有用会计语言来描述所发生的交易、事项。原始凭证经审核合格后即可用于编制记账凭证（会计分录）。记账凭证是会计人员根据审核无误的原始凭证编制的、用来确定会计分录、作为记账直接依据的会计凭证。记账凭证又被称为记账凭单，因为记账凭证根据借贷记账法的基本原理，确定了应借、应贷的会计科目及其金额，将原始凭证中的一般数据化的财务信息转化为会计语言，是介于原始凭证与账簿之间的中间环节，是据以登记账簿的直接依据。在实际工作中，会计分录一般就直接编制在记账凭证上。

记账凭证可以根据每一张原始凭证直接编制，也可以根据同类原始凭证汇总编制或根据原始凭证汇总表编制。其作用是便于登记账簿，减少差错，保证账簿记录的质量；另外，在汇总编制或根据原始凭证汇总表编制的情况下，还可以简化记账工作。记账凭证从不同的角度可以分成不同的种类。

1. 记账凭证按其用途可分为专用记账凭证和通用记账凭证两种

专用记账凭证按其反映经济业务内容的不同又可分为收款凭证、付款凭证和转账凭证三种。收款凭证是用来记录库存现金与银行存款收款业务的记账凭证，其格式如表3-5所示；付款凭证是记录库存现金与银行存款付款业务的记账凭证，其格式如表3-6所示；转账凭证是用来记录不涉及库存现金与银行存款收付业务的记账凭证，其格式如表3-7所示。通用记账凭证是指对不同性质的经济业务均采用同一格式的记账凭证来进行记录的记账凭证。通用记账凭证的格式与转账凭证的基本相同，只是凭证的名称统称为"记账凭证"，其格式如表3-8所示。

表3-5　　　　　　　　　　　　　　　收款凭证

借方科目：　　　　　　　　　　　　　年　月　日　　　　　　　　　　　　　收字第　号

摘要	贷方科目				金额
	一级科目	账页	二级或明细科目	账页	
附件：张	合计				

会计主管：　　　　　　　记账：　　　　　　　审核：　　　　　　　制证：

表3-6　　　　　　　　　　　　　　　付款凭证

贷方科目：　　　　　　　　　　　　　年　月　日　　　　　　　　　　　　　付字第　号

摘要	借方科目				金额
	一级科目	账页	二级或明细科目	账页	
附件：张	合计				

会计主管：　　　　　　　记账：　　　　　　　审核：　　　　　　　制证：

表3-7

转账凭证

年 月 日

转字第 号

摘要	会计科目				借方金额	贷方金额
	一级科目	账页	二级或明细科目	账页		
附件：张	合计					

会计主管：　　　　　记账：　　　　　审核：　　　　　制证：

表3-8

记账凭证

年 月 日

第 号

摘要	会计科目				借方金额	贷方金额
	一级科目	账页	二级或明细科目	账页		
附件：张	合计					

会计主管：　　　　　记账：　　　　　审核：　　　　　制证：

值得注意的是，在使用收款凭证和付款凭证时，如果发生的经济业务同时涉及库存现金与银行存款的收付，如从银行提取现金或将现金送存银行，为了避免重复记录，则只填制付款凭证。例如，从银行提取现金时，只编制银行存款付款凭证。

采用专用记账凭证有利于对不同经济业务进行分类管理，有利于经济业务的检查，但工作量较大，一般适用于规模较大、收付款业务较多的企业。而经济业务较简单、规模较小、收付款业务较少的企业，一般较适合采用通用记账凭证。

2. 记账凭证按照是否经过汇总，可分为汇总记账凭证和非汇总记账凭证

汇总记账凭证是根据许多同类的单一记账凭证定期加以汇总而重新编制的记账凭证；非汇总记账凭证是根据原始凭证编制的、只反映某项经济业务的记账凭证。重新编制汇总记账凭证的目的是简化登记总分类账的手续。汇总记账凭证按其汇总的方法和范围，可分为分类汇总记账凭证和全部汇总记账凭证。分类汇总记账凭证主要是对收款凭证、付款凭证和转账凭证分别进行汇总，形成汇总收款凭证、汇总付款凭证和汇总转账凭证；全部汇总记账凭证则是按各会计账户名称分别进行汇总，形成科目汇总表。

记账凭证是登记账簿的依据，尽管其反映的经济业务内容不同、格式也不同，但记账凭证一般包括以下几个方面的内容。

（1）记账凭证的名称；

（2）填制记账凭证的日期；

（3）记账凭证的编号；

（4）经济业务内容摘要；

（5）经济业务所涉及的会计科目、记账方向和金额；

（6）记账标记；

（7）所附原始凭证张数；

（8）有关人员的签章。

为了保证账簿记录的正确性，除了应当正确填制记账凭证外，还应对其进行严肃、认真的审核。记账凭证的审核包括以下内容。

（1）完整性审核。即逐项审核记账凭证的内容是否按规定要求填制、完整无缺，各项目是否按规定填写齐全并按规定手续办理。

（2）真实性审核。即审核记账凭证是否依据审核无误的原始凭证填制。

（3）正确性审核。即审核记账凭证应借、应贷科目（一级、二级或明细科目）和金额是否正确；借贷双方金额是否相等。

只有经过审核的记账凭证才能据以登记账簿。审核中若发现差错，应查明原因并及时更正。更正应根据不同的情况进行处理，具体更正方法将在后面进行详细的阐述。

第二节 | 会计账簿与过账

一、会计账簿

会计账簿是账户的载体和具体形式，标记有特定名称的账簿就是账户。会计账簿（以下简称"账簿"）是由一定格式、相互连接的账页组成的，以会计凭证为依据，全面、系统、连续地记录各项交易或事项的簿籍。从外表形式上看，账簿是由具有专门格式而又相互连接的若干账页组成的簿籍。而从记录的内容上看，账簿又是对各项交易或事项进行分类和序时记录的簿籍。通常说的记账（过账），就是在账簿中按账户进行登记。

（一）账簿的作用

填制与审核会计凭证，可以将每天发生的交易、事项进行如实、正确的记录，并明确经济责任。但因为会计凭证数量繁多且又分散，缺乏系统性，不便于会计信息的整理与报告，所以无法满足经营管理的需要。因此，就有必要利用账簿这一方法把会计凭证提供的原始数据，按交易、事项发生的顺序和科目的不同性质加以归类、加工、整理。设置和登记账簿的作用可以概括如下。

（1）设置账簿并在账簿中进行登记，有利于全面、系统地记录和反映一个会计主体的经济业务，把大量、分散的数据或资料进行归类整理，逐步加工为有用的会计信息。

（2）为编制会计报表提供依据。核对无误的账簿记录及其加工的数据，提供了总括、全面、连续、系统的会计信息资料，是编制会计报表的主要依据。

（3）发挥会计的监督职能作用。通过账实核对，可以检查账实是否相符，从而发挥会计的监督职能，有利于保证各项财产物资的安全完整和合理使用。

（二）账簿的分类

账簿多种多样，按不同的分类标准，账簿可分为不同的类别。

1. 按用途分类

会计账簿按其用途，可分为序时账簿、分类账簿和备查账簿。

（1）序时账簿。序时账簿是对各项经济业务按照其发生时间的先后顺序，逐日逐笔进行登记的账簿，又称为日记账。按其记录的内容不同，序时账簿又可分为普通日记账和特种日记账。

普通日记账是用来登记全部经济业务的日记账。它根据经济业务及其发生时间的先后顺序，逐日逐项编制会计分录，作为登记分类账的依据，因此又被称为原始分录簿（book of original entry）。它类似于我国会计实践中所使用的记账凭证，我国会计核算工作中很少采用普通日记账。

特种日记账是用来登记某一类经济业务的日记账，如购货日记账、销货日记账、现金日记账和银行存款日记账等。它在形式上类似于我国的汇总记账凭证。

目前，我国企业一般只对库存现金与银行存款的收付业务设置现金日记账和银行存款日记账，进行序时核算，以加强货币资金的管理。但我国企业在实践中所使用的序时账簿，即现金日记账和银行存款日记账与西方财务会计中所述的普通日记账和特种日记账不同。我国的现金日记账和银行存款日记账只是反映库存现金或银行存款的收支业务，本身不包含会计分录，而普通日记账与特种日记账中都要编制会计分录，最后要登记到分类账（ledger，也就是我国的账簿）中去，故西方这种普通日记账类似于我国的记账凭证。

（2）分类账簿。分类账簿是对各项经济业务按照其涉及的两个或两个以上的账户进行分类登记的账簿，简称分类账。分类账是包括企业完整账户的账簿，其目的在于使记账凭证内各分录所记经济业务按相同科目予以汇总。按其分类概括程度不同，分类账可分为总分类账簿（简称总分类账）和明细分类账簿（简称明细分类账）。前者根据总分类账户开设，可全面反映会计主体的经济活动情况，一般只登记总数，进行总括核算，对所属明细分类账起统驭作用，可以直接根据记账凭证逐笔登记，也可以将记账凭证用一定的方法定期汇总后进行登记。后者根据明细分类账户开设，用来分类登记某一类经济业务的增减变化，提供明细核算资料，应根据记账凭证和原始凭证逐笔详细登记，它是对总分类账的补充和说明。会计核算中，分类账簿是必须设置的主要账簿，它所提供的资料是编制会计报表的主要依据。

（3）备查账簿。备查账簿也称辅助账簿，是为便于查考而对序时账簿和分类账簿等主要账簿不能记载或记载不全的经济业务进行补充登记的账簿。它所登记的内容并不纳入本企业的会计循环。例如，"受托加工材料簿""租入固定资产登记簿""代销商品登记簿"等。设置和登记备查账簿只是对其他账簿记录的一种补充，是对某些经济业务的内容提供必要的参考资料，其与其他账簿之间不存在严密的依存和钩稽关系。各企业可根据其自身的实际情况来设置。

2. 按形式分类

账簿按其外表形式，可以分为订本式账簿、活页式账簿和卡片式账簿。

（1）订本式账簿。订本式账簿简称订本账，是在启用之前就将编有序号的若干账页固定装订成册的账簿。采用订本式账簿，可以避免账页散失，防止蓄意抽换账页的不正当行为。但在使用前必须先估计每一个账户需要使用的账页，留出足够的空白。如果所留账页不够，就会影响账簿记录的连续性；而留得过多，又会白白浪费。且这种账簿在同一时点上往往只能由一人负责登记，不便于记账分工。订本式账簿一般适用于统驭性强、重要程度高、应该只由一个会计人员登记的账簿，如总分类账、现金日记账、银行存款日记账等。

（2）活页式账簿。活页式账簿简称活页账，是在启用之前不把账页固定成册，而是放置于活页账夹内，随时可以取放的账簿。其优点是可以随时增减空白账页，有利于记账人员的分工；缺点是账页易散失或被人为抽换。一般适用于明细分类账，如应收、应付款的明细分类账，材料明细分类账等。

（3）卡片式账簿。卡片式账簿简称卡片账，是由许多具有一定格式的硬卡片组成，存放在卡片箱内，随时可以取放的账簿。其优缺点类似于活页式账簿。一般适合需要随财产物资使用或存放地点的转移而重新排列的明细账，如固定资产明细分类账。

（三）账簿的设置与登记

1. 日记账的设置与登记

前已述及，日记账可以用来登记全部经济业务，也可以只用来登记某一类经济业务。前者被称为普通日记账。如果某一个企业根据记账的需要，为某一类经济业务设置了专门的日记账，则这种日记账称为特种日记账，与此同时，还需要设置一本用来登记特种日记账所容纳不了的其他经济业务的日记账，即普通日记账。

账簿的设置与登记

（1）普通日记账。普通日记账的一般格式是设有借方和贷方两个金额栏。普通日记账既适用于设置特种日记账的企业，也适用于未设置特种日记账的企业。

【例3-2】 承【例3-1】，下面以珠江公司2022年12月发生的经济业务为例，说明普通日记账的记账格式，如表3-9所示。

表3-9 普通日记账

日期 2022年 月	日	分录号	账户及摘要	借方金额	贷方金额	过账
12	1	1	银行存款	200 000		
			实收资本		200 000	
			（投资者投入的资本）			
	1	2	长期待摊费用	60 000		
			银行存款		60 000	
			（租用经营场地，租期两年）			
	1	3	库存商品——运动服	30 000		
			应付票据		20 000	
			应付账款——森林公司		10 000	
			（购入商品）			
	2	4	固定资产——收银机	2 000		
			——空调	8 000		
			应付账款		10 000	
			（购买收银机和空调，货款未付）			
	5	5	应收账款——美华公司	40 000		
			主营业务收入		40 000	
			主营业务成本	28 000		
			库存商品——运动服		28 000	
	8	6	库存现金	2 000		
			银行存款		2 000	
	10	7	库存商品——运动鞋	50 000		
			银行存款		30 000	
			应付账款——林和公司		20 000	
	12	8	应付账款	10 000		
			银行存款		10 000	
	14	9	库存商品——球拍	40 000		
			应付账款——林通公司		40 000	
	16	10	银行存款	30 000		
			应收账款——美华公司		30 000	
	18	11	应收账款——美达公司	60 000		
			主营业务收入		60 000	
			主营业务成本	45 000		
			库存商品——运动鞋		45 000	
	22	12	管理费用	1 000		
			库存现金		1 000	
	25	13	银行存款	30 000		
			主营业务收入		30 000	
			主营业务成本	20 000		
			库存商品——球拍		20 000	

续表

日期		分录号	账户及摘要	借方金额	贷方金额	过账
月	日					
2022 年						
12	26	14	银行存款	50 000		
			应收账款——美达公司		50 000	
	30	15	管理费用	5 000		
			销售费用	15 000		
			应付职工薪酬		20 000	
	31	16	应付职工薪酬	20 000		
			银行存款		20 000	
	31	17	销售费用（水电费等）	5 000		
			银行存款		5 000	

由此可见，在日记账里，分别确定了每一笔经济业务的会计分录，可据其直接过入分类账各有关账户，这大大减少了直接根据经济业务登记各有关分类账时可能发生的差错；另外，一本日记账，可以集中、序时地记录一个企业的全部经济业务，是一份按时间排列的企业经济活动的完整档案。一个规模较小、经济业务不多且又比较简单的企业，只用一本日记账便可以满足需要。经济业务较多、较复杂的企业，只用一本日记账就不便于记账分工，也不便于观察发生的各类经济业务情况，而且从日记账逐笔过入分类账，工作量也较大。于是产生了特种日记账。

（2）特种日记账。特种日记账是用来专门登记某一类经济业务的日记账。特种日记账的作用主要是：①汇总登记同一类经济业务，然后根据汇总数过入分类账，从而减少过账工作；②便于会计人员分工记账，可以由一个记账员专门登记某一类经济业务，从而提高工作效率。最常见的特种日记账有现金日记账、银行存款日记账、购货日记账、销货日记账等。在采用特种日记账后，对某些特种日记账中无法登记的经济业务，仍可设置一本普通日记账进行登记，并采用逐笔过账法过入有关分类账。现在以珠江公司 2022 年 12 月所发生的经济业务为例说明银行存款日记账的记账格式，如表 3-10 所示。

表 3-10　　　　　　　　　　　　　　　银行存款日记账　　　　　　　　　　　　　第 1 页

2022 年		摘要	对应账户	借方	贷方	余额	过账
月	日						
12	1	期初余额				0	
	1	所有者投资	实收资本	200 000		200 000	
	1	支付租金	长期待摊费用		60 000	140 000	
	8	提现以备零用	库存现金		2 000	138 000	
	10	支付货款	库存商品		30 000	108 000	
	12	支付固定资产款项	应付账款		10 000	98 000	
	16	收到销货款	应收账款	30 000		128 000	
	25	获得销售收入	主营业务收入	30 000		158 000	
	26	收到美达公司购货款	应收账款	50 000		208 000	
	31	发放职工工资	应付职工薪酬		20 000	188 000	
	31	支付水电费等	销售费用		5 000	183 000	
		合计		310 000	127 000	183 000	

2. 分类账的设置与登记

（1）总分类账的设置与登记。总分类账是对企业的经济业务进行概括反映，一般只提供较总括的金额指标。常见的总分类账有两栏式和三栏式两种。两栏式账户也就是 T 形账户的标准化格式，多用于教学。三栏式账户（见表 3-11）是由借方、贷方、余额三个金额栏所组成的，常用订本式的形式。企业可以直接根据记账凭证逐笔登记，也可以将记账凭证用一定的方法定期汇总，然后一次性登记到总分类账中，企业采用哪种方式登记取决于企业所采用的会计记账程序。现以应收账款总分类账为例，说明珠江公司 2022 年 12 月所发生的经济业务记入应收账款总分类账中的情况（这里是根据记账凭证逐笔进行登记的），如表 3-11 所示。

表 3-11　　　　　　　　　　　　　　　　　　总分类账

会计科目：应收账款　　　　　　　　　　　　　　　　　　　　　　　　　　　　　　　　编号：

2022年		凭证号数	摘要	对方科目	借方	贷方	借或贷	余额
月	日							
12	1		期初余额					0
	5	转3	向美华公司销售运动服	主营业务收入	40 000			
	16	银收2	收到美华公司货款	银行存款		30 000		
	18	转7	向美达公司销售运动鞋	主营业务收入	60 000			
	26	银收3	收到美达公司货款	银行存款		50 000		
	31		本月合计		100 000	80 000	借	20 000

（2）明细分类账的设置与登记。明细分类账是总分类账簿的必要补充，它所提供的信息对日常的经营管理非常重要。明细分类账簿一般采用活页式账簿，也有的采用卡片式账簿。其格式通常有以下三种。

① 三栏式。这种格式适用于"应收账款""应付账款"等结算类科目的明细分类核算。每一明细科目设置一张账页，其结构与总分类账结构基本相同，只设"借方""贷方""余额"三个金额栏（见表 3-12）。现以珠江公司对美达公司应收账款的明细分类账为例。

表 3-12　　　　　　　　　　　　　　　应收账款明细分类账

二级科目或明细科目：美达公司

2022年		凭证号数	摘要	对方科目	借方	贷方	借或贷	余额
月	日							
12	1		期初余额					0
	18	转7	向美达公司销售运动鞋	主营业务收入	60 000			
	26	银收3	收到美达公司货款	银行存款		50 000		
	31		本月合计		60 000	50 000	借	10 000

② 数量金额式。这种格式适用于财产物资的明细分类核算，每一明细科目设置一张账页。它要求在账页上对"收入""支出""结存"三栏分别设置数量栏和金额栏，以同时提供货币信息和实物量信息。其格式如表 3-13 所示。

表 3-13　　　　　　　　　　　　　　　材料物资明细账

材料名称：

计量单位：　　　　　　　　　　　　　　　　　　仓库：　　　　　　　　　　第　页

日期		凭证号数	摘要	收入			支出			结存		
月	日			数量	单价	金额	数量	单价	金额	数量	单价	金额
			本月发生额合计和月末余额									

③ 多栏式。这种格式适用于收入、费用的明细分类核算，如"销售费用""管理费用""主营业务收入"等科目。多栏式明细分类账簿，对属于同一个一级账户或二级账户的明细分类账户可合并在一张账页上进行登记。即在"借方发生额"和"贷方发生额"之下，再分别设置若干金额栏，分栏登记各明细分类账的发生额，其格式如表 3-14 所示。实际工作中，"管理费用""销售费用"等账户的多栏式明细分类账可以只按借方发生额设置专栏，而贷方发生额由于每期只发生一笔或少数几笔，可运用红字冲账原理在有关栏内用红字登记，表示应从借方发生额冲销，如表 3-14 所示。

表 3-14 管理费用明细账 单位：元

日期		凭证号数	摘要	借方					
月	日			工资	招待费	咨询费	差旅费	其他	合计
5	1	4	支付招待费		2 000				2 000
	3		支付工资、差旅费	3 000			1 000		4 000
	...		......	...	...	...	...	...	...
5	31		本月发生额合计	3 000	6 000	2 000	3 000	4 000	18 000
			结转管理费用	（3 000）	（6 000）	（2 000）	（3 000）	（4 000）	（18 000）

（3）备查账簿的设置与登记。备查账簿对主要账簿起补充说明作用，没有固定的格式，一般是各企业根据其会计核算和经营管理的需要来设置的。

（4）总分类账与明细分类账的平行登记。前已述及，总分类账一般根据总分类账户（一级会计科目）设置，通常以货币为计量单位，分类、连续、总括地反映企业的经济业务。明细分类账则根据总分类账户（二级或明细科目）设置，以货币、实物量为计量单位，分类、连续、详细地反映企业的经济业务。因此，总分类账是所属明细分类账的总括，对所属明细分类账起统驭作用；而明细分类账则是总分类账的明细记录，对总分类账起补充说明作用。企业在会计核算中，除了设置总分类账外还要设置相应的明细分类账。

通过总分类账和明细分类账之间的相互关系可知，总分类账和明细分类账所反映的对象和登记的依据是相同的，它们所提供的核算资料是相互补充、相互制约的。为了保证总分类账和明细分类账记账的正确、完整，总分类账和明细分类账的登记必须按照"平行登记"的原则来进行。

① 同时登记。对每一记账凭证，一方面应登入有关的总分类账，另一方面对设置了明细分类账的，还应登入其所属的明细分类账内。

② 方向一致。将每一记账凭证登入总分类账和明细分类账时，其记账方向必须保持一致。如果在总分类账中记在借方，在明细分类账中也应记在借方；若在总分类账中记入贷方，则在明细分类账中也必须记入贷方。

③ 金额相等。记入总分类账中的金额与记入其所属各明细分类账中的金额之和必须相等（如应收账款总分类账金额必等于应收账款明细分类账金额之和）。

④ 依据相同。记入总分类账户的资料是记账凭证；记入所属明细分类账户时，也要以该记账凭证或以该记账凭证所附的原始凭证为依据。

总分类账与明细分类账采用平行登记的结果，必然会使总分类账与明细分类账之间存在以下数量关系：

总分类账的本期发生额＝所属各明细分类账户本期发生额之和

总分类账户期末余额＝所属各明细分类账户期末余额之和

正因为总分类账户与明细分类账户采用的是平行登记，其所依据的资料也相同，所以，会计人员便可根据总分类账和明细分类账有关数字之间的相等关系来相互核对总分类账及明细分类账的数据是否正确、完整，以及时纠正登记时可能发生的错误，保持账账相符。

二、过账

（一）过账的程序与方法

在对原始凭证进行审核并编制记账凭证后，会计循环的下一个步骤就是将会计凭证上每一笔分录的借项和贷项记录分别转记到分类账的各有关账户中去，这一转记程序称为"过账"，也称为"记账"。过账的具体步骤如下。

（1）找出与会计分录中借方科目和贷方科目相对应的账户。

（2）在相应分类账户的日期栏中填入会计分录的编写日期。填入的日期一般以编制会计分录的日期为准，而不一定是实际过账的日期。

（3）将会计凭证（日记账）中所载明的摘要登记于分类账户的摘要栏内。

（4）将会计凭证（日记账）中各笔分录的借方和贷方金额分别过入相应账户的借方或贷方的金额栏内。

（5）将凭证号（日记账分录号）填入分类账户的过账记号栏内。

（6）将分类账户的账户编号或页数填列在会计凭证（日记账）的过账记号栏内，以表示该记账凭证（日记账）的分录已过账。

【例3-3】 承【例3-1】，为了进一步说明过账方法，现将珠江公司2022年12月所发生的经济业务从会计分录过入相对应的分类账账户，但为了简化，这里的分类账账户一律使用T形账户格式。①

银行存款				库存现金			
（1）	200 000	60 000	（2）	（6）	2 000	1 000	（12）
（10）	30 000	2 000	（6）				
（13）	30 000	30 000	（7）				
（14）	50 000	10 000	（8）				
		20 000	（16）				
		5 000	（17）				

库存商品				固定资产			
（3）	30 000	28 000	（5）	（4）	10 000		
（7）	50 000	45 000	（11）				
（9）	40 000	20 000	（13）				

应收账款				实收资本			
（5）	40 000	30 000	（10）			200 000	（1）
（11）	60 000	50 000	（14）				

① T形账户只是为了教学而用，在实际会计工作中，各分类账的格式并不是T形，而是采用本章第二节所介绍的格式。

应付账款				应付票据			
（8）	10 000	10 000	（3）			20 000	（3）
		10 000	（4）				
		20 000	（7）				
		40 000	（9）				

主营业务成本				应付职工薪酬			
（5）	28 000			（16）	20 000	20 000	（15）
（11）	45 000						
（13）	20 000						

长期待摊费用				销售费用			
（2）	60 000			（15）	15 000		
				（17）	5 000		

管理费用				主营业务收入			
（12）	1 000					40 000	（5）
（15）	5 000					60 000	（11）
						30 000	（13）

（二）错账更正方法

记账错误的更正方法，一般有以下几种。

1. 画线更正法

在结账之前，如果发现账簿记录有误，但记账凭证正确，即纯属过账时笔误，一般可采用画线更正法进行更正。更正时，先在错误的数字或文字上画一条红线（不能只画去其中一个或几个写错的数字），表示注销，但应使画销的文字或数字保持原有字迹且仍可辨认，以备考查。然后，将正确的文字或数字用蓝笔写在原数字或文字的上面，并由记账人员在更正处盖章，以明确责任。如记账员王五登账时，将 623 元误记为 632 元，更正方法是在 632 上画一红线"~~632~~"，并在其上面用蓝字写上"623"，然后再加盖王五的印章，而不是只在"32"上画线，将其改为"23"。

2. 红字更正法

记账以后，如果发现会计分录中的应借、应贷科目或金额有误，或科目和金额同时出现差错，可用红字更正法予以更正。具体方法是，先用红字金额做一笔与原来错误的会计分录完全相同的会计分录，注明更正某月某日的错账，并用红字登记入账，据以冲销原有的错误记录，再用蓝字做一笔正确的会计分录后，注明更正某月某日的错账，重新登入账簿。

【例3-4】 管理部门领用原材料 2 700 元，应借记"管理费用"，误记为以下会计分录。

借：制造费用　　　　　　　　　　　　　　　　　2 700

　贷：原材料　　　　　　　　　　　　　　　　　　　　　　2 700

上述分录已登入分类账。发现这一错误时，可先用红字（括号代表红字）做一笔与上面相同的会计分录。

  借：制造费用 （2 700）
   贷：原材料 （2 700）

  同时，再用蓝字填制一张正确的凭证。

  借：管理费用 2 700
   贷：原材料 2 700

  如果原会计分录中应借、应贷账户并没有错误，只是所填列的金额大于应填列的金额，并已过账，或者会计分录完全正确，只是登账时发生笔误，使得登记金额大于正确金额，且已结账时，也要用红字更正法进行更正。具体更正时，只需用红字编制一笔金额为错误金额超过正确金额部分的会计分录，并登入有关账簿即可。

  3. 补充登记法

  记账以后，如果发现原来所编的会计分录中应借、应贷账户虽然没有错误，但所写金额小于正确的金额，这时可用补充登记法进行更正。更正时，以正确金额与原来所填金额之差为分录的金额，用蓝字编制一张与原会计分录应借、应贷账户完全相同的会计分录，注明补记某月某日的金额，将其补记入账即可。

  【例3-5】 公司购买原材料一批，价款8 700元，材料已验收入库，款项尚未支付。原会计分录把货款金额记为7 800元，并已登记入账。原会计分录如下。

  借：原材料 7 800
   贷：应付账款 7 800

  当发现上述错误时，将少记的900元（8 700-7 800）再编一笔会计分录。

  借：原材料 900
   贷：应付账款 900

  并将新编的会计分录过入有关账户。

  由此可见，记账错误应根据不同的情况采用不同的方法予以更正。

第三节 | 试算平衡

一、试算平衡表的编制

  在将会计分录过账到分类账之后，为了检查过账是否正确，往往要进行试算平衡。所谓试算平衡，就是在期末对所有账户的发生额和（或）余额进行加总，以确定借贷是否相等，检查记账、过账过程中是否存在差错的一种方法。在实际会计工作中，试算平衡是通过编制试算平衡表来完成的。试算平衡表的作用主要表现在以下两个方面：（1）通过检查借贷方总计是否相等来检验过账是否正确；（2）为正式编制财务报表提供一个账户余额，以方便检索。

  关于试算平衡表的编制原理在第二章已做了详细讲解，这里不再赘述。

  【例3-6】 承**【例3-3】**，下面就以珠江公司2022年12月所发生的经济业务为例说明试算平衡表的编制。

  在编制试算平衡表之前，首先要检查、确定本期所有会计分录是否都已正确过账。在此基础上，再计算出所有账户的期末余额。最后，将各分类账户的期末余额分别记入试算平衡表的借方和贷方栏[①]，如表 3-15 所示。珠江公司 2022 年 12 月月末各分类账户的期末余额如下所示。

银行存款			
（1）	200 000	60 000	（2）
（10）	30 000	2 000	（6）
（13）	30 000	30 000	（7）
（14）	50 000	10 000	（8）
		20 000	（16）
		5 000	（17）
本期借方发生额合计	310 000	127 000	本期贷方发生额合计
期末余额	183 000		

库存现金			
（6）	2 000	1 000	（12）
本期借方发生额合计	2 000	1 000	本期贷方发生额合计
期末余额	1 000		

库存商品			
（3）	30 000	28 000	（5）
（7）	50 000	45 000	（11）
（9）	40 000	20 000	（13）
本期借方发生额合计	120 000	93 000	本期贷方发生额合计
期末余额	27 000		

固定资产			
（4）	10 000		
本期借方发生额合计	10 000	0	本期贷方发生额合计
期末余额	10 000		

应收账款			
（5）	40 000	30 000	（10）
（11）	60 000	50 000	（14）
本期借方发生额合计	100 000	80 000	本期贷方发生额合计
期末余额	20 000		

实收资本			
		200 000	（1）
本期借方发生额合计	0	200 000	本期贷方发生额合计
		200 000	期末余额

应付账款			
（8）	10 000	10 000	（3）
		10 000	（4）
		20 000	（7）
		40 000	（9）
本期借方发生额合计	10 000	80 000	本期贷方发生额合计
		70 000	期末余额

应付票据			
		20 000	（3）
本期借方发生额合计	0	20 000	本期贷方发生额合计
		20 000	期末余额

主营业务成本			
（5）	28 000		
（11）	45 000		
（13）	20 000		
本期借方发生额合计	93 000	0	本期贷方发生额合计
期末余额	93 000		

应付职工薪酬			
（16）	20 000	20 000	（15）
本期借方发生额合计	20 000	20 000	本期贷方发生额合计
		0	期末余额

---

① 这是余额试算平衡表的编制，也可按照计算出的所有账户的借方发生额和贷方发生额来编制发生额试算平衡表。其编制方法与余额试算平衡表的编制方法一样，这里不再进行编制。

长期待摊费用

（2）	60 000		
本期借方发生额		本期贷方发生额	
合计	60 000	0	合计
期末余额	60 000		

销售费用

（15）	15 000		
（17）	5 000		
本期借方发生额		本期贷方发生额	
合计	20 000	0	合计
期末余额	20 000		

管理费用

（12）	1 000		
（15）	5 000		
本期借方发生额		本期贷方发生额	
合计	6 000	0	合计
期末余额	6 000		

主营业务收入

		40 000	（4）
		60 000	（11）
		30 000	（13）
本期借方发生额		本期贷方发生额	
合计	0	130 000	合计
		130 000	期末余额

表 3-15　　　　　　　　　　珠江公司各账户期末余额试算平衡表*

2022 年 12 月 31 日　　　　　　　　　　　　单位：元

账户名称	借方余额	贷方余额
库存现金	1 000	
银行存款	183 000	
库存商品	27 000	
固定资产	10 000	
应收账款	20 000	
长期待摊费用	60 000	
应付票据		20 000
应付账款		70 000
实收资本		200 000
主营业务收入		130 000
主营业务成本	93 000	
销售费用	20 000	
管理费用	6 000	
合计	420 000	420 000

*在编制试算平衡表时，一般是按资产、负债、所有者权益的顺序，把资产负债表的账户列在前面，之后是利润表的账户（收入、费用类）。

二、试算不平衡的原因及试算平衡表的局限性

表 3-15 的试算结果显示，所有账户借方期末余额合计等于所有账户贷方期末余额合计，表明不存在明显的记账、过账差错。若试算结果不平衡，则表明会计循环的某个步骤肯定存在错误。引起试算不平衡的常见原因有以下几种。

（1）编制试算平衡表时出错。如对试算中借方、贷方加总错误、分类账余额转入时出错、借方余额写入贷方栏或相反，以及余额遗漏等。

（2）计算账户余额时出错。

（3）过账过程中出错。如借贷方中的某一方遗漏或重复过账。

（4）会计分录出错。如分录中的借贷方金额不相等。

当试算平衡表出现借贷不相等时，会计人员应认真检查，找出错误并予以更正。

值得注意的是，当试算不平衡时，我们可以肯定会计循环的某一步骤必定有错，然而，试算平衡并不一定说明不存在错误。这是因为试算平衡只能说明借贷方的金额相等，即只能查出借贷不相等的错误。而实际工作中有些错误并不影响借贷方账户的平衡关系，这类错误采用试算平衡这一方法是无法检查出来的，即试算表有其局限性。在会计实际工作中，试算平衡但仍可能存在的常见错误如下。

（1）漏记某项经济业务；

（2）重复记录整笔经济业务；

（3）某笔经济业务的会计分录记错账户，但借贷平衡；

（4）将分类账户的余额过入错误账户，但方向一致；

（5）金额的差错刚好相互抵销。

本章只讨论了会计循环中的会计凭证、分录、记账（过账）与试算平衡，会计循环中的账项调整、结账和报表的编制在下一章讲述。

简 答 题

1. 简述会计循环的基本流程。

2. 什么是会计分录？为何经济业务发生时不直接登入相应的账簿？

3. 记账凭证分为哪几类？每类凭证的作用如何？

4. 简述按用途对账簿的分类，并说明总分类账和明细分类账的设置原则和登记原则。

5. 如何发现错账？指出错账更正的方法及适用情况。

练 习 题

一、编制会计分录

资料：南方商贸公司 2022 年 1 月发生以下经济业务。

（1）开设银行账户，接受投资者投入资金 500 000 元。

（2）签订房屋租赁协议，租赁一临街门面房，作为经营场地，支付一年的租金 60 000 元。

（3）办理企业工商登记、税务登记及验资等手续，支付银行存款 1 500 元。

（4）购买经营与办公所需设备，计 28 500 元。

（5）从银行提取现金 2 000 元，以备日常所需。

（6）购买办公所需日常用品 450 元，以现金支付。

（7）购买各类商品 100 000 元，其中 65 000 元已经转账结算，余款尚未支付。

（8）本月销售各类商品 80 000 元，收入现金 50 000 元，其余款项下月收回，收入现金已存入银行。

（9）登记本月应支付的职工薪酬费用 3 500 元。

（10）以银行存款支付本月应付职工薪酬。

（11）支付本月保险费用 1 000 元。

（12）支付本月水电费 1 580 元。

要求：根据上述资料，编制会计分录。

二、编制会计分录

资料：南方商贸公司 2022 年 1 月初各分类账的余额如表 3-16 所示。

表 3-16　　　　　　　　　　2022 年 1 月月初各分类账的余额　　　　　　　　　　单位：元

账户名称	借方金额	贷方金额
库存现金	1 550	
银行存款	386 920	
应收账款	30 000	
库存商品	50 000	
待摊费用	60 000	
固定资产	28 500	
应付账款		35 000
实收资产		500 000
未分配利润		21 970
合计	556 970	556 970

2022 年 1 月发生以下经济业务。

（1）向银行借入一笔两年期贷款 200 000 元。

（2）购买一库房作为仓库使用，首付 450 000 元已通过银行转账，另外 450 000 元分 5 年还清。

（3）本月购买各类商品 200 000 元，其中 100 000 元以银行存款支付，余款暂欠。

（4）借入一笔短期借款 50 000 元。其中 35 000 元用于支付上月所欠货款。

（5）采购部员工李林出差，预借差旅费，出纳开出一张 2 000 元的现金支票。

（6）购入 3 台收款机共计 15 000 元，以转账支票付款。

（7）富星公司订购某型号打印机 5 台，商店暂无此型号打印机，预收 4 500 元现金。

（8）本月共销售各类商品 250 000 元，已经收回 200 000 元，余款预计下月收回。

（9）收回上月货款 25 000 元。

（10）李林出差归来，报销差旅费 2 580 元，余款以现金补齐。

（11）以现金支付本月零星办公费用 480 元。

（12）本月销售商品成本为 180 000 元。

（13）登记本月应支付的职工薪酬费用 5 000 元，其中销售人员职工薪酬 2 000 元。

（14）支付本月应付职工薪酬 4 500 元。

（15）支付本月保险、水电费 3 120 元。

要求：根据上述经济业务编制会计分录。

三、记账与试算平衡

资料：同练习题二。

要求：

1. 开设 T 形账户，将会计分录过入各相应账户并计算各账户的本期发生额和实账户的期末余额。

2. 编制试算平衡表（注，在 Excel 表中完成）。

四、账户分析

资料：海民公司 2022 年下列各账户的余额为：银行存款为 58 000 元（期初）、应收账款为 42 000 元（期初）和 80 000 元（期末）、应付账款为 25 000 元（期初）和 32 000 元（期末）。本年海民公司发生销售收入 100 000 元（全部为赊销），销售成本 70 000 元（全部为赊购），另外，以银行存款支付管理费用 15 000 元。本年应收账款和应付账款的减少均与银行存款账户变动相关。

要求：

1. 计算该公司当年的净利润。

2. 当年银行存款增减变动额和年底银行存款余额是多少？

3. 请回答为何当年净利润与当年银行存款增减变动金额不一致。

五、错账更正

资料： 某公司 2022 年 6 月在审核记账凭证时，发现以下错误。

（1）赊购办公设备 1 800 元，记账凭证误记为：

借：周转材料　　　　　　　　　　　　　　1 800
　　贷：应付账款　　　　　　　　　　　　　　　　1 800

（2）收回应收账款 980 元存入银行，记账凭证误记为：

借：银行存款　　　　　　　　　　　　　　　890
　　贷：应收账款　　　　　　　　　　　　　　　　 890

（3）销售人员报销差旅费 570 元，记账凭证误记为：

借：管理费用　　　　　　　　　　　　　　　570
　　贷：库存现金　　　　　　　　　　　　　　　　 570

（4）销售商品 2 000 元，款已存入银行，记账凭证误记为：

借：应收账款　　　　　　　　　　　　　　2 000
　　贷：主营业务收入　　　　　　　　　　　　　 2 000

（5）本月商品盘点发现短缺 500 元，记账凭证误记为：

借：主营业务成本　　　　　　　　　　　　　500
　　贷：库存商品　　　　　　　　　　　　　　　　 500

原试算平衡表如表 3-17 所示。

表 3-17　　　　　　　　　　　某公司试算平衡表

2022 年 6 月

单位：元

会计科目	借方	贷方
库存现金	800	
银行存款	9 910	
应收账款	5 090	
库存商品	35 920	
周转材料	6 800	
固定资产	64 780	
应付账款		8 500
应付职工薪酬		5 300
实收资本		105 000
主营业务收入		32 400
主营业务成本	23 000	
销售费用	0	
管理费用	4 900	
合计	151 200	151 200

要求：

1. 用适当的方法进行更正。

2. 编制正确的试算平衡表。

案例分析——错账[①]

---

① 本章新增了案例分析，具体内容见配套的《会计教学案例》，教师可根据教学情况使用。

第四章

会计循环（二）

本章要点

- 理解持续经营与会计分期
- 了解权责发生制与收付实现及其区别
- 了解账项调整的必要性和依据
- 掌握期末应予调整的项目及其调整分录的编制
- 掌握结账的程序
- 掌握基本财务报表的编制
- 了解会计电算化与人工智能

章首故事

给小企业做账

陈明是一名大学三年级的学生，专业是会计。暑假回家后，他的叔叔得知他学习会计，请他帮忙为工厂做账。陈明的叔叔陈建设以前在一家服装厂做销售，熟悉这个领域后，由于能接到订单，就自己做起了老板。

工厂接手自一家台资企业，车间和设备都是现成的，启动资金一部分是陈建设自己的积蓄，一部分是亲朋好友的借款。开业已经 6 个月了，账目一直比较混乱，平时的现金管理是由陈建设的妻子负责，现在账面的银行存款大约有 200 000 元，盈亏情况陈建设并不清楚。因此，他想让陈明算算账，准确地了解工厂的财务状况和盈利结果。

陈明来到一个简陋的办公室，这里到处堆放的都是一些零散的单据，还有一本他婶婶平时登记一些重大事项的备忘录。陈明根据自己所学的会计知识，对所有票据进行归类整理，据此编制会计分录，然后登记常用的总分类账。在计算成本时陈明发现材料的领用没有记录，只好亲自跑到车间进行盘点，根据盘点数量轧算出领用数量。另外，由于都是二手设备，使用年限大概还有 5 年，所以按 5 年计提折旧；而土地到期还有 20 年，土地使用权按 20 年进行摊销。所有借款都不是来自银行而是亲朋好友，利率约定十分复杂，有的一年 15%，有的则只有 5%，陈明按年利率 10% 统一计算了半年的利息。

一个星期后，陈明终于为叔叔把基本的账目建立起来了，也编制了简单的资产负债表和利润表。最后的结果是这半年工厂盈利近 500 000 元。陈建设看到这一结果，很高兴，但转念一想又觉得不对，问陈明为什么盈利 500 000 元，账面银行存款只有 200 000 元？陈明就解释说利润是根据权责发生制计算的，而银行存款是实际收付现金的结果，同时还对叔叔建议，今后所有材料的领用、工资的发放、每笔现金的收支都要有记录。陈建设点点头，仿佛明白了，还接受了陈明的建议。

第三章已经对会计循环中凭证的编审、分录的编制、过账与试算平衡进行了详细讲解，关于会计循环中期末账项的调整、结账以及报表的编制将在本章进行阐述。

第一节

期末账项调整

一、会计确认的基础

在进行期末账项调整前，首先要了解为什么期末必须调整相关账项。这关系到会计的确认基础。

（一）持续经营与会计分期

会计主体的经营是否连续，有无限期？这直接关系到财务会计应如何处理数据、如何加工会计信息以及提供怎样的财务报表等一系列重大问题。会计一般假设企业在可预见的将来（无明显反证的情况下）都可连续地经营下去。正因为有持续经营这一假设前提，我们才能按正常的市价对企业的资产和负债进行计量，否则，一个面临破产的企业其资产只能以清算价格进行计量，负债按一定的比例进行清偿。在持续经营这一前提下，会计主体所拥有的资产和所承担的债务才能分为流动资产与非流动资产、流动负债与非流动负债；财务会计的目标才能被规定为定期向投资者、债权人以及其他相关的会计信息使用者提供有助于他们做出经济决策的财务和非财务信息。然而，对于一个永续经营的企业而言，由于企业经营没有终结，从理论上讲是无法提供企业最终的经营成果的，由此必须设定另一个基本假设——会计期间或会计分期，即将一个永续经营的企业人为地划分为相等的各个期间，从而对外提供这些期间的企业财务信息。期间的设定可以是企业的经营周期，一个经营周期的例子如从原料采购开始，经过生产、销售到收回货款结束；也可以是日历年度。我国《企业会计准则——基本准则》就是以日历年度作为会计期间的，这一会计期间也称会计年度。世界上以日历年度作为会计期间的居多。

基于持续经营与会计分期假设，在会计核算过程中，就可将会计主体的成本，在当期已耗用的部分列为当期费用，而未耗用的部分则列为资产，并且可以运用权责发生制（应计制）来确认收入和费用。采取应计、递延、分配和摊销等程序和方法在过去、现在和将来各会计期间合理分配收入和费用。试想，如果不把持续经营假设作为前提，在此基础再划分会计期间，与期间相关的核算程序将怎样来进行？提出流动与非流动概念的依据又将是什么？由此可见，持续经营与会计分期假设对财务会计起着举足轻重的作用。实际上，加上会计主体和货币计量两个假设，这四个基本假设形成了现在这一套财务会计与报告模式的基本前提。

（二）权责发生制与收付实现制

1. 配比原则

配比原则就是指企业在进行会计核算时，其收入应与为取得这笔收入而所发生的相关成本、费用相互配比。在会计核算工作中的配比原则有两层含义：（1）因果配比，即将收入与其对应的成本（费用）相配比；（2）期间配比，即将本期的收入与本期的费用相配比。

权责发生制与收付实现制

在企业连续不断的生产经营过程中，基于会计分期假设，企业在每一会计期末，要将本期的营业收入和本期的成本、费用相比较，以计算本期盈亏。然而，账簿中所记录的，均是本会计期间发生而据以入账的经济业务。这便产生了一个问题，那就是直接根据账簿中所登记的收到的款项和支付出去的款项来计算本期的盈亏，这是否符合实际情况呢？怎样确定本期的收入和费用，才能比较正确地计算出本期的盈亏呢？这就是收入和费用的归属期间与现金（银行存款）收支行为之间关系的问题。

在企业的日常经营活动中，收入和费用的归属期间与现金（银行存款）收支行为之间的关

系有以下三种可能。

（1）本期内收到的款项就是本期已获得的收入，本期已支付的款项就是本期应当负担的费用。例如，本期销售商品1 000元，同时收到1 000元的货款；本期发生修理费1 000元，同时支出1 000元。

（2）本期内收到的款项不属于本期获得的收入，或本期内已支付不应当由本期负担的费用。如本期预收商品销售货款1 000元，款项已存入银行，但至本期期末商品仍未发售出去，这1 000元虽已收到，却不能归为本期的收入，因为商品还未发售出去，属于预收收入。又如，企业于某年的1月支付本年一年的保险费1 200元，即每月100元，尽管1月已支付的款项为1 200元，但由1月负担的保险费用应是100元，而不是1 200元，剩余的1 100元应由以后的11个月分别来负担。这部分已经支付但应由以后月份负担的费用，就称为预付费用。

（3）属于本期获得的收入但尚未收到款项，属于本期应当负担的费用但尚未支付款项。如每个季度的银行存款利息收入一般是在季末进行结算，每个季度的银行借款利息支出要到每个季度末支付。我们分析一下，1月应承担的利息费用在相应的期间（即1月，下同）没有实际支出，但这部分付款义务1月已经承担，这种已经承担义务但未支付的费用就被称为应计费用；1月的利息收入在相应的期间没有收到，这部分收款权利已经获得，这种已经获得收款权利但未收到款项的收入就被称为应计收入。

上述第一种情况，收入和费用的收支期间和应归属期间一致，确定为本期的收入和本期的费用不存在任何问题。至于第二种和第三种情况，则有两种办法来确定它们是否属于本期的收入和费用，一种为收付实现制，另一种为权责发生制。这是确定本期收入和费用的两种不同的会计记账基础。

2. 收付实现制

收付实现制又称现金制。它以款项实际收到和付出为标准来确定本期收入和费用。按照收付实现制，凡属本期收到的款项就归为本期的收入，凡本期支付出去的款项就归为本期的费用；反之，凡不是本期收到的款项，不是本期支付出去的款项，就不作为本期的收入和本期的费用来处理。由于款项的收付实际上以现金收付为准，所以又称为现金制。

收付实现制不考虑预收收入、预付费用以及应计收入和应计费用的存在。会计期末直接根据账簿的收支记录，确定本期的收入和费用，因为实际收到和付出的款项必然已经登记入账。所以，不存在期末账项调整的问题。

3. 权责发生制

权责发生制又称应计制。它以权利或义务的发生与否为标准来确认收入和费用，即凡是在经济利益有可能流入企业从而导致企业资产增加或者负债减少且经济利益的流入额能够可靠计量时，不论企业是否已取得这笔款项，都应确认为本期收入；同样，在经济利益很可能流出从而导致企业资产减少或者负债增加且经济利益的流出额能够可靠计量时，即使与该项义务相关联的款项支付行为尚未发生，也应确认为本期费用。

按照权责发生制，归属本期的收入和费用，不仅包括上述第一种情况和第三种情况的收入和费用，还包括以前会计期内收到而在本期获得的收入，以及在以前会计期内支付而应由本期负担的费用。但它不包括第二种情况下的收入（即预收收入）和费用（预付费用）。因此，在会计期末，要确定本期的收入和费用，就要根据账簿记录，按照权责发生制归属原则进行账项调整。

4. 收付实现制和权责发生制的比较

会计期末在确定本期收入和费用时，采用收付实现制无须对账簿记录进行账项调整，而采用权责发生制则必须进行必要的账项调整。故从会计处理手续来看，前者比后者简便；但就所确定的本期收入和费用，从而计算企业的经营结果来说，后者比前者合理。采用收付实现制，由于以款项实际收付为准，本期的收入和费用之间缺乏合理的配比关系，据以计算本期经营结果，相对而言就不够正确、合理。采用权责发生制，本期的收入和费用的确认以权利或义务的发生与否为标准，两者之间存在合理的配比关系，因此，用以计算本期盈亏比较正确。我国《企业会计准则——基本准则》第九条规定，企业应当以权责发生制为基础进行会计确认、计量和报告。下面举例说明权责发生制与收付实现制这两种会计记账基础在收入、费用确认上的差异，具体如表4-1所示。

表4-1   权责发生制与收付实现制的比较   单位：元

经济业务	权责发生制		收付实现制	
	收入	费用	收入	费用
（1）销售商品20 000元，货款暂欠	20 000			
（2）以银行存款支付全年报刊费用12 000元		1 000		12 000
（3）预收购货款30 000元			30 000	
（4）预提本月银行借款利息5 000元		5 000		
（5）提取坏账准备3 000元		3 000		
（6）销售商品一批，货款40 000元，其中30 000元已收到并已存入银行，余款暂欠	40 000		30 000	
（7）本月购买原材料20 000元，其中已支付15 000元，余款未付		*		15 000
（8）收到上月销售商品货款25 000元			25 000	
（9）发出商品一批，货款5 000元，该单位上月已预付了全部货款	5 000			
（10）计提本月固定资产折旧2 000元		2 000		
（11）结转本月销售商品成本40 000元		40 000		
本月利润	14 000		58 000	

*购买商品支付的款项从权责发生制的角度而言，不作为费用而作为资产先进行确认，当商品销售或被使用时，再作费用处理（即所谓的成本结转）。

二、账项的调整

（一）账项调整的必要性及依据

尽管权责发生制是较为合理的记账基础，但如果企业在日常的会计工作中，对每项业务都按权责发生制来记录，将会带来很多的麻烦。例如，利息收入和利息费用理论上是随时间的推移而发生的，但企业如果每天都记录增加的利息收入或费用，不仅烦琐、工作量大，而且没有这个必要。通常，企

会计调整

业都是在收到利息收入或支付利息费用时，才予以记录，到期末计算利润时，再根据权责发生制确认收入和费用的标准来确认应属于本期的利息收入和利息费用。正是由于企业平时对部分业务按现金收支予以入账，因此，每个会计期末都应该按权责发生制予以调整，以便合理地反映企业的经营成果。这种期末按权责发生制要求对部分会计事项予以调整的行为就是账项调整。账项调整时所编制的会计分录，就是调整分录。

需指出的是，期末进行账项调整，虽然主要是为了在利润表中正确地反映本期的经营成果，但是，收入和费用的调整必然使有关资产、负债、所有者权益项目发生相应的增减变动。因此，期末账项的调整也与比较正确地反映企业期末的财务状况密切相关。

（二）应予调整的项目

通常，企业期末的账项调整包括三大类，即应计项目（应计费用和应计收入）、递延项目（预付费用和预收收入）和估计项目。下面将继续以珠江公司为例，说明珠江公司在2022年12月末对有关账项的调整。

1．应计项目的调整

（1）应计费用。所谓应计费用就是指本期已发生，应由本期承担但并未支付款项的费用。之所以在期末要对应计费用进行调整，是因为这笔费用虽已发生，企业有支付这笔款项的义务，但由于尚未到支付日期，企业无法根据支付凭证将其入账，为正确反映企业的经营成果，只能在期末对其进行调整。调整时，因这笔款项已形成了企业的支付义务，故除了会增加企业的费用外，同时还会增加企业的负债。通常需调整的应计费用有应付利息、应付职工薪酬、应付租金等。

【例4-1】　珠江公司于12月1日从森林公司购入商品（运动服）一批，货款30 000元，商品已验收入库，开出3个月的带息商业汇票20 000元，利率为6%，其余货款未付（不考虑相关税费）。这里3个月的带息商业汇票所形成的利息在期末就属于应计费用。由于票据尚未到期，尽管这笔利息并未支付出去，但12月应承担一个月的利息。调整分录如下。

调（1）借：财务费用（20 000×6%×1÷12）　　　　100
　　　　　贷：应计费用（或应付利息）　　　　　　　　100

（2）应计收入。应计收入是指本期期末已获得但尚未收到款项的各项收入，如应收租金、应收利息等。对于应计收入，由于收款期限未到，企业尚未收到款项，无法入账，但企业已获得收取这笔款项的权利，故按权责发生制，视为收入已实现，并在期末对其进行调整。调整时，一方面调增收入，另一方面调增资产（债权）。

【例4-2】　珠江公司于12月1日将其租用场地中的一个柜台出租，租赁合同约定每月租金300元，每月月末支付，但到12月31日仍未收到这笔租金。调整分录如下。

调（2）借：其他应收款　　　　　　　　　　　　　300
　　　　　贷：其他业务收入　　　　　　　　　　　　　300

2．递延项目的调整

所谓递延，指的就是将已支付的费用或已收到的收入推迟到以后期间予以确认。这些已收到的收入即为预收收入，已支付的费用即为预付费用。随着时间的推移，预收收入会逐渐转为已实现的收入，而预付费用则会逐渐转为已发生的费用。因此，会计期末要将已实现的收入从预收收入账户中转入收入账户，将预付费用分摊到各受益期并转到相应的费用账户。

（1）预付费用的分摊。常发生的预付费用如预付的租金、保险费、报刊费等。这类业务通常是先支付款项，然后再受益，从而逐渐转化为费用。

【例4-3】　12月1日，珠江公司从兴旺公司租用营业场地一块，租期两年，租金共计60 000元，并于当日支付了这笔租金。预付的这笔租金应视为一项资产，只有在使用这个场地时才能被列为费用，故支付这笔租金时，借记"长期待摊费用"。但这笔支付使珠江公司对这块场地有两年的使用权，因此，根据权责发生制，珠江公司到12月应承担一个月的场地租用费，其余的部分仍作为资产列示。调整分录如下。

调（3）借：销售费用（60 000÷24）　　　　　　　2 500
　　　　　贷：长期待摊费用　　　　　　　　　　　　2 500

（2）预收收入的实现。预收收入是指在产品或劳务提供之前就预先收到的款项，如预收报刊费、预收租金、预收货款等。由于产品或劳务尚未提供，收入并未真正实现，故收到款项时应贷记"预收账款"①，表示一项负债，到产品或劳务已提供时，再将已获取的部分转为收入。

珠江公司12月的经济业务中未发生预收收入的业务，大家要注意珠江公司的第2笔业务，

① 根据新的收入准则，订有销售合同的预收账款，登记为"合同负债"。

即 12 月 1 日，珠江公司从兴旺公司租用营业场地一块，租期两年，租金共计 60 000 元，并于当日支付了这笔租金。如果从兴旺公司的角度来看，兴旺公司把场地租给珠江公司，租期为 2 年，并于 2022 年 12 月 1 日就全部收到了这笔款项。由于兴旺公司是在 2022 年 12 月 1 日后的两年内向珠江公司提供的场地，这笔款项不能看成是兴旺公司 12 月的收入，而只能作为预收账款。

【例 4-4】 兴旺公司收到款项时（2022 年 12 月 1 日）的分录如下。

借：银行存款　　　　　　　　　　　　　　　　　60 000

　　贷：预收账款（或合同负债）　　　　　　　　　　　　60 000

到 2022 年 12 月末，兴旺公司已向珠江公司提供了 1 个月的场地租赁，部分收入已实现，期末应确认已实现的这部分收入，此时兴旺公司的期末调整分录如下。

借：预收账款（或合同负债）　　　　　　　　　　　2 500

　　贷：其他业务收入　　　　　　　　　　　　　　　　　2 500

3. 估计项目的调整

根据权责发生制，为了使企业在每一会计期间的收入与相关的成本、费用相配比，以正确计算每期的经营成果，在会计期末，除了对应计项目和递延项目进行调整外，还需调整一些账项。由于这些账项与前述账项不同，其调整的金额具有不确定性，常常是根据经验或未来事项来估计其金额，故被称为估计项目。如应收账款坏账准备的计提、固定资产的折旧等。

（1）应收账款坏账准备的计提。应收账款是企业赊销商品或劳务时所形成的一项债权。这类资产可能会因债务人无力偿还欠款而使债权人全部或部分款项无法收回来，这笔不能收回的款项就称为坏账。发生一笔坏账，就意味着企业要承担一笔损失。只要存在应收账款，就有发生坏账的可能。应收账款是伴随赊销而产生的，赊销时已确认了这笔赊销业务的收入，但无法知晓到底哪笔应收账款无法收回。如不考虑坏账因素，则必然会导致资产（应收账款）和利润的高估，因此，必须在期末估计可能的坏账损失，列为费用，以正确反映企业的经营成果与资产状况。

企业专设"坏账准备"账户来反映企业应收账款坏账准备的计提情况。[①]计提坏账准备时，借记"信用减值损失"，贷记"坏账准备"，而不是直接贷记"应收账款"，这是因为：①坏账准备的计提是基于稳健性原则的典型运用，是为收入与费用更好地相配比，并不是放弃债权的索取；②会计期末时，并不知道哪笔应收账款无法收回，不能收回的确切金额到底是多少，只能是个估计数，故不能直接抵销应收账款。

【例 4-5】 珠江公司 2022 年 12 月 31 日应收账款的期末余额为 20 000 元，经估计约有 2% 无法收回，则调整分录如下。

调（4）借：信用减值损失（20 000×2%）　　　　　　400

　　　　　贷：坏账准备　　　　　　　　　　　　　　　　400

（2）固定资产折旧。[②]企业的固定资产虽然在为企业提供服务、带来利益的过程中不会改变其实物形态，但随着企业对固定资产的使用和时间的推移，固定资产会受到磨损，再加上技术的革新，其价值会下降，以至于最终退出企业。根据权责发生制，为使收入和费用合理地进行配比，固定资产应将其成本按照合理、系统的方法分摊到使用固定资产的各会计期间，这就是折旧。每一会计期间所分摊的成本就是折旧费用。计算固定资产每一期间的折旧费用时，一般要考虑固定资产的原始成本、估计使用年限以及估计残值，因此，每期的折旧额是个估计数。另外，固定资产在使用中仍保持其实物形态，因此，专设"累计折旧"账户来反映固定资产的

---

① 有关应收账款坏账准备的计提详见本书第五章。
② 有关固定资产的折旧详见本书第七章。

折旧情况，也即固定资产的减值情况，而"固定资产"账户保持固定资产原始成本不变。因此，在期末计提固定资产折旧时，借记"管理费用""销售费用"①等，贷记"累计折旧"。

【例4-6】 若珠江公司在本期期末应计提折旧额为200元，则调整分录如下。

调（5）借：管理费用 200
　　　　贷：累计折旧 200

（三）调整分录的过账与调整后的试算

与根据经济业务编制的会计分录一样，调整分录也需将其过到相应的账户中去。

【例4-7】 承【例3-4】，下面就将珠江公司的期末调整分录过到各相应的账户，其结果如下所示。

银行存款

	借方	贷方	
（1）	200 000	60 000	（2）
（10）	30 000	2 000	（6）
（13）	30 000	30 000	（7）
（14）	50 000	10 000	（8）
		20 000	（16）
		5 000	（17）
本期借方发生额合计	310 000	127 000	本期贷方发生额合计
期末余额	183 000		

库存现金

	借方	贷方	
（6）	2 000	1 000	（12）
本期借方发生额合计	2 000	1 000	本期贷方发生额合计
期末余额	1 000		

库存商品

	借方	贷方	
（3）	30 000	28 000	（5）
（7）	50 000	45 000	（11）
（9）	40 000	20 000	（13）
本期借方发生额合计	120 000	93 000	本期贷方发生额合计
期末余额	27 000		

固定资产

	借方	贷方	
（4）	10 000		
本期借方发生额合计	10 000	0	本期贷方发生额合计
期末余额	10 000		

应收账款

	借方	贷方	
（5）	40 000	30 000	（10）
（11）	60 000	50 000	（14）
本期借方发生额合计	100 000	80 000	本期贷方发生额合计
期末余额	20 000		

实收资本

	借方	贷方	
		200 000	（1）
本期借方发生额合计	0	200 000	本期贷方发生额合计
		200 000	期末余额

应付账款

	借方	贷方	
（8）	10 000	10 000	（3）
		10 000	（4）
		20 000	（7）
		40 000	（9）
本期借方发生额合计	10 000	80 000	本期贷方发生额合计
		70 000	期末余额

应付票据

	借方	贷方	
		20 000	（3）
本期借方发生额合计	0	20 000	本期贷方发生额合计
		20 000	期末余额

---

① 在商品流通企业，当管理费用较少时，可不设"管理费用"科目，而将其相关费用并入"销售费用"科目进行核算。

主营业务成本

（5）	28 000		
（11）	45 000		
（13）	20 000		
本期借方发生额 合计	93 000	0	本期贷方发生额 合计
期末余额	93 000		

长期待摊费用

（2）	60 000	2 500	调（3）
本期借方发生额 合计 60 000		2 500	本期贷方发生额 合计
期末余额	57 500		

管理费用

（12）	1 000		
（15）	5 000		
调（5）	200		
本期借方发生额 合计	6 200	0	本期贷方发生额 合计
期末余额	6 200		

财务费用

调（1）	100		
本期借方发生额 合计	100	0	本期贷方发生额 合计
期末余额	100		

其他应收款

调（2）	300		
本期借方发生额 合计	300		本期贷方发生额 合计
期末余额	300		

坏账准备

		400	调（4）
本期借方发生额 合计	0	400	本期贷方发生额 合计
		400	期末余额

信用减值损失

调（4）	400		
本期借方发生额 合计	400	0	本期贷方发生额 合计
期末余额	400		

应付职工薪酬

（16）	20 000	20 000	（15）
本期借方发生额 合计	20 000	20 000	本期贷方发生额 合计
		0	期末余额

销售费用

（15）	15 000		
（17）	5 000		
调（3）	2 500		
本期借方发生额 合计	22 500	0	本期贷方发生额 合计
期末余额	22 500		

主营业务收入

		40 000	（4）
		60 000	（11）
		30 000	（13）
本期借方发生额 合计	0	130 000	本期贷方发生额 合计
		130 000	期末余额

应付利息

		100	调（1）
本期借方发生额 合计	0	100	本期贷方发生额 合计
		100	期末余额

其他业务收入

		300	调（2）
本期借方发生额 合计	0	300	本期贷方发生额 合计
		300	期末余额

累计折旧

		200	调（5）
本期借方发生额 合计		200	本期贷方发生额 合计
		200	期末余额

所有调整分录过入相应账户后，需再进行一次试算，以检查将调整分录过入相应账户时是否存在差错。调整后各账户期末余额试算表如表 4-2 所示。

表 4-2　　　　　　　　　珠江公司各账户期末余额试算平衡表（调整后）

2022 年 12 月 31 日　　　　　　　　　　　　　　　　　单位：元

账户名称	借方余额	贷方余额
库存现金	1 000	
银行存款	183 000	
库存商品	27 000	
固定资产	10 000	
累计折旧		200
应收账款	20 000	
坏账准备		400
其他应收款	300	
长期待摊费用	57 500	
应付票据		20 000
应付账款		70 000
应付利息		100
实收资本		200 000
主营业务收入		130 000
主营业务成本	93 000	
其他业务收入		300
销售费用	22 500	
管理费用	6 200	
财务费用	100	
信用减值损失	400	
合计	421 000	421 000

从表 4-2 可看出，所有账户借方余额的合计数等于所有账户贷方余额的合计数，都是 421 000 元，表明各分类账的记账、过账基本正确。

三、工作底稿

工作底稿是实务工作中会计人员为了提高工作效率而编制的一种多栏式草表，在此基础上，会计人员可以方便地编制会计报表。编制工作底稿的程序如下。

第一步，绘制工作底稿（格式见表 4-3）；

第二步，将调整前各分类账金额过入调整前试算表借贷栏；

第三步，将调整分录过入调整栏；

第四步，计算调整后试算表借贷栏金额；

第五步，将利润表和资产负债表项目过入相应的利润表和资产负债表栏，同时计算利润表中的本年利润，并将本年利润转入资产负债表中。

至此，工作底稿编制完毕，利润表和资产负债表在此基础上可调整编制完成。

【例 4-8】　承【例 4-7】，编制珠江公司 2022 年 12 月 31 日的工作底稿[①]，如表 4-3 所示。

① 为了提高效率，工作底稿在 Excel 表中完成。

表 4-3　　　　　　　　　　珠江公司工作底稿（Excel 表）

2022 年 12 月 31 日　　　　　　　　　　　　　　　　　单位：元

K25		f_x =SUM(K3:K24)								
名称框	B	C	D	E	F	G	H	I	J	K
项目	调整前试算表		调整		调整后试算表		利润表		资产负债表	
	借	贷	借	贷	借	贷	借	贷	借	贷
3 库存现金	1 000.00				1 000.00				1 000.00	
4 银行存款	183 000.00				183 000.00				183 000.00	
5 应收账款	20 000.00				20 000.00				20 000.00	
6 坏账准备				(4) 400		400.00				400.00
7 其他应收款			(2) 300		300.00				300.00	
8 库存商品	27 000.00				27 000.00				27 000.00	
9 固定资产	10 000.00				10 000.00				10 000.00	
10 累计折旧				(5) 200		200.00				200.00
11 长期待摊费用	60 000.00			(3) 2 500	57 500.00				57 500.00	
12 应付票据		20 000.00				20 000.00				20 000.00
13 应付账款		70 000.00				70 000.00				70 000.00
14 应付利息				(1) 100		100.00				100.00
15 实收资本		200 000.00				200 000.00				200 000.00
16 主营业务收入		130 000.00				130 000.00		130 000.00		
17 其他业务收入				(2) 300		300.00		300.00		
18 主营业务成本	93 000.00				93 000.00		93 000.00			
19 销售费用	20 000.00		2 500.00		22 500.00		22 500.00			
20 管理费用	6 000.00		(5) 200		6 200.00		6 200.00			
21 借用减值损失			(4) 400		400.00		400.00			
22 财务费用			(1) 100		100.00		100.00			
23 合计	420 000.00	420 000.00	3 500	3 500	421 000.00	421 000.00				
24 本年利润							8 100.00			8 100.00
25 合计							130 300.00	130 300.00	298 800.00	298 800.00

*8 100 元放入借方，指结账登记，结账分录请参见下节的讲述。

工作底稿一般适合年中会计报表的编制使用，年终编制正规的会计报表时，还要经过一个正式的会计程序——结账。接下来就讲述结账的会计程序。

第二节

结账

一、结账的必要性

所谓结账就是指在会计期末将各账户余额结清或结转至下期，以结束这一期间的会计记录工作。企业在不断地持续经营，而会计是一个以提供财务信息为主的信息系统，它要定期编制财务报告向会计信息使用者提供如财务状况、经营业绩和现金流量等财务信息。企业是持续经营的，可又人为地分期，怎样才能使每期的会计核算与记录工作能既独立又连续地反映持续经营企业的财务信息呢？会计循环就是通过"结账"这一程序来实现的。在会计期末，通过结清与利润表相关的各账户，可计算出本期的经营成果，而对与资产负债表相关的账户则结转至下期，这样既结束了本期的会计工作，又为下一期的会计工作做好了准备，使下期的会计核算工作在新的起点上重新开始。

在第二章已述及，账户是对会计要素的再分类。而会计要素又分为资产负债表要素和利润表要素。于是，根据会计要素的分类，账户可分为与资产负债表相关的账户和与利润表相关的账户。由于与资产负债表相关的账户在期末时都有余额，表示企业在特定时日的资产、负债和所有者权益，将随着企业的持续经营而不断地递延到下一个会计期间，故把这类账户称为"实账户"或"永久性账户"；而与利润表相关的账户，在期末时一般没有余额，由于这一期的经营成果属于这个会计期间，而不能递延到下一个会计期间。每个会计期间经营成果的计算都是"从零开始"，因此，每个会计期末都要将这些账户结清，到下个会计期间再重新开设，故把这类账户称为"虚账户"或"临时性账户"。

会计期末，要根据账户的类型进行结账。对实账户，要计算出余额，并将其结转到下一个会计期间，使本期的期末余额成为下一期的期初余额；对虚账户，则要求全部予以结清，一方面是为了计算出本期的经营成果，另一方面是为下一会计期间使用方便，将账户结清后，各账户余额复归为零，下期便可重新开始归集收入和费用，以计算下期的经营成果。

结账前，通常要做好下列各项准备工作。

（1）详细查明本期内日常发生的各项经济业务是否都已填制记账凭证，并据以记入各账簿。若发现漏账，应当及时补记。

（2）是否按照权责发生制的要求对期末账项进行调整。

（3）进行对账，确保账证相符、账账相符和账实相符。账证相符是指各账簿记录应当与会计凭证核对相符；账账相符是指总分类账各账户期末借方余额合计数与贷方余额合计数核对相符、总分类账各账户期末余额与各明细分类账期末余额合计数核对相符；账实相符是指库存现金、银行存款、固定资产、原材料等财产物资的账面余额应当与库存的实际余额核对相符。其中银行存款余额的核对是通过企业银行存款日记账与银行送来的企业银行存款对账单相核对实现的，通过编制银行存款余额调节表，检查两者之间的差异是正常的未达账项还是错账造成的，最后再查明原因。

二、结账程序

结账程序的阐述分结清虚账户和结转实账户两个方面展开。

（一）虚账户的结清

虚账户的结账程序如下。

1. 编制结账分录

结清虚账户时，先设置"本年利润"账户，以归集本期各收入、费用类账户的余额。一般情况下，收入类账户的期末余额在贷方，费用类账户的期末余额在借方。因此，编制结账分录时，对收入类虚账户，贷记"本年利润"账户，借记各收入类账户；对费用类虚账户，则借记"本年利润"账户，贷记各费用类账户。

【例 4-9】 根据表 4-2，编制珠江公司 2022 年度的结账分录。

结（1）借：主营业务收入   130 000
          其他业务收入   300
        贷：本年利润   130 300
结（2）借：本年利润   122 200
        贷：主营业务成本   93 000
           管理费用   6 200
           销售费用   22 500
           信用减值损失   400
           财务费用   100

编制结账分录后，将其过入各相应账户，以结清各虚账户的方法，称为"账结法"。在会计

实际工作中，一般只在会计年度终了时，才需将收入、费用类账户结清。平时让各账户保持其余额不变，以使收入、费用类账户累计反映全年的收入和费用水平。这样，在年度终了时，为了编制利润表，就需要在报表中对收入和费用账户进行结转，这种结转方法称为"表结法"。表结法不需要编制结账分录，也不需要在账户中进行任何登记，平时编制工作底稿的方法就是表结法的运用。

2. 结清"本年利润"账户

"本年利润"账户一般只在期末结账计算本期经营成果时使用。该账户的借方归集所有费用类账户的借方余额，贷方归集所有收入类账户的贷方余额。当"本年利润"账户的贷方合计数大于其借方合计数时，表示本期获得的利润；反之，则为本期所发生的亏损。期末结账的最后，要求将"本年利润"账户的余额转入"利润分配——未分配利润"账户。获得利润时，借记"本年利润"，贷记"利润分配——未分配利润"，如为亏损则做相反的分录。

珠江公司在 2022 年年末"本年利润"账户的结账分录如下。

结（3）借：本年利润   8 100

    贷：利润分配——未分配利润   8 100

会计年度终了时，编制的结账分录在将其余额过入分类账后，所有虚账户均应画线结清，以避免本期记录因不慎而与下期记录相混淆。对于那些仅有一个借方或贷方记录的账户，则只需简单地划双线，而有若干个借方或贷方记录的账户，则应先加计本月的发生额，加总后再划双线。下面以 T 形账户为例，说明珠江公司结清虚账户的结账程序。

主营业务成本			
(5)	28 000		
(11)	45 000		
(13)	20 000		
期末余额	93 000	93 000	结（2）

销售费用			
(15)	15 000		
(17)	5 000		
调（3）	2 500		
期末余额	22 500	22 500	结（2）

管理费用			
(12)	1 000		
(15)	5 000		
调（5）	200		
期末余额	6 200	6 200	结（2）

主营业务收入			
		40 000	(4)
		60 000	(11)
		30 000	(13)
结（1）	130 000	130 000	期末余额

财务费用			
调（1）	100		
期末余额	100	100	结（2）

其他业务收入			
		300	调（2）
结（1）	300	300	期末余额

信用减值损失			
调（4）	400		
期末余额	400	400	结（2）

本年利润			
结（2）	122 200	130 300	结（1）
结（3）	8 100	8 100	期末余额

（二）实账户的结转过程

资产、负债和所有者权益账户的余额均需结转到下期，继续记录。所谓继续记录，是指继原账簿上的余额连续记录新会计期间的经济业务。不一定沿用原来的账簿，也可视实际情况换用新账簿。

【例4-10】 2022年度珠江公司"银行存款"账户的结转举例如表4-4所示。

表4-4　　　　　　　　　　　　　　"银行存款"结转举例

2022年		凭证号数	摘要	借方	贷方	余额	
月	日					借方	贷方
12	1		期初余额			0	
	1		所有者投资	200 000		200 000	
	1		支付租金		60 000	140 000	
	8		提现以备零用		2 000	138 000	
	10		支付货款		30 000	108 000	
	12		支付固定资产款项		10 000	98 000	
	16		收到销货款	30 000		128 000	
	25		获得销售收入	30 000		158 000	
	26		收到美达公司购货款	50 000		208 000	
	31		发放职工工资		20 000	188 000	
	31		支付水电费		5 000	183 000	
12	31		本期发生额和期末余额	310 000	127 000	183 000	
			结转至下期		183 000	0	
2023年							
1	1		期初余额			183 000	

其余实账户的结转简示如下。

库存现金

（6）	2 000	1 000	（12）
期末余额	1 000	1 000	结转
期初余额	1 000		

利润分配——未分配利润

		8 100	结（3）
结转	8 100	8 100	期末余额
		8 100	期初余额

库存商品

（3）	30 000	28 000	（5）
（7）	50 000	45 000	（11）
（9）	40 000	20 000	（13）
期末余额	27 000	27 000	结转
期初余额	27 000		

固定资产

（4）	10 000		
期末余额	10 000	10 000	结转
期初余额	10 000		

应收账款

（5）	40 000	30 000	（10）
（11）	60 000	50 000	（14）
期末余额	20 000	20 000	结转
期初余额	20 000		

实收资本

		200 000	（1）
结转	200 000	200 000	期末余额
		200 000	期初余额

应付账款

（8）	10 000	10 000	（3）
		10 000	（4）
		20 000	（7）
		40 000	（9）
结转	70 000	70 000	期末余额
		70 000	期初余额

应付票据

		20 000	（3）
结转	20 000	20 000	期末余额
		20 000	期初余额

长期待摊费用

（2）	60 000	2 500	调（3）
期末余额	57 500	57 500	结转
期初余额	57 500		

应付职工薪酬

（16）	20 000	20 000	（18）
		0	期末余额
		0	期初余额

其他应收款

调（2）	300		
期末余额	300	300	结转
期初余额	300		

应付利息

		100	调（1）
结转	100	100	期末余额
		100	期初余额

坏账准备

		400	调（4）
结转	400	400	期末余额
		400	期初余额

累计折旧

		200	调（5）
结转	200	200	期末余额
		200	期初余额

三、结账后试算平衡表

结账结束后，仍需编制期末余额试算平衡表，以检查结账过程是否出现差错，同时也为期末编制财务报表提供方便。

【例 4-11】 珠江公司 2022 年 12 月 31 日结账后的试算平衡表如表 4-5 所示。

表 4-5　　　　　　　　　　　珠江公司各账户期末余额试算平衡表（结账后）

2022 年 12 月 31 日　　　　　　　　　　　　　　　　　　　　单位：元

账户名称	借方余额	贷方余额
库存现金	1 000	
银行存款	183 000	
库存商品	27 000	
固定资产	10 000	
累计折旧		200
应收账款	20 000	
坏账准备		400
其他应收款	300	
长期待摊费用	57 500	
应付票据		20 000

账户名称	借方余额	贷方余额
应付账款		70 000
应付利息		100
实收资本		200 000
利润分配——未分配利润		8 100
合计	298 800	298 800

从表 4-3 可看出，所有账户借方余额的合计数等于所有账户贷方余额的合计数，都是 298 800 元，表明结账分录及过账基本正确，并可据此编制财务报表。

第三节 编制财务报表

编制财务报表[①]是会计循环的终点。企业在结账后便可编制财务报表，从而完成一个会计期间的会计循环。

一、财务报告概述

财务会计的主要目标是向会计信息使用者提供有助于经济决策的信息。企业财务会计所生成的信息，最终是由以"财务报表"（financial statements）为核心的"财务报告"（financial report）作为传输手段，提供给投资者、债权人和其他类似使用者使用。财务报表是财务报告的中心部分，是向外界传递会计信息的主要手段。财务报告包括会计报表及其附注和其他应当在财务报告中披露的相关信息和资料。

财务报表是一个企业所有已发生的交易或事项，按照会计准则确认为资产、负债、所有者权益、收入、费用等要素，在可靠计量和正确记录的基础上，再次确认为报表项目而形成的书面文件。按不同的标准，财务报表可分为不同的类型。其按所反映的内容可分为资产负债表、利润表、现金流量表和所有者权益变动表；按编制的时期，可分为年度、半年度、季度和月度财务报表。一个企业基本的财务报表是资产负债表、利润表和现金流量表。小企业编制的会计报表可以不包括现金流量表，而一般企业除上面所提到的三张报表外，还要编制所有者权益变动表。所有者权益变动表在中级财务会计中讲述。

二、基本财务报表的编制

（一）资产负债表

资产负债表是反映企业某一特定时期财务状况的财务报表，它是根据"资产=负债+所有者权益"这一会计等式，按照一定的分类标准和一定排列顺序，把企业一定时日的资产、负债和所有者权益各项目，基于日常核算的数据进行高度浓缩、整理后编制而成的。它表明企业在某一特定时日所拥有或控制的资源、所承担的现有债务和所有者对净资产的要求权，是一张静态报表。资产负债表由会计报表项目构成，会计报表项目主要是在总账余额的基础上计算调整得出的。

---

① 这里仅从会计循环的角度来讲解财务报表的编制，有关财务报表编制的详细内容见第十一章。

【例 4-12】 珠江公司 2022 年年末的资产负债表如表 4-6 所示。其中，货币资金由银行存款和库存现金组成，存货由库存商品组成。

表 4-6　　　　　　　　　　　　　　资产负债表

会企 01 表

编制单位：珠江公司　　　　　　　2022 年 12 月 31 日　　　　　　　　单位：元

资产	年末余额	年初余额	负债及所有者权益	年末余额	年初余额
流动资产：			流动负债：		
货币资金	184 000		应付票据	20 000	
应收账款	20 000		应付账款	70 000	
减：坏账准备	400		应付利息	100	
其他应收款	300		流动负债合计	90 100	
存货	27 000		负债合计	90 100	
流动资产合计	230 900		所有者权益：		
非流动资产：			实收资本	200 000	
固定资产	10 000		未分配利润	8 100	
减：累计折旧	200		所有者权益合计	208 100	
长期待摊费用	57 500				
非流动资产合计	67 300				
资产总计	298 200		负债及所有者权益合计	298 200	

（二）利润表

利润表又称损益表，它是反映企业一定期间经营成果的财务报表。利润表是根据权责发生制和配比原则，将一定期间内的收入与相关的费用（成本）相配比，计算出企业一定期间的净利润或净亏损。利润表实际上是一张利润计算表，它所报告的是企业在一定期间的经营成果，是一张动态报表。根据对利润提供信息的不同要求，利润表可采用不同的编制格式。目前，比较普遍的利润表格式有两种：单步式利润表和多步式利润表。单步式利润表格式简单，即将本期所有的收入归集在一起，然后再将所有的费用归集在一起，最后一次计算出当期损益。多步式利润表的利润则是经过多个步骤计算出来的。

为什么利润表中的净利润和银行存款中的余额不一致

【例 4-13】 珠江公司 2022 年度的单步式利润表如表 4-7 所示。

表 4-7　　　　　　　　　　　　　利润表（单步式）

会企 02 表

编制单位：珠江公司　　　　　　　2022 年 12 月　　　　　　　　单位：元

项目	本期金额	上期金额
收入		
主营业务收入	130 000	0
其他业务收入	300	0
减：费用		
主营业务成本	93 000	0
管理费用	6 200	0
销售费用	22 500	0
信用减值损失	400	0
财务费用	100	0
利润	8 100	0

（三）现金流量表

现金流量表是以现金流量为基础，反映企业在一定时期由企业的经营活动、筹资活动和投资活动所引起的现金及现金等价物变动情况的财务报表，用来揭示企业经营活动、投资活动和筹资活动所引起的各种现金流入、流出与净流量的变动情况。经营活动主要是指企业的购进、生产（见第六章）、销售（见第五章）、税收（见第九章）等活动，投资活动是指企业长期资产购买、兴建、处置及证券投资等活动（见第七章），筹资活动则包括企业负债（但不包括企业经营活动产生的负债），如应付账款、应付票据等（见第八章），与所有者投入等活动（见第十章），三类活动更具体的阐述请参见第五章第一节。现金流量表中使用的"现金"概念，包括库存现金、银行存款和其他货币资金，"现金等价物"主要是指企业持有的、能随时转换为已知金额的有价证券。

现金流量表的编制方法主要有两种，一是直接法，即按三类活动的每一个具体项目的现金流入和流出进行编制，以揭示报告期间现金来源和使用的基本情况；二是间接法，这种方法只针对经营活动，即将净利润调节为经营活动的现金净流量，以揭示权责发生制下计算的净利润与收付实现制下的经营活动的净流量存在的差异。

【例 4-14】 以第三章练习题四为例，由上述可知，当期的净利润为 15 000 元，而同期银行存款的变动为期末对比期初减少 16 000 元。对此的说明是权责发生制下计算的净利润与收付实现制下银行存款的增减变动存在差异，但并未说明具体原因。通过间接法的说明如下。

净利润	15 000（权责发生制）
减：应收账款的本期增加	（38 000）
加：应付账款的本期增加	7 000
经营活动现金净流入	-16 000（收付实现制）

应收账款和应付账款的变动对净利润的影响分别为：应收账款的本期减少增加了经营活动中的现金，而应付账款的本期减少却减少了经营活动的现金。如果反过来，就是应收账款的本期增加减少了经营活动中的现金，而应付账款的增加会增加经营活动中的现金。

回到珠江公司的报表编制，直接法和间接法下的现金流量表编制如下。

【例 4-15】 珠江公司 2022 年度的现金流量表（直接法）如表 4-8 所示。

表 4-8　　　　　　　　　　　现金流量表

会企 03 表

编制单位：珠江公司　　　　　　　　2022 年 12 月　　　　　　　　单位：元

项目	金额
一、经营活动产生的现金流量	
现金流入量	
（10）收到销货款	+30 000
（13）获得销售收入	+30 000
（14）收到美达公司货款	+50 000
现金流入合计	+110 000
现金流出	
（7）购买商品	-30 000
（12）支付办公费	-1 000
（16）支付工资	-20 000
（17）支付水电费	-5 000
现金流出合计	-56 000
经营活动的现金净流量	54 000

续表

项目	金额	
二、投资活动		
（2）支付租金	−60 000	
（8）支付购买固定资产款	−10 000	−70 000
投资活动现金净流量		−70 000
三、筹资活动		
（1）所有者投资	200 000	+200 000
筹资活动现金净流量		+200 000
现金净增加额		184 000

由于珠江公司是 2022 年 12 月 1 日开业，所以没有期初余额，现金的净增加量就是银行存款与现金账户的期末余额之和，即 184 000 元（183 000+1 000），而根据表4-8可知，珠江公司由经营活动、投资活动和筹资活动所引起的现金净流量的增加刚好也是 184 000 元。

【例 4-16】 珠江公司 2022 年度的现金流量表（间接法）如表4-9所示。

表4-9   现金流量表补充资料（间接法）   单位：元

净利润	8 100
减：应收账款*	−20 000
存货	−27 000
其他应收款	−300
加：应付利息	+100
坏账准备	+400
折旧	+200
长期待摊费用的摊销	+2 500
应付账款	+90 000
经营活动现金净流量	54 000

*由于期初余额为零，所以期末余额均为本期增加额。

上表调节的基本要点为：第一，流动资产的减少和流动负债的增加，会增加当期经营活动现金流。第二，流动资产的增加和流动负债的减少，会减少当期经营活动现金流。第三，资产减值（如坏账准备）和累计折旧不会影响经营活动现金流。因此，从净利润调节为经营活动现金流时，要加回计提的金额。另外还有一些调节项目，在本书第十一章或在《中级财务会计》中讲述。第一点、第二点调节的基本原理是，经济业务只影响会计等式一边的（如影响现金和现金以外的流动资产项目），则表现为有增有减，例如现金增加，其他流动资产则减少；或者反之。经济业务同时影响会计等式两边的（如影响现金和现金以外的流动负债项目），则表现为同增同减，如现金增加，其他流动负债也增加；或者反之。

（四）三张基本报表之间的关系

资产负债表是以"资产=负债+所有者权益"这一会计等式为基础编制的，而利润表则是以"收入−费用=利润"这一等式来编制的。资产负债表所反映的是企业在某一时点全部资产的分布状况及其相应来源；利润表反映的是企业在一定期间内的经营成果。企业的经营成果中未分配的部分属于企业所有者，最终要反映在资产负债表中。例如，珠江公司的利润表显示其在 2014 年 12 月所获取的利润（假设不进行分配，全部留存在珠江公司）8 100 元最终作为"未分配利润"项目列示在珠江公司资产负债表的所有者权益项目内，经过本期的经营，所有者的权益由期初投入的 200 000 元，再加本期所获得的利润 8 100 元，就是期末珠江公司所有者权益的期末余额 208 100

元。这就是利润表与资产负债表之间钩稽关系的体现。现金流量表反映的是企业期初与期末现金的变化情况，现金流量表与利润表及利润分配表一起可反映企业在一定期间内的现金流量状况和经营成果及其分配情况，同时也能解释期初、期末资产负债表项目发生变化的原因。

财务报表的输出就意味着本期会计循环的结束。第三章和第四章以珠江公司为例讲述了商业性企业的会计循环。当经济业务发生时，首先取得或填制原始凭证；接着是将会计分录直接编制在记账凭证上，即编制记账凭证，然后再根据合格的会计凭证登记账簿（日记账、总分类账和明细分类账）并进行试算，试算平衡后就进行期末账项的调整，调整账项后再进行结账，结账后便可编制财务报表，表示本期会计循环的结束。

第四节　会计电算化与人工智能

一、会计电算化

（一）会计电算化系统与传统手工会计处理系统的异同

关于什么是"会计电算化"，目前还没有统一、严格的定义，但基本含义是指将计算机技术应用到会计处理工作中，但又不仅是以计算机为处理工具来取代手工处理的过程。会计电算化还将实现手工会计处理无法实现的功能，属于管理信息系统的一部分。

会计电算化系统是以计算机为主要信息处理手段的会计信息系统，也就是一个人机系统，由会计人员、计算机硬件、计算机软件以及系统运行规范等要素组成。会计电算化系统与手工会计处理系统的共同点表现在以下几个方面。

（1）遵守相同的会计理论与会计处理方法，对会计信息进行加工处理的原理是一样的。

（2）遵守相同的会计准则等会计规范。

（3）它们的目标和功能基本相同，都是为会计信息使用者提供有助于经济决策的财务会计信息；都要经过对会计信息进行收集、记录、加工处理、保存、传输和输出等过程。

然而，会计电算化毕竟是将计算机应用于会计处理工作之中，它们的区别表现在以下几个方面。

（1）运算工具不同。会计电算化系统用计算机替代了手工会计处理系统下的算盘、计算器等，会计信息的数据处理过程由程序控制的计算机来自动完成，不仅运算速度快、准确率高，而且可存储大量的运算结果。

（2）信息载体不同。电算化系统用磁盘等磁性载体替代了传统纸质介质，具有体积小、查找方便、易于保管且复制迅速等优点。

（3）会计信息的表示方法不同。电算化系统用代码替代了用文字、数字来表示信息的传统表示方法。

（4）信息处理方式不同。电算化会计信息系统一改手工会计处理系统由许多人分工合作，共同完成记账、算账以及报账和分析的工作模式，而是将所有由多人分工完成的工作，都由计算机集中来完成，并且会计信息的处理速度以及对信息的加工深度都要远强于手工系统。

（5）信息输出的内容和方式不同。会计电算化系统利用计算机对会计数据进行批处理和实时处理，可大大缩短会计结算周期，提高会计信息的及时性。

尽管会计电算化系统与手工会计处理系统相比，具有较多的优势，但也存在一系列的问题，其中比较突出的有两个。一是数据安全和内部控制的问题。因为会计电算化系统是采用磁性介质来存储数据，所以，数据易于被修改、删除，且不会留下痕迹。为了保证数据的安全，就要求建立一套极为严密的内部控制制度。二是使用的更新成本高。技术的进步使得花费颇高的现有系统不出几年就又落后了，企业不得不再花费大量的时间和金钱去更新换代。

（二）会计电算化系统的构成

前面已提到，会计电算化系统与手工会计处理系统的功能基本相同，都要对原始的会计数据进行收集，然后再进行加工处理、存储，最终编制出财务报表。也即遵循同样的会计循环，只是会计循环中那些不涉及专业判断、较机械的步骤由计算机来进行处理。通过向该系统输入会计凭证上的数据，由计算机自动完成总分类账、明细分类账的记录和报表的编制，并提供查询、更新、存储等功能。为实现这一功能作用，会计电算化系统通常是通过几个相互关联的软件程序的运行来完成，每一程序就是一个模块。会计电算化系统一般由账务处理系统（又称核心子系统）和专业核算子系统（又称外围子系统）两个部分构成。其中账务处理系统包括系统管理、凭证管理、出纳管理、账簿管理、报表管理五个子系统模块，这是电算化会计软件所必不可少的模块；专业核算子系统则由工资管理、固定资产管理、成本管理、采购管理、销售管理等模块构成。这些程序模块能及时处理大量的会计信息。

（三）会计电算化的发展趋势

利用计算机来完成企业的日常核算工作，只是会计电算化的初始阶段。由于计算机的信息处理速度和加工深度较手工系统大大提高，会计工作也就由原来的核算型向管理型转变。随着会计电算化工作的深入展开，会计软件也由核算型向管理型发展。虽说会计电算化核算系统相对于传统手工系统而言，增加了一些查询功能、报表分析功能等，对管理人员开展企业管理能够起到一定的辅助决策支持作用，但是只是对管理者提供了一些制定决策时所需的信息，仍旧是事后的核算，无法进行有效的事前预算和事中控制。因此，有必要开发管理型的财务软件。我国的管理软件虽然有所发展，但由于众多因素的影响，这种转化的速度还远远跟不上实践的需要。目前市场上销售的会计软件或自己开发的会计软件多数属于封闭式的，即局限于本企业、本部门的资源，即使网络化，也只是一个孤立的、对外封闭的局域网，这将落后于信息社会对信息的需求。网络技术的发展要求会计软件不断向管理型、开放型、网络型的方向发展。

最后要指出的是，目前我国绝大多数企业的会计处理已从手工过渡到"电算化"阶段。除了手工控制输入（即会计分录）外，记账和编表工作等流程都由计算机完成。有的读者可能会问，既然会计处理都"自动化"了，我们还学这些复杂的会计处理程序干什么？学会编制会计分录就足够了。这种认识存在很大偏差。

第一，输入决定计算机最终输出结果（会计报表）。作为一个会计学专业的学生，要明确理解所编制的会计分录是如何影响最终会计报表的，只有在充分了解会计处理全过程的基础上，才能预知最初的输入最终会产生怎样的结果。

第二，计算机的运行是由人控制的，具体而言，是由人编制的程序来控制的。虽然财务软件和企业资源计划系统（enterprise resource planning，ERP）都有通用的文本，但企业之间千差万别，任何财务软件或 ERP 系统都要适应企业的具体需要，财务软件或 ERP 系统的设计都要征求企业管理人员特别是财务人员的意见。因此，财务人员只有精通会计处理的全过程，才能提出针对性的建议，使信息系统良好地运行。

二、人工智能

随着计算机技术尤其是人工智能的迅猛发展，会计的核算工作也由手工核算阶段到会计电算化阶段，再到现今将人工智能技术引入会计行业的转变

会计人工智能机器人都出现了，我们还要学习会计吗？

阶段。德勤财务机器人的面世，意味着人工智能已开始正式进入会计行业，这将给整个会计领域带来严峻的挑战。会计电算化和会计人工智能的区别就在于后者是由计算机来模拟人的某些思维过程和智能行为（如学习、推理、思考、规划等）。

人工智能进入会计领域，对提高会计业务工作的效率、减少工作失误、防控企业风险、提升会计人员效能等方面将起到重要作用。这将意味着，那些只需根据会计准则将经济业务以会计分录形式反映出来的、简单的、重复性的数据收集与处理的工作将逐渐被机器人所替代。但同时，在这个时代能站稳脚跟的会计人员，则是能对大数据进行加工、处理与分析，并为信息需求者提供有用的信息，以帮助他们做出更有效的决策的人。

作为这一转型过程中的会计人员，为使自己不被社会所淘汰，首先必须实现自身的转型，即由普通的核算型会计人员转向管理型的复合型会计人员。让那些重复的、低级的、烦琐又耗时的基础性工作由人工智能来完成，把时间与精力投放到人工智能所不能完成的工作上，培养和发展未来所需具备的技能——专业判断能力、沟通技能以及懂得如何运用科技来处理数据等。

简 答 题

1. 什么是持续经营？为何要进行会计分期？
2. 比较收付实现制与权责发生制的异同。
3. 简述结账的必要性和基本程序。
4. 概述三张主要报表之间的关系。
5. 何谓会计电算化？会计电算化的发展趋势是什么？既然有电子会计处理系统，我们为何还要学习会计处理的基本方法和程序？
6. 财务机器人的出现，对财务人员的冲击有哪些，我们如何应对这一新的变化。

练 习 题

一、权责发生制与收付实现制

资料：某公司 2022 年 3 月发生以下与收入、费用相关的经济业务（见表 4-10）。

表 4-10　　　　　　　2022 年 3 月发生的与收入、费用相关的经济业务

经济业务	收付实现制		权责发生制	
	收入	费用	收入	费用
1. 本月销售商品 50 000 元，货款未收				
2. 收到某企业订货款 15 000 元，商品尚未发出				
3. 收到上期商品销货款 30 000 元				
4. 支付本月水电费 4 500 元				
5. 计提本月折旧费 8 500 元				
6. 预提本月银行借款利息 1 580 元				
7. 支付本季度利息费用 4 740 元				
8. 预付下一季度保险费用 3 000 元				
9. 摊销本月保险费用 1 000 元				
10. 本月购进商品 30 000 元，货款已付				
11. 结转本月销货成本 28 000 元				

要求：

1. 根据收付实现制与权责发生制分别确定两种制度下的收入与费用项目（在表 4-10 中用√表示）及金额。

2. 分别计算两种方式下确认的利润，分析导致利润差异的原因。

二、账项调整

资料： 某公司 2022 年 3 月发生以下经济业务。

（1）本月短期借款 150 000 元，年利率为 4.5%，计提本月利息费用，并以银行存款支付本季度利息费用。

（2）预付下一季度的保险费用 3 600 元，并摊销本月保险费用。

（3）年初接受一笔预收货款 50 000 元，本月交货。

（4）将公司暂时闲置的房屋从下月起出租，收到半年租金 36 000 元。

（5）从本月初开始向某企业提供一项培训服务，合同收入 45 000 元，培训期 3 个月，对方先期支付 25 000 元，余款培训结束后支付。

（6）计提本月固定资产折旧 40 000 元，其中行政大楼的折旧额为 10 000 元。

（7）本期周转材料的期初余额 28 000 元，本期增加 27 200 元，期末余额为 18 400 元。该周转材料主要用于商品销售。

要求： 编制以上经济业务的会计分录。

三、漏账的影响

资料： 某公司 2 月发现下列漏列事项。

（1）漏计本月应付职工薪酬；

（2）漏计本月折旧费用；

（3）漏列本月应计利息费用；

（4）未调整本月存货短缺；

（5）未确认本月应计收入。

要求： 根据上述资料，将漏列事项对表 4-11 中各项目的影响用 "+" "–" 和 "0" 列出（"+"表示高估，"–"表示低估，"0"表示无影响）。

表 4-11　　　　　　　　　　某公司 2 月漏列事项对各项目的影响

项目	漏账的影响				
	（1）	（2）	（3）	（4）	（5）
收入					
成本或费用					
净利润					
流动资产					
非流动资产					
流动负债					
非流动负债					
所有者权益					

四、会计循环

资料： 南方贸易公司 2021 年 12 月 31 日的资产负债表如表 4-12 所示。

表 4-12　　　　　　　　　　　　　　　　资产负债表

编制单位：南方贸易公司　　　　　　　　　　2021 年 12 月 31 日　　　　　　　　　　　　　　　单位：元

资产	年末余额	负债及所有者权益	年末余额
资产：		负债和所有者权益：	
库存现金	10 000	银行借款	10 000
银行存款	180 000	应付账款	30 000
应收账款	20 000	其他应付款	12 000
其他应收款	1 000	应付职工薪酬	10 000
存货	40 000	实收资本	250 000
固定资产	100 000	未分配利润	19 000
减：累计折旧	20 000		
资产总计	331 000	负债及所有者权益总计	331 000

注：其他应收款明细为职工张建出差预支款 1 000 元；其他应付款明细为公司 2021 年 12 月 1 日预收的出租房屋的半年租金 12 000 元，存货全部为库存商品。

以下是 2022 年 1 月南方贸易公司发生的经济业务。

（1）赊购办公设备一台，价值 50 000 元。

（2）从银行转账支付上月应付货款 20 000 元。

（3）员工张建出差回来报销，共花费 1 500 元，差额 500 元以现金补足。

（4）直接从银行划账支付上月工资 10 000 元。

（5）购进商品 30 000 元，一半以银行存款支付，一半挂账。

（6）以银行存款支付本年度保险费 12 000 元。

（7）本月共销售商品 80 000 元，货款已收，成本 50 000 元。

（8）本月应计工资 12 000 元，其中销售部门 8 000 元，管理部门 4 000 元。

（9）本月以银行存款支付水电费 5 000 元。

（10）预提本月利息费用 500 元。

（11）计提本月折旧 1 500 元。

（12）本月应收存款利息 2 000 元。

（13）登记本月房租收入 2 000 元。

（14）摊销本月保险费。

（15）结转本月商品销售成本。

要求：

1. 编制会计分录（注：调整分录从业务 10 开始）。

2. 登记 T 形账户。

3. 编制工作底稿（注：在 Excel 表中完成）。

4. 编制结账分录。

5. 编制利润表和资产负债表。

五、现金流量表（间接法）

表 4-13 和表 4-14 为某公司年末资产负债表和年度利润表，银行存款年度减少 26 000 元，而本年净利润为 15 000 元，请用间接法编制现金流量表，并说明导致两者不一致的原因。

表 4-13　　　　　　　　　　　　　　利润表　　　　　　　　　　　　　　单位：元

主营销售收入	104 000
主营业务成本	70 000
营业费用——折旧费用	3 000
管理费用	15 000
资产减值损失——坏账	1 000
净利润	15 000

表 4-14　　　　　　　　　　　　　　资产负债表　　　　　　　　　　　　　单位：元

	期末	期初		期末	期初
货币资金	32 000	58 000	应付账款	32 000	25 000
应收账款	80 000	42 000	长期借款	56 000	40 000
减：坏账准备	1 500	500	实收资本	100 000	100 000
存货	40 000	50 000	未分配利润	39 500	24 500
固定资产	100 000	60 000			
减：累计折旧	23 000	20 000			
合计	227 500	189 500	合计	227 500	189 500

注：货币资金由银行存款构成，存货由库存商品构成。

案例分析——小强电脑[①]

[①] 本章新增了案例分析，具体内容见配套的《会计案例教学》，教师可根据教学情况使用。

第五章

收入、货币资金与应收款项

📝 **本章要点**

- 了解企业的主要经济活动
- 理解确认与计量
- 掌握收入确认的基本原则与会计处理
- 掌握货币资金项目的核算
- 掌握银行存款余额调节表的编制
- 了解会计控制要点
- 掌握应收款项的核算与管理
- 掌握应收票据的核算

📖 **章首故事**

应收账款和备抵法

陈明到学校后，他的叔叔陈建设给他打了一个电话，说有一个问题不明白，为什么在资产负债表上，应收账款项目后面要减去坏账准备，并问坏账还没有发生，为什么要先扣掉？陈明试着解释了一番，但陈建设最终也没有听得很明白。

回到宿舍，陈明和同学们讨论起这个问题来。有的同学说这样做是遵循会计的稳健性原则，先预计可能发生的损失；有的同学反对这种说法，因为稳健性原则是只确认可能发生的损失而不确认可能产生的收益，很明显，应收账款只会产生可能的损失，而不能产生可能的收益，因此，坏账准备的计提遵循权责发生制原则，因为当期发生的应收账款如果出现损失，就应该在当期确认，而不能递延到实际发生坏账的期间；也有同学认为，这是遵循配比原则，因为应收账款一般是赊销产生的，当期确认了收入，当应收账款收不回时，损失就应该在收入确认的期间同时确认。

同学们为此争论不休，陈明自己也糊涂了，学完本章，请给出你自己的答案。

从本章开始，讲述企业主要经济活动的会计核算。在对主要经济活动进行会计处理的基础上，我们将完整地讲述如何编制一套企业的基本财务报表：资产负债表、利润表和现金流量表。本章主要讨论经营活动中与销售相关的收入、货币资金与应收款项的会计处理。

第一节

企业主要经济活动与会计核算

一、企业经营活动

企业主要经济活动大体可分为三类：经营活动、投资活动和筹资活动。我们首先了解企业经营活动的过程。

企业经济活动的分类

以制造型企业为例，其经营活动主要由购进、生产和销售三个环节构成。如果将这些活动展开并持续下去，就会形成图 5-1 所示的经营周期。

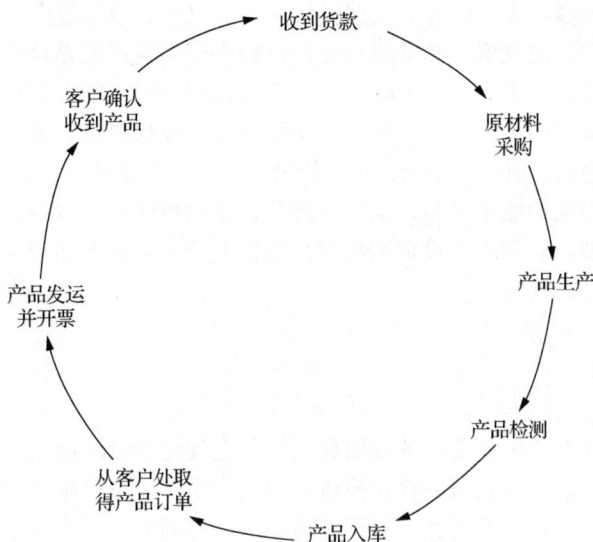

资料来源：安东尼. 会计学：教程与案例. 第 11 版. 北京：机械工业出版社，2005.

图 5-1　企业生产经营周期

图 5-1 中的企业生产经营各环节构成了企业经营活动的主要内容。从原料采购开始，到产品生产、产品检测、产品入库，完成产品生产过程；再到从客户处取得产品订单、产品的发运与开票到收到货款，完成产品销售过程。因此，原材料采购、产品生产和产品销售成为企业经营活动的基本内容。

会计的功能就是及时、系统、分门别类地确认、计量、记录和报告这些基本经营活动。在原料采购中，一方面要登记原材料的增加；另一方面要登记银行存款的减少或应付项目（应付账款和应付票据）的增加。在生产过程中，要登记发生的人工费用、材料费用和其他相关费用，并在产品完工后，将与产品生产有关的费用转入产品成本。在销售阶段，一方面要记录银行存款和应收款项的增加，另一方面要确认营业收入。

除了购进、生产和销售活动外，企业经营活动的另外一项重要内容就是税收。企业的税收主要包括两个方面：一是与生产过程相关的流转税，如增值税、消费税等；二是与收入相关的所得税。税收的会计处理体现在两个方面：一方面是将所缴纳的税款登记为期间费用，如税金及附加或所得税费用；另一方面则登记银行存款的减少或应交税费的增加。

二、企业投资活动

企业投资活动分为对内投资和对外投资两类。对内投资主要包括长期资产的购进，如固定资产（设备、房屋等）、无形资产（土地使用权、专利权等）的购买；长期资产的兴建和研究与开发活动等。与此（购进与兴建）相对应，长期资产的处置和变卖也是对内投资的基本内容。对外投资（简称投资）主要是企业将自身的资金和资产让渡给另一方使用并获取相应利益的一种行为。企业投资分为债权投资和股权投资两种，前者可以回收本金并获取固定的报酬，后者获取剩余收益但不得退还本金（但投资可以转让）。

固定资产的会计核算包括固定资产购进与兴建（取得）、折旧和处置等内容。无形资产的会计核算与固定资产的类似，包括购进、摊销和处置等内容；此外，研究与开发是企业一项重要的投资活动，研发成功并符合条件的开发支出可以确认为无形资产，否则，所有研究与开发支出全部计入期间费用。

对外投资按投资证券种类可以分为股票投资和债券投资。股票投资和债券投资按投资目的及持有时间的长短可归为流动资产和非流动资产，归为流动资产的是持有时间在一年以内或一个营业周期内的证券投资，如交易性金融资产。归为非流动资产的证券投资是持有时间在一年以上或超过一个营业周期的证券投资，如其他债权投资、债权投资、长期股权投资。交易性金融资产的会计核算主要包括取得、期末计价、投资回报、销售等环节；其他债权投资包括取得、期末计价、投资回报与账面成本调整、销售等环节；债权投资包括取得、投资回报与账面成本调整、收回本金等环节。长期股权投资则根据投资份额及实际影响和控制程度，选择相应的方法如成本法和权益法进行核算。

三、企业筹资活动

筹资活动是指导致企业资本及债务规模和构成发生变化的经济活动。企业资金的三个基本来源是：投资者投入、借入和利润留存。投资者投资对于非股份有限公司而言，在会计上表现为实收资本的增加和银行存款的增加，对于股份有限公司而言，在会计上则表现为股本或资本公积的增加和银行存款的增加；债务按偿还期限的长短分为短期借款和长期借款，借款一般是通过金融机构如银行取得，企业也可通过发行债券取得所需资金，这在会计上体现为应付债券。无论是借款还是投资者投入款项，都需要回报。借款的回报在会计上登记为利息，投资的回报在会计上作为利润分配。

并不是所有的负债都是企业的筹资活动。通常情况下，由企业经营活动产生的应付账款、应付票据、应付职工薪酬等负债就不属于筹资活动，而属于企业的经营活动。

企业经济活动的构成如图 5-2 所示。

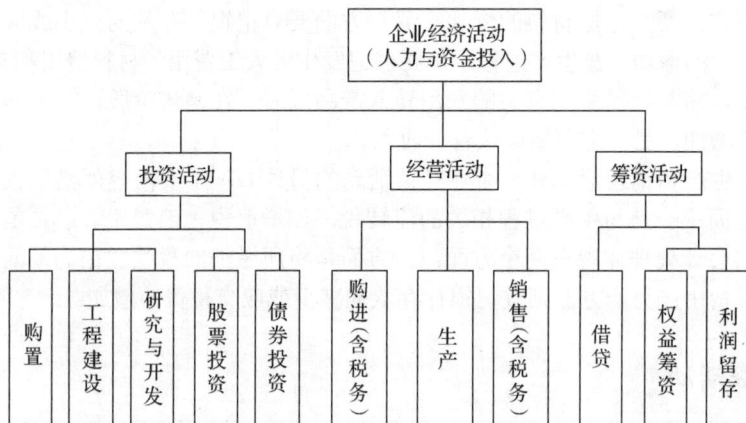

图 5-2　企业经济活动的构成

四、企业销售活动与会计信息处理系统

企业销售活动发生后，收到的款项登记为资产负债表中的货币项目，因赊销未收到的货款则登记为应收款项（应收账款和应收票据），同时，企业要确认营业收入。从会计信息处理系统的角度而言，销售属于企业的经营活动，所收到的款项直接影响现金流量表中经营活动的现金流入。而营业利润属于

销售与会计信息处理系统

利润表的项目，货币资金和应收款项属于资产负债表的相关项目。如图 5-3 所示，销售既对利润表的收入要素产生影响，又对资产负债表中的货币资产或应收款项产生影响，同时，还对现金流量表中的经营活动的相关项目产生影响。

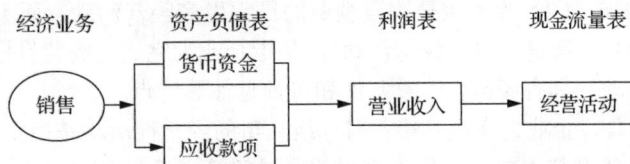

图 5-3　企业销售活动与会计信息处理系统

下面将围绕销售产生的收入、货币资金和应收款项等项目的会计处理展开讨论。

第二节　收入

一、确认与计量

会计作为一种信息系统，主要通过对企业经济活动按照会计处理规则加工成财务报告（会计产品），向外部使用者提供企业的财务状况（如企业的资产规模、结构、资产的来源与构成等）、经营成果（收入、成本费用结构）、所有者权益变动（所有者投入的变化过程和结果）和现金流量（现金流入与现金流出）等信息。

确认与计量

企业经济业务进入会计处理系统后，按照一定的会计处理流程——确认、计量、记录和报告——进行加工，最后，信息产品以标准的形式——财务报告——向外部信息使用者提供。这是现代财务会计的基本处理流程。在本书的第三章和第四章的讲述中，我们介绍了会计处理的基本流程——会计循环。会计循环的核心是复式记账法，复式记账在现代财务会计处理流程——确认、计量、记录和报告中，只是属于记录环节，主要解决经济业务的登记（凭证）、入账（账簿）和编表（报表）事宜，而在记录前，还存在两个基本的流程——确认和计量。

在输入经济业务时，不是所有的经济业务都能进入会计处理系统进行加工。会计人员根据会计处理规则要对这些经济业务进行一定的筛选，并且选择适当的时间，以恰当的会计名目进行登记，这一程序称为"确认"。确定了要登记的经济业务，还要进一步解决的问题是以什么金额进行登记，这一步称为"计量"。第一次进入会计处理系统的经济业务称为初始确认和计量。经济业务进入会计处理系统后，还存在后续确认和计量的问题，如期末存货是按原账面价值还是按市价进行调整，固定资产计提折旧等。

解决了确认和计量问题，接下来才是按复式簿记的方法进行会计记录。因此，严格来讲，按复式簿记方法进行记录只是现代财务会计处理程序的一个基本环节。以下我们对主要经济业务的会计处理将按确认、计量（包括初始确认与计量、后续确认与计量）、记录和报告的程序进行讲述。

二、收入的定义与分类

收入是指企业在日常活动中形成的、会导致所有者权益增加的、与所有者投入资本无关的经济利益的总流入。收入是企业利润的主要来源，企业只有不断通过销售商品、提供劳务等取

得收入，才能补偿支出的费用并形成利润，从而维持和发展企业。

从收入的定义中可以看出，收入具有以下两个主要特征：（1）收入会导致所有者权益的增加。收入的实现往往伴随着资产（现金、应收款项或其他资产）的增加，或负债的减少，从而导致所有者权益的增加；（2）收入主要来自企业的日常生产经营活动，而不是所有者投入所导致的所有者权益的增加。所谓"日常经营活动"，是指企业为完成其经营目标所从事的经常性活动以及与之相关的活动，具有经常性、重复性和可预见性等特点。

对于工业企业而言，企业为完成其经营目标所从事的经常性活动是指企业制造并销售产品；而工业企业转让无形资产使用权、出售不需用的原材料等属于与经常性活动相关的活动。这些活动所形成的经济利益的总流入都构成工业企业的收入。至于企业所发生的那些既不属于经常性活动也不属于与经常性活动相关的其他活动，如债务重组利得、与企业日常活动无关的政府补助、盘盈利得等经济利益的总流入则不构成前述的收入，属于营业外收入。营业外收入与企业的正常生产经营活动没有直接的关系，它的发生具有非经常性和难以预见的特点。例如，一家生产性企业盘点时多出的存货收入。对于该企业来说，这一事项不构成企业主要的生产经营活动，因为企业存货盘盈只是偶尔发生的事项，因此，这项利得属于营业外收入。

营业收入通常划分为主营业务收入和其他业务收入。主营业务收入一般是指由出售商品和劳务等日常经营活动所产生的经济利益的流入；其他业务收入则指主营业务收入以外的其他销售或其他业务所形成的经济利益的总流入，如原材料销售、出租固定资产、出租无形资产、出租包装物等。与主营业务收入相比，其他业务收入具有金额较小、发生时间不确定、在营业收入中所占比重较小等特点。从这些特点看，其他业务收入同营业外收入有类似之处。两者的不同点在于：其他业务收入派生于企业正常的生产经营活动，而营业外收入则来自企业正常的生产经营活动之外。另外，其他业务收入与主营业务收入是可以相互转换的，当企业原来占比较小的其他业务收入变成企业主要收入来源时，其他业务收入就变成主营业务收入，反之亦然。

三、收入的确认与计量

确认是把一个交易或事项作为某项会计要素正式加以记录和列入财务报表的过程，它主要解决应否确认、何时确认和如何确认三个关键性问题。

（一）收入确认的基本条件和确认时间

收入确认的基本条件实际上就是回答应否确认为收入的问题。收入确认必须满足的基本条件是——企业应当履行了合同中的履约义务，即客户取得相关商品的控制权。这里的取得商品控制权，是指能够主导该商品的使用并从中获得几乎全部的经济利益。

收入确认的基本原则与会计处理

在满足了收入确认的条件后，接下来面临的是何时确认的问题。按照最新的收入确认规则，收入的确认按履行合约的方式分为按某一时点进行确认和按某一时段进行确认两种。对于在某一时点履行的履约义务，企业应当在客户取得相关商品的控制权时点确认收入。在判断客户是否取得商品控制权时，企业要考虑的迹象如下。

（1）企业就该商品享有现时收款权利，即客户就该商品负有现时付款义务；

（2）企业已将该商品的法定所有权转移给客户，即客户已拥有该商品的法定所有权；

（3）企业已将该商品实物转移给客户，即客户已实物占有该商品；

（4）企业已将该商品所有权上的主要风险和报酬转移给客户，即客户已取得该商品所有权上的主要风险和报酬；

（5）客户已接受该商品；

（6）其他表明客户已取得商品控制权的迹象。

满足下列条件之一的，属于在某一时段内履行履约义务，企业应当在某一时段内进行收入确认。

（1）客户在企业履约的同时即取得并消耗企业履约所带来的经济利益。

（2）客户能够控制企业履约过程中在建的商品。

（3）企业履约过程中所产出的商品具有不可替代用途，且该企业在整个合同期间内有权就累计至今已完成的履约部分收取款项。

在本章中我们只讲述按时点确认收入的例子，按时段确认收入的内容则在本系列教材《中级财务会计》中讲解。

（二）收入金额的确认

前面已经介绍了收入确认的基本条件和收入确认的时点，然而怎样来确认收入的金额呢？这是收入计量的问题。企业在销售商品时，有时会遇到现金折扣和商业折扣等问题，在确认收入的金额时，要根据不同的情况进行处理。此外，收入的金额确认还涉及货币时间价值问题，如果收款期过长（如 3 年以上），还要对收款金额进行折现，按收款金额的现值确认收入，这一点将在中级财务会计中具体讲解。

1. 商业折扣

商业折扣是指企业为促进商品销售而在商品标价上给予的价格扣除。企业销售商品涉及商业折扣的，应当按照扣除商业折扣后的金额确定销售商品收入的金额。采用商业折扣的原因有多种，较常见的是对购货数量较大的客户提供批量折扣。例如，某种商品价目表上的价格为 1 000 元/件，若客户成批购买 10 件可得 10%的商业折扣。实际确认的销售收入应为 9 000 元[1 000×10×（1-10%）]，发票价格也为 9 000 元。这个金额既是销货方在账簿中记录收入的金额，也是购货方应支付款项的金额。

2. 现金折扣

现金折扣是指债权人为鼓励债务人在规定的期限内付款而向债务人提供的债务扣除。企业销售商品涉及现金折扣的，应当按照扣除现金折扣前的金额确定销售商品收入的金额。现金折扣在实际发生时计入财务费用。现金折扣通常表示为：2/10，n/30，即付款期为 30 天，10 天内付款折扣 2%，10 天以后 30 天以内付款则付全价。例如，某企业赊销商品 1 000 元，付款条件是"2/10，n/30"。若购货方在 10 天内付款只需付 980 元[1 000×（1-2%）]，获得了 20 元的现金折扣；若在 10 天以后 30 天以内付款，则必须支付 1 000 元，不能享受现金折扣。采用现金折扣的销售，对于销货方来说，提供现金折扣有利于加速货款的收回，提高资金的周转速度。对于购货方来说，接受现金折扣可看作是享有一种财务收益。在提供"2/10，n/30"的现金折扣下，如果在 10 天内付款，则可获得一项相当于年收益率 36.5%（即 2%÷20×365）的收益，这样的收益率远远高于企业为提前付款而筹措资金的利息率。因此，一般情况下购货方都会尽量争取获得这种现金折扣。由于购货方获得的现金折扣而使销货方减少了销售收入的收款金额，则作为财务费用进行处理。

四、商品销售收入的会计处理

收入既包括产品的销售收入，也包括提供劳务产生的收入，如工程合同和劳务合同。这里我们主要讨论工业企业的商品销售收入的确认与计量。记录商品销售收入时，企业应按已收或应收的合同或协议价款，加上应收取的增值税，借记"银行存款""应收账款""应收票据"等科目，按确定的收入金额，贷记"主营业务收入""其他业务收入"等科目，按应收取的增值税，贷记"应交税费——应交增值税（销项税额）"科目。下面将举例说明销售商品收入的账务处理。

【例5-1】 珠江公司（为生产制造企业）2022年8月1日向美达公司销售商品一批，开出的增值税专用发票上注明销售价款为20 000元，增值税税额为2 600元（无特别说明，增值税税率均为13%，下同①）。为及早收回货款，珠江公司和美达公司约定的现金折扣条件为：2/10，1/20，n/30。假定计算现金折扣时不考虑增值税税额。美达公司于8月9日付清了所有货款。珠江公司的账务处理如下。

（1）8月1日实现销售收入时。

借：应收账款   22 600

  贷：主营业务收入   20 000

    应交税费——应交增值税（销项税额）   2 600

（2）8月9日收到货款时。

借：银行存款   22 200

  财务费用   400

  贷：应收账款   22 600

【例5-2】 珠江公司于2022年8月5日向美华公司发出商品一批，开出的增值税专用发票上注明销售价款为10 000元，增值税税额为1 300元。价款在上月已全部预收。

借：预收账款   11 300

  贷：主营业务收入   10 000

    应交税费——应交增值税（销项税额）   1 300

【例5-3】 2022年8月10日，珠江公司为促进商品销售而采用商业折扣的销售方式，告知客户若一次性购买50 000元以上的产品，则可享受5%的商业折扣。当天，美林公司向珠江公司一次性购买了价值60 000元的产品，货款已付。假定增值税税额为7 410元。

借：银行存款   64 410

  贷：主营业务收入[60 000×（1-5%）]   57 000

    应交税费——应交增值税（销项税额）   7 410

【例5-4】 珠江公司于2022年8月15日又向美达公司销售商品一批，开出的增值税专用发票上注明销售价款为10 000元，增值税税额为1 300元。为及早收回货款，珠江公司和美达公司约定的现金折扣条件为：2/10，1/20，n/30。假定计算现金折扣时不考虑增值税税额。美达公司于30日后才支付所有价款。

（1）8月15日实现销售收入时。

借：应收账款   11 300

  贷：主营业务收入   10 000

    应交税费——应交增值税（销项税额）   1 300

（2）30日后收到货款时（由于超过了享受现金折扣的期限，需全额支付）。

借：银行存款   11 300

  贷：应收账款   11 300

---

① 2019年3月，财政部、税务总局、海关总署共同发布《关于深化增值税改革有关政策的公告》，其中，将一般纳税人的增值税税率由原16%下调为13%。

【例 5-5】 珠江公司于 2022 年 8 月 5 日向美华公司销售原材料一批，货款为 2 000 元，不考虑相关税费。美华公司已开出期限为 3 个月的商业票据。

借：应收票据　　　　　　　　　　　　　2 000
　　贷：其他业务收入　　　　　　　　　　　2 000

第三节 货币资金

企业实现了收入，多数情况下会导致货币资金或应收账款、应收票据等债权性资产的增加。本节介绍货币资金的核算与管理，债权性资产的有关内容在下节介绍。

货币资金是指企业所拥有的库存现金、银行存款和其他货币资金。货币资金是企业资产中流动性最强的资产。持有适当数量的货币资金是进行生产经营活动的基本条件。做好货币资金的核算与管理，对合理使用货币资金，加速资金周转，加强对单位货币资金的内部控制和管理，保证货币资金的安全具有重要作用。

一、库存现金

现金可以分为狭义和广义两种。狭义的现金是指企业的库存现金，广义的现金则包括库存现金、银行存款和其他能够用于立即支付并且能被接受的票证。这里的现金是指狭义的现金，即库存现金。

（一）库存现金的管理

现金是企业资产中流动性最强的一种货币性资产，可以直接用于各种经济业务的结算。由于现金的流动性很强、用途广泛，随时可转换为其他资产，最容易被他人挪用和侵占。因此企业必须建立完善而严密的管理制度，以确保现金的安全。

现金管理的目的如下：（1）保证企业在日常经营活动中有足够的现金，同时又能保持合理的库存；（2）要防止现金的损失和短缺，避免贪污、侵吞和挪用等。

国家对于现金的使用管理有较为严格的规定。企业与其他单位和内部职工的经济往来，在规定范围之内的可以使用现金结算，在规定范围以外的均应通过开户银行进行转账结算。我国企业现金管理的主要内容有：（1）规定使用现金收付的范围；（2）根据业务需要核定库存现金限额；（3）不得坐支现金，也就是不得以收抵支，而应将现金收入和现金支出业务分开入账；（4）钱账分开，即出纳与会计相分离；（5）严格现金收支程序，经常核对现金与账簿记录，做到账款相符。

（二）定额备用金制度

定额备用金制度是指企业拨付企业各部门或职工为办理企业经济业务所需的日常零星开支的备用款项，这种制度实行先付后用，集中报销，报销时补足与原核定金额之间的差额，从而提高日常工作效率。为了核算备用金，企业可设置"备用金"账户（相当于"其他应收款"的二级科目）。建立备用金时，应借记"备用金"账户，贷记"库存现金"或"银行存款"账户。业务发生以后补足差额时，借记有关账户，贷记"库存现金"账户。下面举例说明备用金的账务处理。

【例 5-6】　珠江公司的会计部门为管理部门设置了限额为 2 000 元的定额备用金，企业拨付现金建立备用金时，应做的会计分录如下。

借：其他应收款——备用金　　　　　　　　　　　　2 000
　　贷：银行存款　　　　　　　　　　　　　　　　　　　2 000

管理部门使用现金后，集中向财务部门报销零星开支 800 元，并补足差额时的会计分录如下。

借：管理费用　　　　　　　　　　　　　　　　　　800
　　贷：库存现金　　　　　　　　　　　　　　　　　　　800

（三）现金的核算

1. 现金的总账核算

为了进行现金的总账核算，需要设置"库存现金"账户，对发生的每笔现金收入、支出业务，都必须根据审核无误的原始凭证编制记账凭证，然后据以记账。收到现金时借记"库存现金"账户，支付现金时则贷记"库存现金"账户。下面举例说明现金业务的总账核算。

【例 5-7】　（1）2022 年 5 月 3 日，珠江公司以现金支付管理部门业务费 300 元。

借：管理费用　　　　　　　　　　　　　　　　　　300
　　贷：库存现金　　　　　　　　　　　　　　　　　　　300

（2）2022 年 5 月 4 日，珠江公司收到现金销售商品收入 2 000 元（不考虑增值税）。

借：库存现金　　　　　　　　　　　　　　　　　　2 000
　　贷：主营业务收入　　　　　　　　　　　　　　　　　2 000

（3）2022 年 5 月 4 日，珠江公司将 2 000 元的商品销售收入送存银行。

借：银行存款　　　　　　　　　　　　　　　　　　2 000
　　贷：库存现金　　　　　　　　　　　　　　　　　　　2 000

2. 现金的序时核算

为了加强对现金的管理，随时掌握现金收支的动态和库存现金余额，保证现金的安全，企业必须设置现金日记账，根据现金业务发生的先后顺序逐笔进行登记。每日终了，应按照登记的现金日记账结余数与实际库存数进行核对。月末现金日记账的余额必须与"库存现金"总账账户的余额核对相符。

现金的序时核算就是由出纳人员根据现金收付凭证及所附原始凭证，按照业务发生的顺序在现金日记账中逐笔登记，并结算每日余额的工作。现金日记账的余额要与库存实有现金数额核对，做到账款相符。记录上述现金收支业务的三栏式现金日记账如表 5-1 所示。

表 5-1　　　　　　　　　　　　　　　　现金日记账

2022年		凭证	摘要	对方账户	借方	贷方	余额
月	日						
5	1		期初余额				2 000
	3	现付	支付业务费	管理费用		300	1 700
	4	现收	实现收入	主营业务收入	2 000		3 700
	4	现付	将现金存入银行	银行存款		2 000	1 700

（四）现金的清查

为了加强对出纳工作的监督，防止发生各种非法行为和记账错误，保证现金安全，企业应当定期和不定期地进行现金盘点，确保现金账面余额与实际库存数相符。现金清查的主要方法是实地盘点，即将库存现金实有数额与现金账面余额进行核对，做到日清月结，保证账款相符。

在进行现金清查时，为了明确经济责任，出纳人员必须在场。在清查过程中不能以"白条"抵充库存现金。现金盘点后，应根据盘点结果及与现金日记账核对的情况填制现金盘点报告表。现金盘点报告表是重要的原始凭证，应由盘点人员和出纳人员共同签章方能生效。通过清查如发现库存实有数额与账面余额不符，出现长款或短款现象，应及时调整"库存现金"账户，并通过"待处理财产损溢"账户记录差异额，做到账实相符。对于已查明原因的长短款，经批准后，按规定转销；无法查明原因的短款，经批准作为管理费用列支；无法查明原因的长款，经批准作为企业营业外收入处理。下面举例说明现金清查结果的会计处理。

【例 5-8】 （1）珠江公司在现金清查时，发现现金短缺 180 元，原因待查。

 借：待处理财产损溢   180

  贷：库存现金   180

（2）经查现金短缺 100 元是出纳人员责任，应由其赔偿；其余短缺款原因无法确定，经批准作为管理费用处理。

 借：其他应收款   100

  管理费用   80

  贷：待处理财产损溢   180

（3）如果现金清查时库存现金长款 180 元，原因待查。

 借：库存现金   180

  贷：待处理财产损溢   180

（4）长款原因无法查明，经批准作为企业营业外收入处理。

 借：待处理财产损溢   180

  贷：营业外收入   180

二、银行存款

银行存款是指企业存放在开户银行或其他金融机构的各种款项。按照国家有关规定，企业全部经济业务中所发生的各种经济往来，除现金收支范围内的各种现金收付行为外，所有款项的结算都必须通过银行办理转账结算。企业库存现金超过限额的部分，也必须送存银行。企业应遵守银行结算的各项有关规定，加强企业银行存款的管理。

（一）银行转账的结算方式

为了规范支付结算行为，保障支付结算活动中当事人的合法权益，加速资金周转和商品流通，促进社会主义市场经济的发展，依据《中华人民共和国票据法》和《票据管理实施办法》以及有关法律、行政法规，中国人民银行于 1997 年发布了《支付结算办法》。该办法所称的支付结算是指单位、个人在社会经济活动中使用票据、信用卡和汇兑、托收承付、委托收款等结算方式进行货币给付及其资金清算的行为。该办法所称的票据，是指银行汇票、商业汇票、银行本票和支票。因此，根据《支付结算办法》的规定，银行转账结算方式有票据结算方式和票据以外的结算方式两种，其中票据结算方式有银行汇票、商业汇票、银行本票和支票四种结算方式；票据以外的结算方式有汇兑、托收承付、委托收款等。另外，随着网络的普及，网上银行已成为银行转账结算的一种日益流行的方式。下面将对各种结算方式进行简要的介绍。

1. 票据结算方式

（1）银行汇票结算方式。银行汇票是由银行签发并由银行付款的汇票。实践中，银行汇票一般由汇票人将款项交存当地银行，由银行签发给汇款人持往异地办理转账结算或支取现金。单位和个人的各种款项结算，均可使用银行汇票。银行汇票一律记名，付款期限为出票日起一个月。

（2）商业汇票结算方式。商业汇票是出票人签发的，委托付款人在指定日期无条件支付确定的金额给收款人或者持票人的票据。商业汇票的付款人即为承兑人。按照承兑人的不同，商业汇票分为商业承兑汇票和银行承兑汇票。商业承兑汇票是由银行以外的付款人承兑的，如企业法人、公司和个人等；银行承兑汇票则由银行承兑。商业承兑汇票可以由付款人签发并承兑，也可以由收款人签发交由付款人承兑。银行承兑汇票应由在承兑银行开立存款账户的存款人签发。银行承兑汇票的承兑银行，应按票面金额向出票人收取万分之五的手续费。

商业汇票的付款期限，可由交易双方商定，但最长不得超过 6 个月。商业汇票具有信用好、简单易行、方便灵活等特点，适用于同城和异地之间的结算。

（3）银行本票结算方式。银行本票是银行签发的，承诺自己在见票时无条件支付确定的金额给收款人或者持票人的票据。单位和个人在同一票据交换区域需要支付各种款项，均可以使用银行本票。银行本票的出票人，为经中国人民银行当地分支行批准办理银行本票业务的银行机构。银行本票的付款期限自出票日起最长不得超过 2 个月。

（4）支票结算方式。支票是出票人签发的，委托办理支票存款业务的银行或其他金融机构在见票时无条件支付确定的金额给收款人或者持票人的票据。它具有手续简便灵活、收付款及时、便于款项结算的特点。支票分为现金支票、转账支票和普通支票三种。支票上印有"现金"字样的为现金支票，现金支票只能用于支取现金。支票上印有"转账"字样的为转账支票，转账支票只能用于转账。支票上未印有"现金"或"转账"字样的为普通支票，普通支票可以用于支取现金，也可用于转账。采用支票结算方式应注意以下几个问题：第一，支票一律记名。即在支票上写明收款单位名称或个人姓名。无记名支票不得背书转让和提示付款。第二，签发支票的金额不得超过付款时付款人实有的存款金额，禁止签发空头支票。第三，支票的持票人应自出票日起 10 日内提示付款。

2. 票据以外的结算方式

（1）汇兑。汇兑是汇款人委托银行将款项汇给外地收款人的结算方式。它适用于异地单位之间、个体工商户和个人的各种款项的结算。汇兑按银行传递凭证方法的不同，分为信汇和电汇两种方式。信汇通过银行邮寄凭证划转款项，电汇通过银行拍发电报划转款项。

（2）托收承付。托收承付是根据购销合同由收款人发货后委托银行向异地付款人收取款项，由付款人向银行承诺付款的结算方式。办理托收承付结算的款项，必须是商品交易，以及因商品交易而产生的劳务供应的款项。收付双方使用托收承付方式结算必须签有符合《中华人民共和国民法典》（以下简称《民法典》）的购销合同，并在合同上注明使用托收承付结算方式。收付双方办理托收承付结算，必须重合同、守信用。收款人对同一付款人发货托收累计三次收不回货款的，收款人开户银行应暂停收款人向该付款人办理托收承付；付款人累计三次提出无理拒付的，付款人开户银行应暂停其向外办理托收承付。收款人办理托收承付，必须具有商品确已发运的证明文件（包括铁路、航空、公路等运输部门签发的运单、运单副本和邮局包裹回执）。托收承付结算每笔的金额起点为 10 000 元。新华书店系统每笔的金额起点为 1 000 元。

收款人按照签订的购销合同发货后，委托银行办理托收。付款人开户银行收到托收凭证及其附件后，应当及时通知付款人。承付货款分为验单付款和验货付款两种，由收付双方商量选用，并在合同中明确规定。验单付款的承付期为 3 天，从付款人开户银行发出承付通知的次日算起（承付期内遇法定休假日顺延），付款人在承付期内，未向银行表示拒绝付款，银行即视作承付，并在承付期满的次日（遇法定休假日顺延）将款项主动从付款人的账户内付出，按照收款人指定的划款方式，划给收款人。验货付款的承付期为 10 天，从运输部门向付款人发出提货通知的次日算起。对收付双方在合同中明确规定，并在托收凭证上注明验货付款期限的，银行从其规定。付款人不得在承付货款中扣抵其他款项或以前托收的货款。

（3）委托收款。委托收款是收款人委托银行向付款人收取款项的结算方式。单位和个人凭已承兑商业汇票、债券、存单等付款人债务证明办理款项的结算，均可以使用委托收款结算方式。委托收款在同城、异地均可以使用。它使用范围广，能适应多种经济活动的需要，不受是否签订合同或协议和是否发货的限制，不规定金额起点，银行不承担审查拒付理由和代收款单位分次扣收款项的责任。只规定有一定的付款期和退证期，是一种比较灵活、简便但具有一定风险的结算方式。

3. 网上银行（含手机支付）

网上银行有两层含义：一是通过信息网络开办业务的银行，这是一个机构的概念；二是银行通过信息网络提供金融服务，包括传统银行业务和因信息技术应用带来的新兴业务。这里主要是指第二层含义。

通过网上银行，企业可以足不出户便利地进行开户、销户、查询、对账、对内转账、跨行转账、信贷、网上证券、投资理财等传统银行服务项目。网上银行由于打破了时间、空间的诸多限制，也被称为"三 A"银行，即在任何时间（anytime）、任何地点（anywhere）以任何方式（anyway）都可以开展相应业务。

网上银行的这种便捷与高效，使越来越多的企业选择网上银行进行转账结算及其他相应的银行业务。最后需要指出的是，随着卡类支付、网上支付日益流行，手机移动支付也成为一种方兴未艾的支付方式。另外，随着微信的流行，微信支付也开始兴起与流行。

（二）银行存款的账务处理

为了反映和监督企业银行存款的收入、支出和结存情况，企业应设置"银行存款"账户。该账户借方反映银行存款的增加，贷方反映银行存款的减少，期末借方余额，反映企业存在银行或其他金融机构的各种款项。"银行存款"账户可根据收付款凭证逐笔登记，也可根据定期编制的汇总收付款凭证汇总登记。另外，企业还应按开户银行和其他金融机构、存款种类等设置"银行存款日记账"，根据收付款凭证，按照业务的发生顺序逐笔登记。每日终了，应结出余额。

（三）银行存款余额调节表的编制

企业的银行存款日记账应定期与银行编制的银行对账单核对，至少每月核对一次。企业银行存款账面余额与银行对账单余额之间若有差额，企业应编制银行存款余额调节表，经调节后，两者余额应相等；如果不相等，则应进一步查找原因，并加以纠正。

企业银行存款日记账余额与银行对账单余额在核对时往往不一致，产生不一致的原因有两个：一是企业和银行任何一方或双方记账有错；二是存在未达账项。所谓未达账项，是指企业或银行的一方已收到凭证并入账，另一方因尚未收到凭证而未入账的款项。形成未达账项的情况有以下四种。

（1）存在企业已经收款入账，银行尚未入账的收款账项。

（2）存在企业已经付款入账，银行尚未入账的付款账项。

（3）存在银行已经收款入账，企业尚未入账的收款账项。

（4）存在银行已经付款入账，企业尚未入账的付款账项。

在对银行存款日记账与银行对账单进行核对的过程中，对由于记账有错造成的双方不符，应查明原因，并编制正确的会计分录加以更正；对未达账项，则应逐笔核对，但企业不需立即在账面上记录反映，待取得凭证后再进行账务处理，只需通过编制银行存款余额调节表对其进行调节使之相符即可。下面以珠江公司为例说明银行存款余额调节表的编制方法。

【例5-9】 假定2022年5月31日，珠江公司银行存款账面余额为85 000元，银行对账单余额为95 557元。经过逐项核对，发现造成双方不符的原因如下。

（1）2022年5月29日，珠江公司开出支票支付美林公司货款5 000元，但美林公司尚未到银行办理相关手续。

（2）珠江公司收到美达公司支付货款7 000元的转账支票一张，并已入账，但尚未到银行办理相关手续。

（3）珠江公司委托银行收取美华公司货款6 000元，2022年5月30日银行已收到此笔款项，但珠江公司还未收到银行的收款通知。

（4）银行已转账支付本月珠江公司的水电费2 000元，但珠江公司还未收到收费通知。

（5）银行已将存款利息500元转入银行存款账户，但珠江公司还未收到有关凭证。

（6）珠江公司将本月电话费2 139元误记为2 196元。

（7）银行将兴兴公司收到的货款8 000元误记到珠江公司的银行账户。

根据以上原因，珠江公司2022年5月31日编制的银行存款余额调节表如表5-2所示。

表5-2

银行存款余额调节表

2022年5月31日

单位：元

项目	金额	项目	金额
企业银行存款余额	85 000	银行对账单余额	95 557
加：珠江公司未入账，银行已收到美华公司的货款（3）	+6 000	减：银行未入账，珠江公司已支付美林公司的货款（1）	−5 000
减：珠江公司未入账，银行已支付的水电费（4）	−2 000	加：银行未入账，珠江公司已收到美达公司的货款（2）	+7 000
加：银行已入账，珠江公司未入账的利息费用（5）	+500	减：银行误记兴兴公司存款（7）	−8 000
加：珠江公司多计电话费（6）	+57		
调节后余额	89 557	调节后余额	89 557

在编制银行存款余额调节表的过程中，属于银行记账有错的，由银行进行更正，企业直接通过银行存款余额调节表调整即可，如上述原因中的（7）；若有属于企业记账错误的，应编制更正分录并登记入账，以及时纠正错误。例如，上述原因中的（6）就属于企业的"银行存款"账户记账有错的情况，应编制更正分录，具体如下。

借：银行存款   57
　　贷：管理费用   57

至于未达账项，直接在银行存款余额调节表中进行调整，直到结算凭证到达企业后才能进行相应的账务处理。

三、其他货币资金

其他货币资金是企业在经营过程中，存放地点和用途不同于库存现金、银行存款的其他属于货币资金范围的款项。主要包括：企业为取得银行汇票，按规定存入银行的银行汇票存款；企业为取得银行本票，按规定存入银行的银行本票存款；企业汇往外地银行开立采购专户的外埠存款，以及信用卡存款、信用证保证金存款、存出投资款等。

在核算其他货币资金时，应设置"其他货币资金"账户进行总账核算。企业可根据实际情况在总账下设"银行汇票""银行本票""外埠存款""信用卡""信用证保证金""存出投资款"等明细账户进行明细核算。企业增加其他货币资金时，借记"其他货币资金"，贷记"银行存款"；减少其他货币资金时，借记有关科目，贷记"其他货币资金"；期末借方余额，反映企业持有的其他货币资金。有关其他货币资金业务核算的实例如下。

【例 5-10】 珠江公司于 2022 年 5 月 10 日为临时采购需要，汇款 10 000 元到建设银行开设外埠存款专用账户。5 月 12 日，采购员交来供货单位发票，货款金额为 8 000 元，增值税税额为 1 040 元，货物尚未收到。5 月 31 日，将多余的资金转回开户银行。

（1）2022 年 5 月 10 日，汇款开设外埠存款专用账户时。

借：其他货币资金——外埠存款　　　　　　　　　　10 000
　　贷：银行存款　　　　　　　　　　　　　　　　　　10 000

（2）5 月 12 日，采购员交来购货发票时。

借：材料采购　　　　　　　　　　　　　　　　　　8 000
　　应交税费——应交增值税（进项税额）　　　　　1 040
　　贷：其他货币资金——外埠存款　　　　　　　　　9 040

（3）采购员完成了采购任务，将多余的外埠存款转回当地银行时。

借：银行存款　　　　　　　　　　　　　　　　　　960
　　贷：其他货币资金——外埠存款　　　　　　　　　960

四、货币资金管理与会计控制

货币资金通常在企业总资产中只占一小部分，但任何管理规范的企业在货币资金的管理上往往投入巨大的精力。如以日记账的形式登记每一笔与货币资金有关的经济业务，设立严格的内部控制制度，设立专门的岗位从事货币资金的预算、收入、支出和库存现金等岗位的具体工作等。这是因为：（1）货币资金是企业流动最频繁的资产，从某种意义上讲，大部分对外交易都涉及货币资金的收支，而一些内部事项也与货币资金有关；（2）货币资金是流动性最大的资产，它本身不需变现，因此最容易成为舞弊的对象；（3）企业要随时准备一定的货币资金，以确保经营活动（从日常采购、工资发放到重大投资）的顺利开展。

对货币资金（以下称现金）的管理和控制可从以下几个方面进行。

（1）负责现金收入的个人不得同时负责现金支出；

（2）出纳不得兼任会计，接触相应的现金会计记录；

（3）现金收入要直接存入银行，不得直接用于支付；

（4）现金支出应使用支票，支票序号要连续，并且有开票人以外的有权签字的人员的授权；

（5）每月核对银行账户。

在对资产的管理和控制上，货币资金只是其中的一部分，而企业全面的内部控制体系是对企业资产的一套稽查与制衡系统。从广义的角度上讲，内部控制包括管理控制和会计控制两部分。管理控制包括组织计划以及实施管理计划和经营控制的所有方法和程序，如预算报告、业绩报告等。会计控制包括授权交易、资产保全及保证会计记录准确性的方法和程序。其目的一方面是减少浪费、错误和舞弊行为的发生，另一方面则是提高经营效率。

会计控制的内容主要包括：货币资金、实物资产、对外投资、工程项目、采购与付款、筹资、销售与收款、成本费用、担保等经济业务的会计控制。

会计控制的方法主要包括：不相容职务相互分离控制、授权批准控制、会计系统控制、预算控制、财产保全控制、风险控制、内部报告控制、电子信息技术控制等。

不相容职务相互分离控制要求合理设置会计及相关工作岗位，明确职责权限，形成相互制衡机制。不相容职务主要包括：授权批准、业务经办、会计记录、财产保管、稽核检查等职务。

授权批准控制要求明确规定涉及会计及相关工作的授权批准的范围、权限、程序、责任等内容。

会计系统控制要求制定适合本单位的会计制度，明确会计凭证、会计账簿和财务会计报告的处理程序，建立和完善会计档案保管和会计工作交接办法，实行会计人员岗位责任制。

预算控制要求加强预算编制、执行、分析、考核等环节的管理，明确预算项目，建立预算标准，规范预算的编制、审定、下达和执行程序，及时分析和控制预算差异，采取改进措施，确保预算的执行。

财产保全控制要求限制未经授权的人员对财产的直接接触，采取定期盘点、财产记录、账实核对、财产保险等措施，确保各种财产的安全完整。

风险控制要求树立风险意识，针对各个风险控制点，建立有效的风险管理系统，通过风险预警、风险识别、风险评估、风险分析、风险报告等措施，对财务风险和经营风险进行全面防范和控制。

内部报告控制要求建立和完善内部报告制度，全面反映经济活动情况，及时提供业务活动中的重要信息，增强内部管理的时效性和针对性。

电子信息技术控制要求运用电子信息技术手段建立内部会计控制系统，减少和消除人为操纵因素，确保内部会计控制的有效实施；同时要加强对财务会计电子信息系统开发与维护、数据输入与输出、文件存储与保管、网络安全等方面的控制。

第四节 | 应收款项

前已述及，企业收入的实现，多数情况下会导致货币资金或应收款项等债权性资产的增加。上节介绍了货币资金的核算与管理，这是由现销业务所引起的相关资产要素的增加。本节将讨论由赊销业务所引起的相关资产要素的增加，即应收款项等债权性资产的相关问题。

应收款项泛指一项债权，即企业所拥有的，在将来收取现金、商品或接受劳务的权利。通常包括应收账款、应收票据、预付账款和其他应收款等。

一、应收账款

应收账款是指企业向客户赊销商品或提供劳务等而应向客户收取的款项。应收账款属于一项债权，以商业信用为基础，根据销售合同、商品出库单和发票等书面文件来进行确认。企业为了扩大产品的市场份额，增加销售业务，将产品以赊销方式出售给信用比较好的企业，由此便产生了应收账款。有关应收账款的会计处理，主要是解决应收账款的入账时间、入账金额以及由商业信用风险所带来的坏账等问题。应收账款的入账时间与确认收入实现的时间完全一样，这在本章的第一节已进行了阐述，在此不再赘述。下面将要讨论应收账款的入账金额和坏账的会计处理。

（一）应收账款的入账金额

应收账款应当按照实际发生额入账，即以销售收入确认时买卖双方成交的实际金额入账，主要包括发票金额和代垫运杂费两个部分。如果企业为了促进产品销售而采用商业折扣，开出的发票价格是扣除商业折扣后的价格，应收账款的入账金额直接根据发票上的金额入账即可。企业有时为了加速应收账款的收回、鼓励客户提前付款而采用现金折扣方式进行销售，则应收账款的入账金额按提供给客户现金折扣前的金额入账。根据我国税法的规定，企业在计算销项税额时，销售总额中不得扣除现金折扣。

为了核算企业应收账款的增减变动及结存情况，需要设置"应收账款"账户，并可按债务人进行明细核算。企业赊销商品发生应收账款时，借记"应收账款"，贷记"主营业务收入"，涉及增值税销项税额的，还要贷记"应交税费——应交增值税（销项税额）"；企业代购货方垫付包装费、运杂费的，也借记"应收账款"，贷记"银行存款"，当收回应收账款时，则贷记"应收账款"，借记"银行存款"。期末借方余额，表示企业尚未收回的应收账款；若有贷方余额，则表示企业预收的货款。下面举例说明应收账款的核算。

【例 5-11】 珠江公司根据购销合同销售产品一批，开出增值税专用发票，货款 10 000 元，适用的增值税税率为 13%。以支票垫付运费 500 元（不考虑增值税）。根据销货发票及垫付运费的支票存根等单据，珠江公司编制的会计分录如下。

借：应收账款　　　　　　　　　　　　　　　　　11 800
　贷：主营业务收入　　　　　　　　　　　　　　　10 000
　　　应交税费——应交增值税（销项税额）（10 000×13%）1 300
　　　银行存款　　　　　　　　　　　　　　　　　500

收到银行通知，该批销货款及代垫运费全部收回并入账时，会计分录如下。

借：银行存款　　　　　　　　　　　　　　　　　11 800
　贷：应收账款　　　　　　　　　　　　　　　　　11 800

【例 5-12】 珠江公司为促销一批产品，决定给客户 10% 的商业折扣，价目表标明价格为 50 000 元，增值税税率为 13%。编制会计分录如下。

借：应收账款　　　　　　　　　　　　　　　　　50 850
　贷：主营业务收入[50 000×（1-10%）]　　　　　45 000
　　　应交税费——应交增值税（销项税额）（45 000×13%）5 850

【例 5-13】 珠江公司销售产品一批，不含税价为 10 000 元，增值税税率为 13%。为鼓励客户提前付款，现金折扣的条件为"2/10，n/30"，折扣期内只收到了一半货款。珠江公司编制的会计分录如下。

（1）销售发生时。

借：应收账款　　　　　　　　　　　　　　　　　11 300
　贷：主营业务收入　　　　　　　　　　　　　　　10 000
　　　应交税费——应交增值税（销项税额）　　　　1 300

（2）在折扣期内收到一半货款时。

借：银行存款　　　　　　　　　　　　　　　　　5 550
　　财务费用（10 000×1÷2×2%）　　　　　　　　100
　贷：应收账款　　　　　　　　　　　　　　　　　5 650

（3）折扣期后收到另一半货款时。

借：银行存款   5 650
 贷：应收账款   5 650

（二）坏账

在现代市场经济条件下，企业普遍采用商业信用的方式促进产品销售，以提高其市场占有率。然而，商业信用不可避免地会带来一定的风险，即应收账款到期可能无法收回或收回的可能性很小。应收账款中这部分无法收回或收回可能性很小的款项就称为"坏账"，由此给企业带来的损失，就称为"坏账损失"。坏账损失是一项费用，最终会减少企业的净利润。

1. 坏账的确认

应收账款能否收回，会不会发生坏账，这取决于应收账款的产生基础、金额大小、信用期限以及客户的信用等级等。然而，到底应收账款在什么样的情况下就要确认为坏账呢？通常情况下，应收账款符合下列条件之一时，就应确认为坏账。

（1）债务人破产，以其破产财产清偿后仍然无法收回；

（2）债务人死亡，以其遗产清偿后仍然无法收回；

（3）债务人较长时间内未履行其偿债义务，并有足够的证据表明无法收回或收回的可能性极小。

值得注意的是，对已确认为坏账的应收账款，并不代表企业放弃了追索权，一旦重新收回，应及时入账。

2. 坏账损失的会计处理

前已述及，一旦发生坏账，企业就要承受坏账所带来的损失，即坏账损失。但坏账损失这一费用究竟在哪一会计期间确认呢？实务中存在两种会计处理方法：直接转销法和备抵法。

直接转销法是指在坏账实际发生时，直接确认坏账损失的方法。也就是在确认坏账的当期，确认坏账损失。企业发生坏账时，借记"信用减值损失——坏账损失"，贷记"应收账款"；当转销的应收账款又重新收回时，借记"应收账款"，贷记"信用减值损失——坏账损失"，同时，借记"银行存款"，贷记"应收账款"。

备抵法是在每一会计期间，先估计坏账损失，计入当期费用，同时建立坏账准备，待坏账实际发生时，根据其金额冲减坏账准备，同时转销相应的应收账款。我国现行会计准则规定采用备抵法核算坏账损失。根据备抵法，每一会计期间都要对坏账损失进行估计，其估计的方法有应收账款余额百分比法、账龄分析法、赊销百分比法等。这些方法只影响对坏账损失的估计，并不影响对坏账损失的核算，因此，下面将以应收账款余额百分比法来举例说明坏账准备的核算。

应收账款余额百分比法是指根据应收账款期末余额的一定百分比来确定当期的坏账准备数，进而确认当期坏账损失的一种估计坏账损失的方法。其计算公式如下。

坏账准备期末数=应收账款期末余额×估计坏账率

【例 5-14】 珠江公司从 2021 年开始采用备抵法来核算坏账损失，并用应收账款余额百分比法对坏账损失进行估计，根据以往经验，估计坏账率为 2‰。已知 2021 年年末应收账款余额为 100 000 元，2022 年确认坏账损失 150 元，2022 年年末，收回已转销的应收账款 80 元，期末应收账款余额为 500 000 元；2023 年年末应收账款余额为 200 000 元。2021—2023 年，珠江公司有关坏账准备的会计处理如下。

（1）2021 年年末计提坏账准备时。

应计提的坏账准备期末数=100 000×2‰=200（元）

借：信用减值损失——坏账准备   200
  贷：坏账准备   200

（2）2022年确认坏账时。

借：坏账准备   150
  贷：应收账款   150

（3）收回已转销的坏账损失。

借：应收账款   80
  贷：坏账准备   80

同时，

借：银行存款   80
  贷：应收账款   80

（4）2022年年末进一步计提坏账准备时。

2022年年末坏账准备应有余额=500 000×2‰=1 000（元）

2022年年末应进一步计提的坏账准备=1 000-（80+200-150）=870（元）

会计分录如下。

借：信用减值损失——坏账准备   870
  贷：坏账准备   870

（5）2023年年末计提坏账准备。

2023年年末坏账准备应有余额=200 000×2‰=400（元）

2023年年末应进一步计提的坏账准备=400-1 000=-600（元）

由于2023年年末的"坏账准备"数应为400元，而期初"坏账准备"账户上的余额已有1 000元，故在本期要减少坏账准备数600元。会计分录如下。

借：坏账准备   600
  贷：信用减值损失——坏账准备   600

（三）应收账款的管理

应收账款是一项信用资产，如果管理不善，一方面会占用企业大量资金，给企业经营带来极大的制约；另一方面，如果最后造成死账，更是直接给企业带来无法弥补的经济损失。因此，加强应收账款的管理，也是会计的一项重要工作。

首先，评价应收账款水平是管理应收账款的基础。应收账款周转率是计量企业管理应收账款能力的基本指标，它是赊销收入与销售当期应收账款平均值之比。其计算公式如下：

$$应收账款周转率=\frac{赊销收入}{平均应收账款}$$

应收账款水平还可以用应收账款周转天数或平均收账期这个指标来评价。这一指标更形象、直接。具体公式如下：

$$应收账款周转天数=\frac{365}{应收账款周转率}$$

其次，指标分析只能说明企业应收账款是否存在问题。发现问题后，如何找出问题产生的原因，还需要借助应收账款的结构进行分析，即账龄分析法。账龄分析法可以按不同的标准（如不同的客户、不同的业务员、不同的地区等）对应收账款的账龄进行分析，找出问题产生的原因和责任人，继而找到解决问题的办法。

最后，加强对应收账款的管理，一个基本的工作是建立客户的信用档案，通过各种途径调查了解客户信用的变化情况，然后根据客户的信用状况，制定收款和信用销售的政策。

表 5-3 是 2019 年度我国主要行业上市公司应收账款周转率一览表。从中不难看出，不同行业应收账款的回收期存在巨大差异。

表 5-3　　　　　　我国主要行业上市公司应收账款周转率一览表（2019 年度）

企业名称	股票代码	行业分布	应收账款周转率（次/年）
万科	000002	房地产开发与经营业	205.86
粤电力	000539	电力、蒸汽、热水的生产和供应业	8.96
居然之家	000785	零售业	36.1
五粮液	000858	食品加工业	382.9
宝钢股份	600019	黑色金属冶炼及压延加工业	24.74
南方航空	600029	航空运输业	50.4
中视股份	600088	广播电影电视业	55.96
上海建工	600170	土木工程建筑业	6.65
ST 联合	600358	旅游业	2.41
厦门汽车	600686	交通运输设备制造业	1.54
同济科技	600846	综合类	8.62
华东电脑	600850	计算机及相关设备制造业	7.98
新五丰	600975	畜牧业	71.9
中国神华	601088	煤炭采选业	29.61
工商银行	601398	银行业	—
四药股份	601607	医药制造业	4.17
中国石油	601857	石油和天然气开采业	41.03

二、应收票据

（一）应收票据的分类与计价

应收票据是企业持有的、还未到期兑现的商业汇票。它是企业所拥有的将来向付款人收取款项的一项债权。根据承兑人的不同，商业汇票可分为承兑人为付款企业的商业承兑汇票和承兑人为银行的银行承兑汇票。根据票据是否带息，商业汇票又可分为带息商业汇票和不带息商业汇票。带息商业汇票到期可按票据的面值和规定的利率收取本金和利息；不带息商业汇票到期则只能按票面金额收取款项。另外，商业汇票的流通性较强，可以背书转让，还可以贴现。

关于应收票据的计价，理论上应按应收票据面值的现值入账，但因我国商业汇票的期限一般较短，利率又较低，采用现值入账较为烦琐，因此，通常情况下应收票据是按票面金额入账。但对于带息票据，在票据收回时，包括票面金额和利息两个部分。

值得注意的是，企业对其所持有的应收票据不计提坏账准备，待到期不能收回，将应收票据转入应收账款后再根据应收账款来计提坏账准备。但如有确凿证据表明企业持有的未到期应收票据不能收回或收回的可能性不大时，应将其账面余额转入应收账款，并计提相应的坏账准备。

（二）应收票据的会计处理

不带息票据与带息票据的会计处理方法不同，下面分开进行讨论。

1. 不带息票据的会计处理

不带息票据的票面上只标明面值和票据的到期日，到期价值就是票据的面值。因此，收到票据时，企业直接根据面值入账。企业因销售商品等取得商业票据时，借记"应收票据"，贷记"主营业务收入""应交税费——应交增值税（销项税额）"等科目。收回时，则借记"银行存款"，贷记"应收票据"。若不能收回，则将其金额转入应收账款。下面举例说明不带息票据的会计处理。

【例5-15】 2022年5月20日，珠江公司销售一批商品给美林公司，商品价款为5 000元，增值税税率为13%，商品已发出，珠江公司收到美林公司的不带息票据一张，期限为3个月，票面金额5 650元。

（1）珠江公司销售商品并收到票据时。

借：应收票据 5 650
　　贷：主营业务收入 5 000
　　　　应交税费——应交增值税（销项税额） 650

（2）3个月到期后，收回款项并存入银行。

借：银行存款 5 650
　　贷：应收票据 5 650

（3）如果到期后，美林公司不能偿还票款，则珠江公司将根据票据上的票面金额转入应收账款。

借：应收账款 5 650
　　贷：应收票据 5 650

2. 带息票据的会计处理

带息票据上一般要列明票据的面值、利率和期限（到期日）。企业在取得票据时，按面值入账。票据收回时，则包括面值和利息两个部分。票据上标明的利率一般是年利率；票据上的期限有两种表示方式，一种是用月表示，另一种则是直接标明到期日。在计算到期利息时，有关到期的期限要注意的是：（1）票据期限按月表示的，应以到期月与出票日相同的那一天为到期日，如果是月末最后一天出票的，则也应以到期月份的最后一天为到期日；（2）用日来表示期限的，应以出票日开始实际经历的天数来计算，通常出票日和到期日，只能算一天，即"算头不算尾"或"算尾不算头"。应收票据利息的计算公式如下。

应收票据利息=应收票据的票面金额×票面利率×期限

带息票据到期收到款项时，借记"银行存款"，贷记"应收票据"（账面价）和"财务费用"（差额）。下面举例说明带息票据的会计处理。

【例5-16】 接【例5-15】，票据为带息票据，票据年利率为10%。相应的会计处理如下。

（1）2022年5月20日，珠江公司销售商品并收到票据时。

借：应收票据 5 650
　　贷：主营业务收入 5 000
　　　　应交税费——应交增值税（销项税额） 650

（2）2022年8月20日，3个月到期后，收回款项并存入银行。

应收票据利息=5 650×10%×3÷12=141.25（元）

借：银行存款 5 791.25
　　贷：应收票据 5 650
　　　　财务费用 141.25

前已述及，应收票据的流动性大，当企业急需资金时，可将其持有的未到期应收票据经过背书转让给银行或其他金融机构来进行贴现。所谓"贴现"，是指企业以支付贴现息为代价，在票据到期之前，将票据的收款权转让给银行或其他金融机构，提前获得现金的行为。贴现过程中的有关计算公式如下：

贴现息=票据到期值×年贴现率×贴现期

贴现所得=票据到期值-贴现息

企业向金融机构贴现时，不能直接冲减应收票据，这是因为在票据到期日开票方能否兑现票据并不确定，因此，登记在"贴现应收票据"科目上，作为"应收票据"的抵减科目，以反映贴现票据的或有风险。贴现时，具体会计分录如下：

借：银行存款
　财务费用
　　贷：贴现应收票据

财务费用出现在借方，表明贴现所得小于应收票据的面值；否则，财务费用则出现在贷方。

到期日，出票方兑现票据，则同时转销"贴现应收票据"和"应收票据"，会计分录如下：

借：贴现应收票据
　　贷：应收票据

如果在到期日，出票方无法兑现票据，则除了同时转销"贴现应收票据"和"应收票据"外，银行还将向贴现方收回票据本息，会计分录如下：

借：贴现应收票据
　　贷：应收票据
借：应收账款（本息额）
　　贷：银行存款

三、预付账款和其他应收款

预付账款是指企业因购买材料、商品等，根据合同规定预先支付给供货方的款项。按照权责发生制，预付账款虽已付出企业，但供货方还未履行义务，企业有权要求对方履行义务。因此，预付账款与应收账款等一样，属于债权性资产。

预付账款较多的企业应单独设置"预付账款"科目，当企业按合同支付款项时，借记"预付账款"，贷记"银行存款"等科目；当企业收到供货方发来的货物时，按应计入采购物资成本的金额，借记"材料采购"或"原材料""库存商品"等科目，涉及增值税进项税额的，还应借记"应交税费——应交增值税（进项税额）"，按应支付的金额，贷记"预付账款"。若金额不够需补付时，借记"预付账款"，贷记"银行存款"；若有多余而退回时，则做相反的分录。预付款不多的企业，可不设置"预付账款"科目，将预付的款项直接记入"应付账款"科目。

"预付账款"科目期末有借方余额，反映企业预付的款项，属于资产性质；期末如有贷方余额，反映企业尚未补付的款项，则属于负债的性质。

其他应收款是指企业除了销售商品、提供劳务等以外的业务所引起的结算款项，其内容主要包括：应收的各种罚款、赔款；应收出租包装物的租金；应向职工收取的各种垫付款项；备用金以及其他各种应收、暂付款项。企业应设置"其他应收款"账户进行核算。

简 答 题

1. 简述企业主要经济活动的类型。
2. 复式记账法与确认、计量、记录和报告之间有何关系？
3. 确认和计量的主要功能是什么？
4. 简要回答收入的特征和收入的基本类型。
5. 简要回答收入确认的基本条件和收入确认的两种时间类型。
6. 提供现金折扣是一个广泛的商业惯例，请解释理由。
7. 简要阐述企业销售活动与会计信息处理系统之间的联系。
8. "如果一个企业中员工的素质都很好，并且自律，就没有必要制定严格的内控制度。"你同意这种说法吗，为什么？
9. 货币资金通常只占企业总资产的很小比重，根据重要性原则，企业没有必要花太多的精力去设计复杂的监控制度。请分析这种观点。
10. 为何坏账不在发生时直接冲销，而要使用备抵法？请说明。
11. 不相容职务相互分离是会计控制中的一个基本方法，请举出几个例子，并说明这种方法的作用原理。
12. 简述企业如何加强应收账款管理。
13. 请解释为何不能坐支现金。

练 习 题

一、销售、商业折扣与现金折扣

资料：南方公司主要生产和销售一款家用冰箱，标价为每台1 500元，2022年5月1日，丽佳超市决定购买100台，双方洽谈后，南方公司按8.5折的价格销售给对方，同时在合同中约定付款条件为：2/10，1/20，n/30。现金折扣包括增值税税额，增值税税率为13%。5月10日，丽佳超市支付50台冰箱货款；5月20日，丽佳超市支付30台冰箱货款；5月30日，丽佳超市开出一张3个月的不带息商业票据支付剩余货款。

要求：登记相应的会计分录。

二、现金

资料：南方公司2022年3月1日库存现金余额为3 400元，本月发生的与现金有关的经济业务如下。

（1）3月1日，销售人员王强出差，预支900元现金。
（2）3月10日，销售取得现金4 890元，当天存入银行。
（3）3月15日，由于办公室日常零星开支频繁，财务部为其建立2 000元的定额备用金，随即开出一张现金支票。
（4）3月20日，王强回来报销差旅费800元，另退回现金100元。
（5）3月21日，销售取得现金5 140元。
（6）3月22日，将前一天的销售款5 000元存入银行。
（7）3月30日，办公室报销，支出明细如下。

市内交通费	158
办公用品	496
会议礼品	534
合计	1 188（元）

财务部门补足现金款。

（8）3 月 31 日，月末盘点，库存现金短缺 118 元，查明其中出纳人员工作失误多支付 100 元，由其承担全部责任；另 18 元无法查明原因，计入管理费用。

要求：

1. 编制相应的会计分录。

2. 登记现金日记账。

三、银行存款

资料：南方公司 2022 年 6 月 1 日银行存款余额为 185 000 元，本月发生的与银行存款有关的经济业务如下。

（1）6 月 1 日，收回上月货款 25 800 元。

（2）6 月 5 日，销售商品，价款 180 000 元，增值税税率 13%，货款暂未收到，付款条件为：2/10，*n*/30。现金折扣不考虑增值税。

（3）6 月 7 日，采购原材料，货款 50 000 元已转账。

（4）6 月 15 日，收到 6 月 5 日销售的一半货款。

（5）6 月 22 日，购买一台设备，货款 85 000 元，先期支付 35 000 元。

（6）6 月 25 日，购买办公用品 850 元，随即分发各部门。

（7）6 月 28 日，开出一张转账支票 50 000 元，支付购买设备余款。

要求：

1. 编制相应的会计分录（除特别标明的外，其他经济业务均不考虑增值税）。

2. 登记银行存款 T 形账户。

四、银行存款余额调节表

资料：接上题，7 月 1 日，会计人员拿回银行对账单，如表 5-4 所示。

表 5-4　　　　　　　　　　　　　　　银行对账单　　　　　　　　　　　　　单位：元

2022年		票据编号	摘要	收入	支出	余额
月	日					
6	1		期初			210 800
	9		采购原料		50 000	160 800
	13		销售货款	99 900		260 700
	24		购买设备		35 000	225 700
	27		购买办公用品		580	225 120
	27		销售货款	105 300		330 420
	30		手续费		100	330 320
	30		委托收款（水电费）		18 500	311 820
	30		合计	205 200	104 180	311 820

要求：请根据上题中编制的银行存款日记账，与银行对账单进行核对，编制银行存款余额调节表（注：经核查，购买办公用品 580 元为银行记账错误）。

五、应收账款

资料：南方公司 2021 年年末应收账款余额为 1 250 000 元，2018 年年末为 1 580 000 元，本年赊销收入总额为 5 500 000 元。2022 年南方公司共确认两笔坏账 55 000 元，同时收回一笔以前年度确认的坏账 30 000 元。南方公司按期末应收账款余额的 1% 计提坏账准备。

要求：

1. 编制相应的坏账确认、收回及坏账准备计提的会计分录。

2. 计算南方公司应收账款周转率及平均收账期，并简要评价南方公司应收账款管理水平（注：本行业平均应收账款周转率为 4.18 次，平均收账期为 87 天）。

六、应收票据

资料：南方公司于 2022 年 3 月 1 日收到一张面值 850 000 元、票面利率 6.5%、3 个月期的商业票据，以抵付上月未付货款。一个月后，南方公司由于急需现金，将该票据向银行贴现，贴现率为 7%。6 月 1 日，银行通知南方公司，开票方因存款不足无法兑现该票据，银行直接将该票据本息款从南方公司存款户中划转。

要求：编制相应的会计分录。

案例分析——收入确认[①]

---

① 本章新增了案例分析，具体内容见配套的《会计教学案例》，教师可根据教学情况使用。

第六章

生产成本、销售成本与存货

✎ **本章要点**

- 了解企业的类型及其存货的种类
- 掌握制造业存货成本的构成及会计处理
- 理解实地盘存制与永续盘存制及存货盘存的会计处理
- 掌握发出存货成本的计价方法
- 掌握期末存货成本的计价
- 了解存货管理的评价与控制

👓 **章首故事**

宝钢股份

宝钢股份（600019）是我国上市规模最大的钢铁公司。存货管理在资产管理中占据重要的位置，以下内容摘自该公司 2019 年度报告中与存货及销货成本相关的信息资料。

2019 年度宝钢股份资产总计 3 396 亿元，其中流动资产 1 306 亿元、非流动资产 2 090 亿元，流动资产中存货为 403 亿元。

2019 年年末存货构成如表 6-1 所示。

表 6-1　　　　　　　　　　　　　　　存货构成　　　　　　　　　　　　　　　单位：百万元

原材料	半成品	库存商品	备品备件及其他	小计	跌价准备	存货净额
10 910	11 752	14 109	5 030	41 774	1 475	40 299

营业收入与营业成本的相关资料如表 6-2 所示。

表 6-2　　　　　　　　　　　　　　营业收入和营业成本　　　　　　　　　　　　单位：百万元

营业收入		营业成本	
营业总收入	292 057	营业总成本	281 609
营业收入	291 594	营业成本	259 871
其中：主营业务收入	290 187	其中：主营业务成本	258 819
其他业务收入	1 407	其他业务成本	1 052
利息收入	449	利息支出	178
手续费及佣金收入	14	手续费及佣金支出等*	21 560

*其他营业成本项目还包括税金及附加、销售费用、管理费用、研发费用和财务费用等。

要求：学完本章后，请给宝钢股份的存货和销货成本一个总体评价。

上一章已经介绍了销售业务对相关会计要素及报表项目影响的会计处理，本章将继续探讨经营活动的另一个主要内容——企业生产活动的会计处理，即存货、生产成本与销售成本的会计处理。与存货相关的会计核算问题主要有三个：一是存货取得（购进或生产）的会计处理；二是存货的计数问题——存货盘存制度，即期末存货与已销售（使用）存货数量的确定；三是发出存货的计价和期末存货的计价等。最后讨论存货管理的评价与控制问题。本章的讨论主要以制造企业为对象。

生产成本、销售成本
与存货

第一节 | 企业的类型、存货的种类与会计信息处理系统

一、企业的类型

我们讨论存货时，一般以制造企业为对象。实际上从企业生产经营的性质来看，不同类型的企业在存货的形态上存在较大差异。

一般可以将企业按生产经营的性质分为服务企业、商业企业和制造企业。服务企业提供的产品是无形服务，包括个人服务组织，如旅馆、美容院等；专业服务组织，如银行、管理咨询机构、会计师事务所及律师事务所等；还有建筑业和修理业等。除了第三类组织存在一定量的存货外，其他服务企业几乎不存在产成品存货，只有少量的低值办公用品等。因此，在这类企业的报表上，存货较少就是其行业的最大特点。

如果是一家商业企业（包括零售企业和批发企业），其存货就是品种繁多的各类可供销售的商品。商业企业的经营就是从事商品的买卖活动，很少自身生产或加工商品。为了不使商品脱销和缺货，储存一定量的商品存货就成为一个必要的条件。所以在商业企业的报表上，存货占流动资产的较大比重甚至整个资产总额的一定比重就不足为奇了。

对于一家从事产品生产的企业而言，存货的类型要比服务企业和一些商业企业复杂。下面我们就对制造企业的存货种类展开讨论。

二、存货的种类

存货是指企业日常活动中持有以备出售的产成品或商品、处于生产过程中的在产品、在生产过程或提供劳务过程中耗用的材料和物料等。企业持有存货的最终目的是出售，包括直接出售或经过加工后再出售。

制造企业的一个主要功能就是将原材料和购入零部件等经过生产加工转化为完工产品（产成品），由此可知，生产性工业企业的存货主要有三种，即原材料、在产品、产成品及其他消耗品。

（1）销售用存货。销售用存货是指企业以对外销售为目的而持有的已完工产成品。

（2）生产用存货。生产用存货是指企业为生产、加工产品而库存的各种存货，主要包括原材料和在产品等。

（3）周转材料（消耗品）。消耗品是指除以上存货外，供企业一般耗用的用品和为生产经营服务的辅助性物品。供企业一般耗用的用品主要用于管理，其数额较小且经常发生，习惯上，在实际耗用时，按具体用途将其价值作为期间费用处理，计入当期损益。为生产经营服务的辅助性物品是企业进行生产经营必不可少的部分，主要服务于企业生产经营，如包装物等。

三、存货与会计信息处理系统

存货的取得途径不外乎两种：购进和生产。原材料、消耗品大多从外部

产品生产活动与会计
信息处理系统

购买，产成品是已生产完工的产品，在产品是尚未完工的产品。一般而言，外购的存货，买价和发生的相关费用都计入初始成本；产品在生产过程中，需要投入人工、原材料和其他辅助费用，这些费用通过"生产成本"账户归集后，当产品完工时，再转入产品成本中。无论是完工产品，还是在产品，包括各种未用消耗品，都反映在资产负债表的存货项目中。当产品被销售后，一方面要登记销售收入，另一方面要结转销售成本，销售收入与销售成本都体现在利润表上。同时，企业的生产也表现为现金流量表中的经营活动现金流出（见图6-1）。

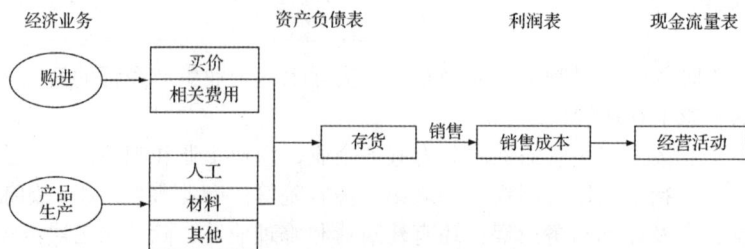

图6-1　产品生产活动与会计信息处理系统

掌握了产品生产过程与会计信息处理系统的流程后，接下来讨论存货的生产过程和初始计量问题。

第二节　生产过程与存货的初始计量

一、生产过程与成本构成

（一）生产过程与存货流转

制造企业通过采购业务购买企业生产所需的原材料，以备产品生产。生产车间领用原材料，开始产品的生产。通过机械设备等对其进行加工处理，生产出的产成品经验收合格后入库，以待产品的销售。制造企业存货的整个流转过程如图6-2所示。

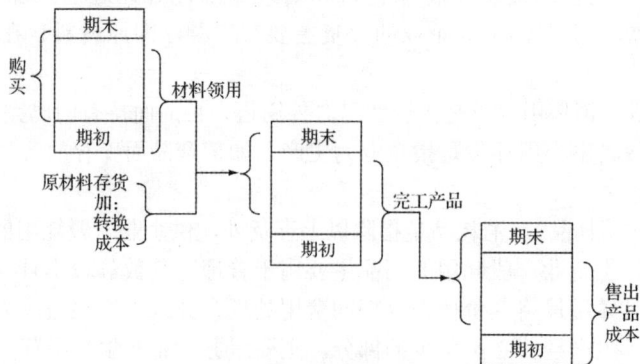

资料来源：安东尼. 会计学：教程与案例. 第11版. 北京：机械工业出版社，2005.

图6-2　存货流转图

图6-2不仅表明了制造企业存货流转过程，而且表明了存货成本流之间的内在关系。存货成本流在各存货账户之间的流转过程如图6-3所示。

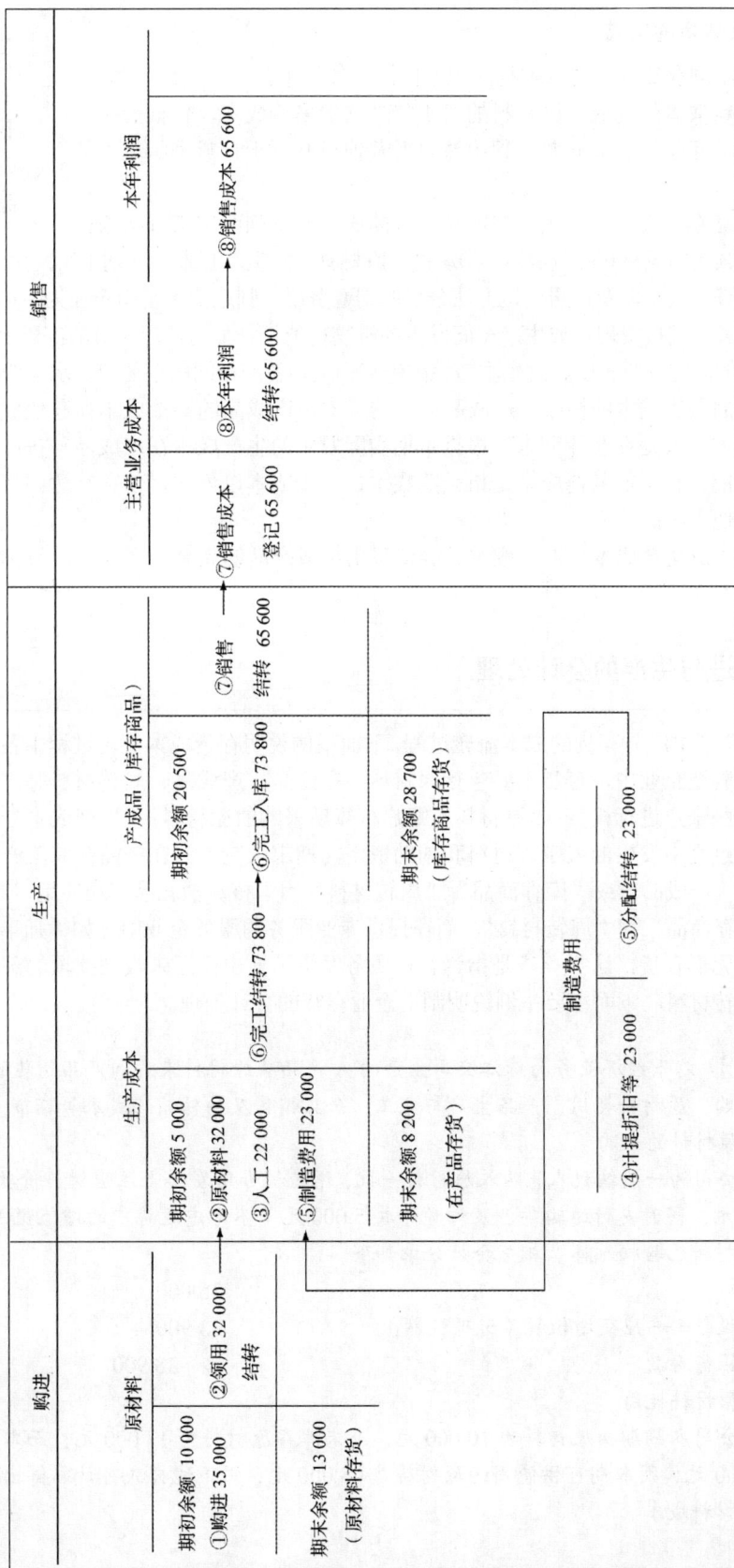

图 6-3　生产过程与存货成本流转

（二）存货成本的构成

制造企业不同存货种类的成本构成也不同，具体如下。

（1）原材料成本的构成。原材料的成本就是它的采购成本，包括购买价款、相关税费、运输费、装卸费、保险费以及其他可归属于存货采购成本的费用。

制造业存货成本的构成及会计处理

（2）在产品存货成本的构成。在产品存货的成本由下列两个部分构成：①生产过程中领用的原材料存货成本；②从投入原材料开始生产到本会计期末所发生的加工成本。加工成本包括直接人工以及按照一定方法分配的制造费用。制造费用是指企业为生产产品和提供劳务而发生的各项间接费用，如生产车间发生的机物料消耗、车间管理人员的工资等职工薪酬、生产车间计提的固定资产折旧、发生季节性的停工损失、生产车间的办公费、水电费等。

（3）产成品存货成本的构成。产成品存货的成本由产成品的制造成本和其他成本构成。产成品的制造成本一般是在会计期末，根据本期实际发生的生产成本在产成品与在产品之间进行分配计算得出的；存货的其他成本是指采购成本、加工成本以外的，使存货达到目前场所和状态所发生的其他支出。

总体而言，原材料成本、人工成本、制造费用组成产品的完全生产成本，又称产品的制造成本。

二、存货购进与生产的会计处理

图 6-3 表明了生产与存货的成本流转过程，下面举例说明存货成本流转过程中各经济业务的账户处理。在制造企业中，存货主要包括原材料、在产品、产成品、周转材料等。企业通常通过设置下面这些账户进行核算："原材料"账户核算所采购的原材料；"生产成本"和"制造费用"归集生产过程中发生的人工、材料和辅助费用，期末未完工为在产品；完工产品则从"生产成本"转入"产成品"或"库存商品"；"周转材料"用于核算消耗。相应地，商业企业中，存货只有"库存商品"和"周转材料"。而在提供专业服务的服务企业中，如律师事务所中，存货会包括一些无形存货，这类存货是指为客户服务发生了支出但还未收到款项的部分，另一部分存货则是周转材料。下面主要举例说明制造企业存货的会计处理。

【例 6-1】 以下经济业务为珠江公司生产的 A 产品从原材料采购到产品销售的整个流程，包括原材料采购、原材料耗用、产品生产与完工、产品销售及结转销售成本等环节。

业务 1：原材料的采购

假设珠江公司为一般纳税人，购入原材料一批，增值税专用发票上注明材料价款 30 000 元，增值税 3 900 元，同时支付运输费、装卸费等共 5 000 元（不考虑运费中的增值税），已开出转账支票一张，材料已验收入库。相关会计分录如下。

借：原材料   35 000
    应交税费——应交增值税（进项税额）   3 900
    贷：银行存款   38 900

业务 2：原材料耗用

假设珠江公司本期期初原材料为 10 000 元，期末库存原材料为 13 000 元，而本期采购入库原材料为 35 000 元，则本期可供使用的原材料是 45 000 元，用下述公式可计算得出本期生产产品所耗用的原材料成本。

本期耗用的原材料=期初原材料+本期购入原材料–期末原材料

$$=10\ 000+35\ 000-13\ 000$$

$$=32\ 000（元）$$

原材料的耗用，一方面会减少库存的原材料，另一方面会增加产品的生产成本，相关的会计分录如下。

借：生产成本　　　　　　　　　　　　　　　　　　　　　　32 000

　　贷：原材料　　　　　　　　　　　　　　　　　　　　　　32 000

业务3：产品生产

假设本期珠江公司为生产此批A产品（期初未完工50件，未完工产品成本为5 000元，本期投入生产170件）发生的加工成本为：直接生产工人薪酬22 000元、生产车间管理人员薪酬8 000元、固定资产折旧10 000元、车间水电费5 000元。相关会计分录如下。

（1）计提生产工人薪酬时。

借：生产成本　　　　　　　　　　　　　　　　　　　　　　22 000

　　贷：应付职工薪酬　　　　　　　　　　　　　　　　　　　22 000

（2）计提车间管理人员薪酬、固定资产折旧以及支付车间水电费时。

借：制造费用　　　　　　　　　　　　　　　　　　　　　　23 000

　　贷：应付职工薪酬　　　　　　　　　　　　　　　　　　　　8 000

　　　　累计折旧　　　　　　　　　　　　　　　　　　　　　10 000

　　　　银行存款　　　　　　　　　　　　　　　　　　　　　　5 000

（3）制造费用是生产产品过程中发生的各项间接费用，日常发生的间接费用都累计在"制造费用"账户中，到期末再按一定的方法在各产品之间进行分配。假设上述制造费用均由此批产品负担，则会计分录如下。

借：生产成本　　　　　　　　　　　　　　　　　　　　　　23 000

　　贷：制造费用　　　　　　　　　　　　　　　　　　　　　23 000

（4）本期期末，A产品完工180件，未完工产品为40件，这40件未完工产品的完成率为50%。则相关计算如下。

$$\begin{matrix} 本期投入产品 \\ 的总成本 \end{matrix} = \begin{matrix} 期初在产品 \\ 成本 \end{matrix} + \begin{matrix} 本期耗用 \\ 的原材料 \end{matrix} + \begin{matrix} 本期加工成本 \\ （直接人工薪酬+分配的制造费用） \end{matrix}$$

$$=5\ 000+32\ 000+（22\ 000+23\ 000）=82\ 000（元）$$

每单位A产品成本=82 000÷（180+40×50%）=410（元/件）

完工产品总成本=180×410=73 800（元）

在产品（期末未完工产品）成本=410×40×50%=8 200（元）

业务4：产品生产完工，结转产成品成本

此批完工产成品经验收入库后，一方面会增加库存商品，另一方面则会减少在产品的生产成本，会计分录如下。

借：库存商品　　　　　　　　　　　　　　　　　　　　　　73 800

　　贷：生产成本　　　　　　　　　　　　　　　　　　　　　73 800

业务5：产品销售，登记销售产品成本（主营业务成本）

产品销售时，一方面根据销售产品数量和价格登记产品销售收入，另一方面则依据产品生产成本登记产品销售成本。

假设公司销售A产品160件，售价为每件500元。期初A产成品为50件，每件成本为410元，计20 500元。有关销售收入的分录上一章已经讲述，这里重点阐述生产过程与存货的成本流转。销售产品，一方面会减少库存商品，另一方面则会增加销售商品的成本（由于是将减少商品价值转入销售商品成本，因此这一分录也称结转）。相关会计分录如下。

借：主营业务成本（160×410）　　　　　　　　　　65 600
　　贷：库存商品　　　　　　　　　　　　　　　　　　65 600

在确定了销售产品的成本之后，根据已知的期初库存产成品成本和本期完工入库产成品成本，可计算出期末库存产成品成本，计算公式如下：

期末库存产成品成本＝期初库存产成品成本＋本期完工入库产品成本－销售产品成本
　　　　　　　　　＝20 500＋73 800－65 600
　　　　　　　　　＝28 700（元）

业务6：结转主营业务成本

期末将"主营业务成本"账户的余额转入"本年利润"账户，与主营业务收入相配比，计算出本期营业利润。相关会计分录如下。

借：本年利润　　　　　　　　　　　　　　　　　　65 600
　　贷：主营业务成本　　　　　　　　　　　　　　　　65 600

以上是制造企业从采购原材料，通过对原材料进行加工处理，一直到对外销售的整个生产流程中，有关存货成本流转的账务处理。在这一过程中，有两个值得注意的地方：（1）期末，所有原材料存货账户、在产品存货账户以及产成品存货账户的期末余额合在一起，通过"存货"项目反映在资产负债表中，属于企业的资产；（2）产成品的销售一旦实现，销售产品的成本就结转到利润表的"营业成本"项目中，不再属于企业的资产，而是企业为获得产品销售收入所发生的销售成本。

第三节　实地盘存制与永续盘存制

上节介绍了存货和存货成本的流程及其账务处理。很显然，我们既可以通过对各存货本期的期初余额与期末余额推导出本期耗用的原材料，也可以通过各存货本期的期初余额与本期减少来计算期末产成品和在产品的库存额。这实际上是对两种盘存制度的运用：实地盘存制和永续盘存制。

盘存制度主要解决的是期末存货的数量问题，关于期末存货单位成本实际确定的问题，也就是存货计价的问题将在下一节进行讨论。

一、实地盘存制

实地盘存制，又称定期盘存制，是指会计期末对存货进行实地盘点来确定期末存货数量的方法。在实地盘存制下，企业日常只记存货的收入数，不记存货的发出成本，期末时，根据盘存的存货结存数乘以单位存货的价格，倒轧出本期已耗用或已销售存货的成本。上一节就是采用这种方法来推算已耗用或已销售产品的成本。具体计算公式如下。

期初存货成本＋本期购货（增加的在产品成本或入库产品）成本＝
本期耗用（已完工入库产品成本或已销售产品成本）成本＋期末存货成本

对此公式进行改写，则有

本期耗用成本（已完工入库产品成本或已销售产品成本）＝
期初存货成本＋本期购货（增加的在产品成本或入库产品）成本－期末存货成本

由于期初存货成本和本期购货（增加的在产品成本或入库产品）成本是已知的（从账上即可获取），关键就在于求得期末存货成本，其计算公式如下。

期末存货成本=期末结存数量×单位成本

通过盘点就可以得出期末结存数量，根据期末结存数量求出期末存货成本，进而计算出本期耗用成本的金额。

二、永续盘存制

永续盘存制，又称账面盘存制，是指对企业存货每一项变动（收入或发出）都逐笔进行记录，并随时结算出存货期末余额的方法。在永续盘存制下，企业逐笔确定已发出存货的成本，用期初存货成本加上本期增加的存货成本再减去发出存货成本后，即得出期末存货成本。永续盘存制若采用手工记录方式，则记录格式如表 6-3 所示。

表 6-3   永续盘存记录表   单位：元

日期	收入			发出			结存		
	数量	单位成本	小计	数量	单位成本	小计	数量	单位成本	小计
				项目：原材料 A					
1月1日							50	100	5 000
5 日	90	100	9 000				140	100	14 000
8 日				40	100	4 000	100	100	10 000
15 日				50	100	5 000	50	100	5 000
…	…			…			…		
31 日							30	100	3 000

三、两种盘存制度的比较

在实地盘存制下，企业平时只记录存货的收入数量和金额，对存货的发出和结存情况不做连续的记录，期末盘点的存货数量是计算本期存货减少的依据。因为可以不登记存货明细账的发出栏，所以减少了存货核算的工作量，简化了核算手续，这是它的优点。

然而这种方法也有其局限性，表现在以下几个方面。

（1）实地盘存制"以存计销，以存计耗"，容易造成存货保管中产生的自然损耗、损失浪费、差错、贪污、盗窃等存货的减少都计入耗用或销售成本，影响成本计算和利润确定的正确性。

（2）采用实地盘存制，平时缺乏连续的存货记录，不能通过账簿记录随时反映各种存货的收入、发出和结存情况，不利于存货的计划、管理和控制。

（3）只有在期末对存货进行了实地盘存之后，才能倒挤出已耗用或已销售商品成本，不能随时结转。实地盘存制一般适用于存货品种规格繁多、单位价值较低的企业。

永续盘存制则克服了实地盘存制的局限，其优点表现在以下几个方面。

（1）永续盘存制下，对存货的每一项变动都逐笔登记，存货明细账上可以随时反映存货的收入、发出和结存情况，因此，有利于对存货的数量和金额进行管理和控制，为经营决策提供及时、准确的信息，如决定何时订购原材料、订多少原材料以及分析客户对每一产品的需求等。

（2）永续盘存登记表本身具有核查功能，这是实地盘存制所不具有的。永续盘存制下，存货的账面记录与结存的实物可以经常核对，有利于查明存货溢缺的原因，及时进行纠正。同时，能将存货的损耗单独确认出来，而不是全部计入已耗用或已销售产品成本。

（3）永续盘存制下，可随时结转已销售产品成本来编制利润表，不必等到盘存之后。

永续盘存制的缺点是，对存货的每一变动都要进行记录，簿记的工作量较大。

企业可以根据存货的类别和管理的要求，采用永续盘存制或实地盘存制，但方法一经选定，应遵循一致性原则，不得随意变动。

四、存货盘存的会计处理

企业按规定进行定期盘点，若盘点结果与账面不符，则应查明原因，并进行相应的会计处理。

（一）存货盘盈的会计处理

存货盘盈是指实际盘点的存货量大于账面的结存量。对于盘盈的存货，借记"原材料"账户，贷记"待处理财产损溢——待处理流动资产损溢"账户。批准后，借记"待处理财产损溢——待处理流动资产损溢"账户，贷记"营业外收入"账户。

【例 6-2】　珠江公司在年末财产清查中盘盈材料一批，估计成本为 5 000 元。经查明，是由于计量原因造成的，有关会计处理如下。

（1）盘盈时。

借：原材料　　　　　　　　　　　　　　　　　　　　　5 000

　　　贷：待处理财产损溢——待处理流动资产损溢　　　　　　5 000

（2）批准后。

借：待处理财产损溢——待处理流动资产损溢　　　　　　5 000

　　　贷：营业外收入　　　　　　　　　　　　　　　　　　5 000

（二）存货盘亏、毁损的会计处理

存货盘亏是指存货的实际盘点量小于账面的结存量。存货盘亏或毁损，应按其实际成本，借记"待处理财产损溢——待处理流动资产损溢"账户，贷记"原材料"账户。批准后，应区分不同的原因分别进行处理。材料的残值、收取的保险赔偿款和责任人的赔偿款，应借记"原材料""其他应收款"账户，贷记"待处理财产损溢——待处理流动资产损溢"账户；对因一般保管不善造成的盘亏，应借记"管理费用"账户，贷记"待处理财产损溢——待处理流动资产损溢"账户；对由于非常原因造成的毁损（属于非常损失），应借记"营业外支出——非常损失"账户，贷记"待处理财产损溢——待处理流动资产损溢"账户。

【例 6-3】　假设珠江公司期末盘点存货时，发现原材料 M 盘亏 10 000 元，经查盘亏原因如下：由于保管不善造成的损失为 4 000 元，遭受意外事故损失 5 000 元，仓库保管人员的责任造成的损失 1 000 元。对意外事故造成的损失，经与保险公司交涉，应由保险公司赔偿 5 000元（不考虑增值税）。有关业务的会计分录如下。

（1）盘亏时。

借：待处理财产损溢——待处理流动资产损溢　　　　　10 000

　　　贷：原材料　　　　　　　　　　　　　　　　　　　10 000

（2）查出原因后。

借：管理费用　　　　　　　　　　　　　　　　　　　4 000

　　　其他应收款——仓库保管员　　　　　　　　　　　1 000

　　　其他应收款——保险公司　　　　　　　　　　　　5 000

　　　贷：待处理财产损溢——待处理流动资产损溢　　　　10 000

第四节 | 发出存货计价与期末存货计价

一、发出存货成本的计价方法

现在还有一个重要的问题需要解决，即会计期间内，存货的单位成本发生变化时，期初存货成本与本期存货增加的成本将如何在已发出存货与库存存货之间进行分摊？分摊给已发出存货的成本金额越大，库存存货的成本金额就越小，反之亦然。在【例6-1】中，我们假设期初产成品的单价是 410 元，而本期完工产品的单位成本也是 410 元，这种巧合在现实中不常见。如果将期初产成品的价格改为 400 元，那么销售产品成本是用 400 元还是用 410 元去结转对销售成本和期末存货的影响是不同的。用 410 元去结转销售成本，期末库存中就会有 50 件产品按 400 元来登记；反之亦然。

期初存货成本与本期存货增加的成本在已发出存货与库存存货之间进行分摊，实质上就是由发出存货的计价来决定的。一般来说，存货发出计价有四种方法，即个别计价法、平均成本法、先进先出法和后进先出法[①]。无论采用哪种方法，都会对利润表产生较大的影响。下面将以外购原材料为例来说明这四种计价方法。自制存货，如产成品、在产品和自制材料等，其发出存货的计价原理与之一样，只是存货的成本是由产品成本计算法计算得出的制造成本，而不是采购成本而已。同样，这些也适用于库存商品的销售。

【例6-4】 假设珠江公司 2022 年 5 月原材料 A 的期初余额为 800 件，单价为 10 元/件。5 月珠江公司有关原材料 A 的收入、发出与结存情况如表6-4所示。

表6-4　　　　　　　　　　　　　　　原材料 A 的明细表　　　　　　　　　　　计量单位：件
货币单位：元

2022年		摘要	购入			发出			结存		
月	日		数量	单价	金额	数量	单价	金额	数量	单价	金额
5	1	期初余额							800	10	8 000
	6	购入	1 000	12	12 000				1 800		20 000
	10	发出				1 200		?	600		?
	20	购入	800	15	12 000				1 400		?
	28	发出				900		?	500		?
	31	合计	1 800		24 000	2 100			500		?

（一）个别计价法

个别计价法又称为个别辨认法、分批认定法，是指以每一批存货购入或生产时的实际单位成本作为该批存货发出时的单位成本，期末按每批存货购入或生产时的单位成本确定期末存货成本的方法。这一方法要求具备详细的存货记录，存货保管时应以明确的标志区别同一品种、不同批次的存货，此方法所确定的发出存货的成本和期末存货的成本比较准确。个别计价法一般适用于拥有高价存货的企业，如汽车制造商或独一无二存货的企业，如贵重首饰、绘画作品

---

① 我国《企业会计准则》已取消了后进先出法。

等。随着科技的发展，个别计价法也可用于采用条形码或扫描仪的企业，如超市等。

【例 6-5】 接【例 6-4】，假设 5 月 10 日发出的 1 200 件系期初的 400 件和 5 月 6 日购入的 800 件；5 月 28 日发出的 900 件系 5 月 6 日购入的 200 件，5 月 20 日购入的 700 件。按照个别计价法，发出原材料 A 与期末原材料 A 的成本计算如下。

发出原材料 A 的成本＝（400×10＋800×12）＋（200×12＋700×15）＝26 500（元）

期末原材料 A 的成本＝400×10＋100×15＝5 500（元）

个别计价法下，发出原材料与期末原材料的成本如表 6-5 所示。

表 6-5 　　　　　　　　　　　　　　　 原材料 A 的明细表 　　　　　　　　　　 计量单位：件
　　　　　　　　　　　　　　　　　　　　　　　　　　　　　　　　　　　　　货币单位：元

| 2022年 | | 摘要 | 购入 | | | 发出 | | | 结存 | | |
月	日		数量	单价	金额	数量	单价	金额	数量	单价	金额
5	1	期初余额							800	10	8 000
	6	购入	1 000	12	12 000				1 800		20 000
	10	发出				1 200		13 600	600		6 400
	20	购入	800	15	12 000				1 400		18 400
	28	发出				900		12 900	500		5 500
	31	合计	1 800		24 000	2 100		26 500	500		5 500

（二）平均成本法

根据发出存货平均成本计算方法的不同，平均成本法又可分为一次加权平均法和移动加权平均法。

1. 一次加权平均法

一次加权平均法，是指在期末（通常为月末）计算存货的单位成本时，以期初结存存货成本和本期购入存货成本之和除以期初的存货数量和本期购入的全部数量作为权数，计算出存货的加权平均单位成本，据此确定发出存货成本和期末存货成本的一种存货计价方法。具体计算公式如下。

$$一次加权平均单位成本＝\frac{期初结存存货成本＋本期购入存货成本}{期初结存存货数量＋本期购入存货数量}$$

本期发出存货成本＝本期发出存货数量×加权平均单位成本

期末结存存货成本＝期末结存存货数量×加权平均单位成本

考虑到加权平均单位成本可能不是一个整数，需四舍五入，则本期发出存货成本一般采用倒轧的方法来获取，具体如下。

期末结存存货成本＝期末结存存货数量×加权平均单位成本

本期发出存货成本＝期初结存存货成本＋本期购入存货成本−期末结存存货成本

资料同上，若珠江公司采用一次加权平均法，则发出存货的成本计算如下。

$$加权平均单位成本＝\frac{800×10＋(1\,000×12＋800×15)}{800＋(1\,000＋800)}＝12.31（元）$$

期末结存存货成本＝500×12.31＝6 155（元）

本期发出存货成本＝800×10＋（1 000×12＋800×15）−6 155＝25 845（元）

采用一次加权平均法，只需在月末一次计算加权平均单位成本，平时不计算发出存货的成本，比较简便。在实地盘存制下，针对每一期间的存货成本计算的平均成本，就是一次加权平均成本。一次加权平均法适用于存货收入批次较多、数量较大的存货。此方法得到了较为广泛地使用，但平时账上不能提供存货的结存金额，不利于存货的管理与控制。

2. **移动加权平均法**

移动加权平均法是指每次收入存货，都以本次购入存货的成本加上上次结存存货的成本，除以本次购入存货数量与上次结存存货数量之和，以计算出存货平均单位成本，并作为下次收入存货前发出存货的单位成本的一种方法。具体计算公式如下。

$$移动加权平均单位成本=\frac{上次结存存货成本+本次购入存货成本}{上次结存存货数量+本次购入存货数量}$$

$$本次发出存货成本=本次发出存货数量\times结存存货单位成本$$

$$期末结存存货成本=期末结存存货数量\times期末存货的单位成本$$

【例6-6】 接【例6-4】，若珠江公司以移动加权平均法来确定发出存货的成本，则每次购货后的新平均成本如下。

$$第一次购入后的加权平均单位成本=\frac{800\times10+1\,000\times12}{800+1\,000}=11.11（元）$$

珠江公司采用移动加权平均成本法确定发出存货成本的具体计算过程如表6-6所示。

表6-6 　　　　　　　　　　　　　　原材料A的明细表 　　　　　　　　　　　计量单位：件

货币单位：元

2022年		摘要	购入			发出			结存		
月	日		数量	单价	金额	数量	单价	金额	数量	单价	金额
5	1	期初余额							800	10	8 000
	6	购入	1 000	12	12 000				1 800	11.11	20 000
	10	发出				1 200	11.11	13 332	600	11.11	6 668
	20	购入	800	15	12 000				1 400	13.33	18 668
	28	发出				900	13.33	11 997	500	13.33	6 671
	31	合计	1 800		24 000	2 100		25 329	500		6 671*

*因小数点四舍五入的影响有尾数调整。

在永续盘存制下，每次购入存货时都要计算一个新的平均成本，这就是移动加权平均成本。在移动加权平均成本法下，能及时了解发出存货的成本和结存存货的情况，便于存货的管理与控制。其单位成本接近市场价格，计算结果比较客观，但计算工作量太大，对于存货收发较频繁的企业不太适合。

（三）先进先出法

先进先出法是假设先购入的存货先发出，即企业发出的存货是按照购入存货的先后次序进行的，先购入的存货先发出，并按先购入存货的单位成本作为发出存货的单位成本，进而确定发出存货成本和期末存货成本的一种方法。

【例6-7】 接【例6-4】，珠江公司采用先进先出法确定发出存货成本的具体计算过程如表6-7所示。

表6-7   原材料A的明细表   计量单位：件

货币单位：元

2022年		摘要	购入			发出			结存		
月	日		数量	单价	金额	数量	单价	金额	数量	单价	金额
5	1	期初余额							800	10	8 000
	6	购入	1 000	12	12 000				800	10	
									1 000	12	20 000
	10	发出				800	10	8 000			
						400	12	4 800	600	12	7 200
	20	购入	800	15	12 000				600	12	7 200
									800	15	12 000
	28	发出				600	12	7 200			
						300	15	4 500	500	15	7 500
	31	合计	1 800		24 000	2 100		24 500	500		7 500

　　采用先进先出法确定的期末存货成本比较接近当前的市场价值，较客观地反映了期末存货的成本，但如果企业的存货收发频繁，则工作量非常大。先进先出法下，实地盘存制与永续盘存制对存货处理的结果是相同的；而在后进先出法下，两者对存货的处理结果可能不一致。

（四）后进先出法

　　后进先出法与先进先出法的成本流转正好相反，它假设最后购进的存货最先发出，若发出数量超过最后一批购入数量，则超过部分依次按从后往前的入库批次的单位成本计价。

【例6-8】 接【例6-4】，在永续盘存制下，珠江公司采用后进先出法确定发出存货成本的具体计算过程如表6-8所示。

表6-8   原材料A的明细表   计量单位：件

货币单位：元

2022年		摘要	购入			发出			结存		
月	日		数量	单价	金额	数量	单价	金额	数量	单价	金额
5	1	期初余额							800	10	8 000
	6	购入	1 000	12	12 000				1 800		20 000
	10	发出				1 000	12	12 000			
						200	10	2 000	600	10	6 000
	20	购入	800	15	12 000				600	10	6 000
									800	15	12 000
	28	发出				800	15	12 000			
						100	10	1 000	500	10	5 000
	31	合计	1 800		24 000	2 100		27 000	500	10	5 000

【例6-9】 接【例6-4】，在实地盘存制下，珠江公司采用后进先出法确定发出存货成本的具体计算过程如表6-9所示。

表6-9 原材料 A 的明细表　计量单位：件

货币单位：元

2022年		摘要	购入			发出			结存		
月	日		数量	单价	金额	数量	单价	金额	数量	单价	金额
5	1	期初余额							800	10	8 000
	6	购入	1 000	12	12 000						
	10	发出									
	20	购入	800	15	12 000						
	28	发出				800	15	12 000			
						1 000	12	12 000			
						300	10	3 000	500	10	5 000
	31	合计	1 800		24 000	2 100		27 000	500	10	5 000

从表6-8和表6-9中可以看出，后进先出法下，存货发出成本和期末存货成本的结果在两种盘存制下是一致的。如果我们将5月20日的购进数量调整一下，将购进数量改为1 100件，则两种盘存制度下的处理结果就不相同了（见表6-10和表6-11）。

表6-10 永续盘存制下原材料 A 的明细表　计量单位：件

货币单位：元

2022年		摘要	购入			发出			结存		
月	日		数量	单价	金额	数量	单价	金额	数量	单价	金额
5	1	期初余额							800	10	8 000
	6	购入	1 000	12	12 000				1800		20 000
	10	发出				1 000	12	12 000			
						200	10	2 000	600	10	6 000
	20	购入	1 100	15	16 500				600	10	6 000
									1 100	15	16 500
	28	发出				900	15	13 500	600	10	6 000
									200	15	3 000
	31	合计	2 100		28 500	2 100		27 500	800		9 000

表6-11 实地盘存制下原材料 A 的明细表　计量单位：件

货币单位：元

2022年		摘要	购入			发出			结存		
月	日		数量	单价	金额	数量	单价	金额	数量	单价	金额
5	1	期初余额							800	10	8 000
	6	购入	1 000	12	12 000						
	10	发出									
	20	购入	1 100	15	16 500						
	28	发出				1 100	15	16 500			
						1 000	12	12 000	800	10	8 000
	31	合计	2 100		28 500	2 100		28 500	800	10	8 000

采用后进先出法确定的发出存货成本较接近现行存货市价，能较好地反映本期销售产品所获得的利润。在物价持续上涨期间，期末存货成本以较低的价值进行反映，体现了会计处理的稳健性原则。

（五）各种方法对财务报表的影响

各种方法对同一实例的处理结果如表6-12所示。①

---

① 个别计价法取决于每次发出时所挑出的个别存货，故在此不进行比较。

表 6-12 　　　　　　　　　　　各种方法的比较 　　　　　　　　　　计量单位：件
货币单位：元

方法	可供发出存货成本	本期发出存货成本	期末存货成本
一次加权平均法（实地盘存）	32 000	25 845	6 155
移动加权平均法（永续盘存）	32 000	25 329	6 671
先进先出法	32 000	24 500	7 500
后进先出法（永续盘存）	32 000*	27 000	5 000
后进先出法（实地盘存）	32 000*	27 000	5 000

*在两种不同的盘存制度下，如果对数据稍做调整（见表 6-10 和表 6-11），则后进先出法下的本期发出存货成本与期末存货成本就会不一致。

由表 6-12 可知，对发出存货的成本采用不同的计价方法，则得出的发出存货的成本和期末存货的成本会不同，这会给利润表和资产负债表带来不同的影响，尤其是对利润表的影响更明显。

先进先出法较好地反映了资产负债表导向。资产负债表观认为，资产负债表上所列示的存货价值应与存货的现行价值大体一致。而先进先出法的原理就是假设先购入的存货先发出，期末存货是最近才购入的，与当前存货实际价值的估价较为接近（与后进先出法和平均成本法相比）。并且这一结果不受通货膨胀率的影响。当物价呈上涨趋势时，采用先进先出法，销售成本较低，所确定的利润较高；反之，当物价呈下降趋势时，销售成本较高，所确定的利润较低。资产负债表上列示的存货较接近现行市价。

后进先出法的主要理论依据建立在收入与费用的配比原则上。根据配比原则，当前价格下存货的销售收入应与当前价格下售出产品存货的现行成本相配比。相对存货的其他计价方法而言，后进先出法较好地符合配比原则的要求。当物价持续上涨时，后进先出法确定的销售成本比其他方法都要高，利润最低，反映在资产负债表上的存货价值也最低，较符合稳健性原则。但由于期末存货按最早购入的存货成本计价，生产经营若干年以后，存货成本与现行成本相差甚远。另外，采用后进先出法确定的销售成本比采用其他方法确定的销售成本高，利润低，这会使企业获得税收方面的好处，推迟缴纳一部分所得税，增加现金流，但同时也伴随着对外公布较低的每股收益的问题。

平均成本法则是对先进先出法与后进先出法的一种折中，其计算获得的结果处于先进先出法与后进先出法之间。在平均成本法下，资产负债表中的存货成本与利润表中的销售成本均没有反映存货的现行成本。

在会计实务中，企业可自主决定采用哪种发出存货的计价方法，但一经选定，必须遵循一致性原则，不得随意变更。若要进行改变，则必须在会计报表附注中加以说明，并充分披露变更的原因及其对企业利润的影响。

二、期末存货的计价

前面已经讨论了各种方法来确定发出商品的成本，实际上也包括期末存货的成本。然而，为了客观、真实地反映期末存货的实际价值，按照我国《企业会计准则》的规定，企业资产负债表中的存货应以成本与可变现净值较低者来列示，成本与可变现净值之间的差额，应计提存货跌价准备，计入当期损益。这种做法也称为期末存货的计价。

（一）成本与可变现净值孰低法

成本与可变现净值孰低法是指期末存货以成本与可变现净值两者之间较低者进行计价的方法，即资产负债表日，当存货的成本低于其可变现净值时，存货按成本计价；当存货成本高于可变现净值时，存货按可变现净值计价。成本就是按前面讲述的方法所计算出的期末存货成本；

可变现净值是指在日常活动中，存货的估计售价减去到完工时估计将要发生的成本、估计的销售费用以及相关税费后的金额。企业在确定可变现净值时，应当以取得确凿证据为基础，考虑持有存货的目的以及资产负债表日后事项等的影响。

（二）成本与可变现净值孰低法的会计处理

企业在资产负债表日，应当以前述方法所确定的期末存货成本与可变现净值进行比较，根据不同的情况进行账务处理。

当期末存货成本低于可变现净值时，无须进行账务处理，资产负债表中的存货项目仍按期末存货的成本列示。

当期末存货的可变现净值低于期末存货成本时，资产负债表中的存货项目应按期末存货的可变现净值列示，并要按照成本高于可变现净值的差额计提存货跌价准备，计入当期损益。

为反映和核算企业存货的跌价情况，企业应设置"存货跌价准备"账户，在资产负债表日，存货发生减值的，按存货可变现净值低于存货期末成本的差额，借记"资产减值损失——存货跌价损失"，贷记"存货跌价准备"。当已计提跌价准备的存货价值以后又得以恢复时，应在原已计提的存货跌价准备金额内，按恢复增加的金额，借记"存货跌价准备"，贷记"资产减值损失——存货跌价损失"。下面将举例说明具体的账务处理。

【例 6-10】 假设珠江公司在 2021 年 12 月 31 日拥有的原材料 B 的账面价值为 100 000 元，由于原材料 B 的市场价格下降，其预计可变现净值为 70 000 元，由此应计提存货跌价准备 30 000 元。会计分录如下。

  借：资产减值损失——存货跌价损失   30 000
    贷：存货跌价准备   30 000

【例 6-11】 假设 2022 年 6 月 30 日，由于原材料 B 的市场价格上升，预计可变现净值为 90 000 元，则应转回的存货跌价准备为 20 000 元。会计分录如下。

  借：存货跌价准备   20 000
    贷：资产减值损失——存货跌价损失   20 000

若 2022 年 6 月 30 日，由于原材料 B 的市场价格上升，预计可变现净值为 101 000 元，则应转回的存货跌价准备应以原计提的 30 000 元为限。会计分录如下。

  借：存货跌价准备   30 000
    贷：资产减值损失——存货跌价损失   30 000

第五节 | 存货的管理评价与控制

一、存货的管理评价

在商业和制造业中，存货往往占用大量的资金。加强存货的管理可以提高资金的使用效率，同时，企业又要保证原料供应，使生产不至于中断，商品不会脱销。

评价存货管理的两个基本指标为存货周转率和存货周转天数。存货周转率的计算公式如下。

$$存货周转率（次数）= \frac{销售成本}{平均存货}$$

这里的平均存货可以用年平均数额，也可以用月平均数额。这一指标反映的是存货的流转速度。存货周转次数越高，表示存货的流转速度越快，企业资产（资金）使用的效率越高。

存货周转率有时要与毛利率结合起来分析。不同的行业，存货周转速度不同。存货周转越慢的企业，毛利率越高，否则越低。表 6-13 所示是国际上不同行业存货周转率和毛利率的差别，表 6-14 反映的是我国 2019 年度不同行业上市公司销售毛利率和存货周转率的实际情况。

表 6-13 不同行业存货周转率与毛利率

行业	毛利率（%）	存货周转率（次）
汽车零售业	12.0	7.0
汽车制造业	18.1	10.5
珠宝零售业	45.4	1.5
珠宝制造业	31.2	3.0
百货零售业	23.2	19.1
百货批发业	14.5	15.2
制药业	41.1	3.2
药品零售业	24.0	5.9
药品批发业	20.2	8.4
计算机及软件零售业	26.5	20.5
半导体制造业	30.9	5.7
计算机零售业	31.5	7.8

资料来源：亨格瑞. 财务会计教程. 北京：人民邮电出版社，2005.

表 6-14 我国主要行业上市公司销售毛利率和存货周转率一览表（2019 年度）

企业名称	股票代码	行业分布	存货周转率（次/年）	销售毛利率（%）
万科	000002	房地产开发与经营业	0.28	36.25
粤电力	000539	电力、蒸汽、热水的生产和供应业	14.84	16.62
居然之家	000785	零售业	21.06	46.76
五粮液	000858	食品加工业	1.01	74.46
宝钢股份	600019	黑色金属冶炼及压延加工业	6.35	10.88
南方航空	600029	航空运输业	75.54	12.09
中视股份	600088	广播电影电视业	12.87	25.84
上海建工	600170	土木工程建筑业	2.25	10.29
ST 联合	600358	旅游业	16.99	16.47
厦门汽车	600686	交通运输设备制造业	9.33	13.83
同济科技	600846	综合类	0.78	32.31
华东电脑	600850	计算机及相关设备制造业	2.02	14.95
新五丰	600975	畜牧业	3.85	9.01
中国神华	601088	煤炭采选业	13.02	40.71
工商银行	601398	银行业	—	—
四药股份	601607	医药制造业	6.4	14.37
中国石油	601857	石油和天然气开采业	11.23	20.44

销售量的提高和存货水平的下降都会使存货流转速度加快；反过来，周转次数的下降可能是对未来销售增长的预计从而增加存货，也可能是销售下降。单看有货周转率不能找出事实的原因。对这一指标的分析要结合行业的平均水平和企业自身的历史水平来进行。

同样的关系也可以用存货周转天数来表述。其计算公式如下。

$$存货周转天数=\frac{365}{存货周转次数}$$

这两个指标反映的内容是一样的。要注意的是，存货周转次数和存货周转天数受企业存货计量方法的影响。同一企业，采用先进先出法与采用后进先出法，计算出来的存货周转率是有差别的。在比较不同公司的这一指标时，要考虑这一因素。

二、存货的控制

相对于现金，存货更容易接近，因此，存货就成为最容易失窃的目标。我们自己都有在超市购物的经历，可能认为其进出口检查、安装摄像头、保安人员巡视等做法有些小题大做，实际上，零售业失窃在国际上是一个普遍的顽症。一些百货商店的存货短缺率高达其销售量的4%~5%，而这些商店的净利润却只有5%~6%。[①]对存货的控制是企业财务管理的重要环节。对于零售业而言，加强进出口的检查、安装摄像头、保安人员的巡视等是针对高失窃率的必要措施。在制造企业内部，科学控制存货水平，完善存货流转各环节的审核与保管制度，加强存货的检查与管理，定期评价存货流转效率等都是搞好存货控制的基本措施。

简答题

1. 简述存货购进与自制的经济业务与相应的会计处理信息系统的关系。
2. 阐述产品生产的基本流程。
3. 比较永续盘存制与实地盘存制。
4. 简述存货盘盈与盘亏的会计处理规定。
5. 综述个别计价法、先进先出法、后进先出法、加权平均法对资产计价和收益的影响。
6. 如何评价存货管理绩效，如何加强存货的控制？
7. 说明不同类型企业存货的特点。
8. 为何毛利越高的企业，存货的周转次数越低？

练习题

一、生产成本、存货与销售成本

资料：南方公司为增值税一般纳税人，2022年12月31日，存货余额为5 800 000元，其中：原材料500 000元，产成品2 000 000元，在产品2 500 000元，周转材料800 000元。2023年1—2月发生的与生产和销售相关的经济业务如下。

（1）购买原材料3 000 000元，周转材料100 000元，增值税税率均为13%。

（2）本月生产领用原材料共计2 800 000元。

---

① 亨格瑞. 财务会计教程. 北京，人民邮电出版社，2005.

（3）登记应付生产人员、车间管理人员和行政管理人员工资分别为 500 000 元、200 000 元和 150 000 元。

（4）计提车间固定资产和行政大楼折旧 50 000 元和 20 000 元，支付本月车间水电费 180 000 元。

（5）生产领用周转材料 400 000 元，成本一次结转。制造费用一次转入生产成本。

（6）月底部分产品完工，所有成本在产成品与在产品之间按 8：2 进行分配，完工产品共 20 000 件。

（7）2 月初销售本批产品共 15 000 件，每件售价 298 元，增值税税率为 13%。

要求：

1．编制相应的会计分录。

2．计算单位产品成本，并结转销售成本。

3．开设 T 形账户，结出存货及存货明细账 2 月初的余额。

二、盘存制度

资料： 表 6-15 所示是南方贸易公司 2022 年 7 月某商品购进与销售情况。期末存货盘点数为 1 500 件（本题不考虑增值税）。

表 6-15　　　　　　　　　　　　　某商品购进与销售情况　　　　　　　　　　　　计量单位：件

货币单位：元

2022 年		摘要	购入			发出			结存		
月	日		数量	单价	金额	数量	单价	金额	数量	单价	金额
7	1	期初余额							5 000	4.5	22 500
	4	销售				3 000					
	8	购入	4 000	4.3	17 200						
	12	销售				5 000					
	20	购入	3 500	4.4	15 400						
	22	销售				2 800					
	31	期末盘点							1 500		

要求：

1．用一次加权平均法和移动加权平均法计算存货单价，分别将有关数据填入表中。

2．假定产品售价为每件 5.2 元，计算永续盘存制与实地盘存制下的销售毛利，并比较差异形成的原因。

3．编制永续盘存制下有关产品入库、销售及盈亏的会计分录，盘亏属于管理不善所致。

（提示：永续盘存制下使用移动加权平均法计算存货单价，实地盘存制下使用简单加权平均法。）

三、发出存货计价

资料： 表 6-16 所示是南方公司 2022 年 3 月某材料的购进与领用明细账。

表 6-16　　　　　　　　　　　　　某材料的购进与领用明细账　　　　　　　　　　计量单位：件

货币单位：元

2022 年		摘要	购入			发出			结存		
月	日		数量	单价	金额	数量	单价	金额	数量	单价	金额
3	1	期初余额							2 000	10.5	21 000
	5	购入	1 000	10.8	10 800				3 000		
	8	领用				1 500			1 500		

续表

2022 年		摘要	购入			发出			结存		
月	日		数量	单价	金额	数量	单价	金额	数量	单价	金额
	15	购入	2 800	11.2	31 360				4 300		
	20	领用				3 000			1 300		
	25	购入	1 500	11.5	17 250				2 800		
	26	领用				1 000			1 800		
	31	合计	5 300			5 500			1 800		

要求：使用个别计价法（个别计价法下，8 日领用材料的单价为 10.5 元，20 日领用的 2 000 件材料的单价为 11.2 元、1 000 件材料的单价为 10.8 元，26 日领用的单价为 11.5 元）、先进先出法、后进先出法、加权平均法计算本月领用材料的生产成本和期末存货成本。（提示：除个别计价法外，其他方法计算的生产成本在期末一次结转。）

四、期末存货计价

资料：南方公司 2021 年年末某产成品账面价值为 6 500 000 元，市价为 5 800 000 元；2022 年年末，该产品市价进一步下降为 5 500 000 元；2023 年年末，受供求关系影响价格突然上涨，该批产品价格升为 6 800 000 元。

要求：根据成本与市价（可变现净值）孰低法对期末存货进行计价调整。

五、存货管理

资料：南方制药公司 2022 年年初存货（主要为药品）账面价值为 2 000 000 元，年末为 4 500 000 元，本年的销售成本为 6 500 000 元。该公司 2021 年的存货周转率为 3.5 次，今年行业平均周转率为 3.2 次。公司预计 2023 年将大幅度提高销售额。

要求：

1. 计算本年度南方制药公司存货周转率。

2. 根据去年和今年同行业存货周转率指标以及公司对前景的预计，评价南方制药公司存货管理水平。

案例分析——宝钢股份[①]

---
① 本章新增了案例分析，具体内容见配套的《会计教学案例》，教师可根据教学情况使用。

第七章

长期资产与投资

本章要点

- 掌握长期资产的性质与类别
- 了解固定资产、无形资产与投资的会计处理流程
- 认清折旧的实质和影响因素
- 了解债权投资与股权投资的性质与类别
- 掌握债权投资的会计处理方法
- 掌握股权投资的会计处理方法

章首故事

南方航空

南方航空（600029）是我国三大航空公司之一，其固定资产有着鲜明的行业特点。以下是摘自该公司2019年年度报告中与固定资产（包括使用权资产）和折旧相关的信息资料。

2019年度南方航空资产总计3 066亿元，其中流动资产167亿元、非流动资产2 899亿元，非流动资产中固定资产844亿元、在建工程393亿元、使用权资产1 499亿元。南方航空固定资产及在建工程的会计政策和主要会计估计说明如下。

固定资产指本集团为提供劳务、出租或经营管理而持有的，预计使用寿命超过一个会计年度的有形资产。固定资产以成本减累计折旧及减值准备计入资产负债表。在建工程以成本减减值准备计入资产负债表。外购固定资产的初始成本包括购买价、相关税费以及使该资产达到预定可使用状态前所发生的可归属于该项资产的费用。自行建造固定资产的初始成本包括工程用物资、直接人工、符合资本化条件的借款费用和使该项资产达到预定可使用状态前所发生的必要支出。

本集团作为承租人在租赁期开始日，同时确认使用权资产和租赁负债，并使用直线法对使用权资产计提折旧。对能够合理确定租赁期届满时取得租赁资产所有权的，本集团在租赁资产剩余使用寿命内计提折旧。否则，租赁资产在租赁期与租赁资产剩余使用寿命两者孰短的期间内计提折旧。

相关的固定资产折旧率如表7-1所示。

表7-1 各固定资产折旧率

固定资产	飞机	机身及发动机替换件	飞机发动机
折旧率	4.8%～6.3%	8.3%～33.3%	4.8%～6.3%
固定资产	其他飞行设备	建筑物	机器设备及汽车
折旧率	6.3%～33.3%	2.7%～19%	9.5%～23.8%

本集团至少在每年年度终了对固定资产的预计使用寿命、预计净残值和折旧方法进行复核。

2019年年末，固定资产和使用权资产构成如表7-2所示。

表 7-2（a）	2019年年末固定资产构成				单位：百万元
项目	土地使用权及建筑物	自有飞机	其他飞行设备包括高价周转件	机器设备及汽车	合计
账面原值	16 071	113 111	24 385	8 285	161 825
减：累计折旧	4 935	53 227	13 034	5 294	76 490
减：减值准备	3	900	85	—	988
账面净值	11 133	58 984	11 266	2 991	84 374

表 7-2（b）	2019年年末使用权资产构成			单位：百万元
项目	飞机及备用发动机	房屋及建筑物	其他	合计
账面原值	215 316	2 790	392	218 498
减：累计折旧	67 886	637	34	68 557
减：减值准备	—	—	—	—
账面净值	147 430	2 153	358	149 941

学完本章后，请对南方航空固定资产和折旧政策的特点做一个简要归纳。

第五章和第六章讨论了有关经营活动的会计处理。本章讨论的主题为有关投资活动的会计处理，投资核算主要形成长期资产。投资活动分为对内投资和对外投资：对内投资包括固定资产和无形资产等，对外投资则主要包括债券投资和股票投资等。对内投资中，固定资产是企业生产经营活动中的主要劳动资料，如建筑物、设备、土地等是生产、加工产品的主要设施。无形资产是为了提高产品品质而使用的专利、专有技术等。这些设施和无形资产只用于生产而不是用来销售。与存货销售一次结转成本不同，固定资产和无形资产的成本通过多次摊销的方式计入所生产的产品成本或当期的期间费用。对外投资的基本特征是让渡资产使用权以赚取相应的回报。本章先厘清长期资产的性质与类别，以及长期资产与会计信息处理系统之间的关联，然后分别讨论对内投资中固定资产和无形资产的取得、摊销及处置各环节的会计处理，随后论述对外投资的类别与性质，以及债权投资和股权投资的会计处理方法。

第一节　长期资产概述

一、长期资产的性质与分类

长期资产（或非流动资产）的特点是，其价值的转移需要经过较长时期，通常的标准是其价值的转移需要超过一年或一个营业周期。主要的长期资产有：固定资产、无形资产、其他债权投资、债权投资、长期股权投资。

对内投资与对外投资

如果我们把企业原材料的购进、产品生产加工、销售等理解为企业的生产经营活动，那么，固定资产和无形资产的购进、兴建与研发，股票与债券的购买等活动就属于企业的投资行为。固定资产和无形资产的购买、兴建与研发称为对内投资，股票与债券的购买等则称为对外投资。

对内投资是利用建筑物、设备、土地等生产资料和设施来生产加工产品，利用专利和技术提高产品的质量，最终通过产品销售直接实现盈利的目的。而对外投资是以股票和债券等证券为投资载体，将资金让渡给另一方使用，由对方支付一定使用回报的方式间接取得投资收益。

对内投资形成的长期资产主要包括两类：一类是具有实物形态的固定资产，主要有建筑物、设备、土地等生产性资料，同时也包括自然资源，如蕴藏在地下的原油和天然气等。由于我国实行的是土地国有制度，企业对使用的土地通常只具有使用权而没有所有权，因此，土地在企业固定资产中只占很小一部分。建筑物通常有厂房、办公大楼、仓库等；设备涵盖的则比较广泛，如机器、机床、大型工具、办公用具、车辆等。另一类是不具有实物形态的无形资产，如没有产权的土地（这一类企业使用的土地称为土地使用权）、专利权、非专利技术、商标权、著作权、特许权等。要注意的是，某一项资产对于一个企业而言是固定资产，但对另一家企业而言则可能是一项存货（流动资产），如商品房对于房地产企业，汽车对于汽车生产厂家而言。

对内投资形成的长期资产的一个共性是其价值的转移需要经过较长时期，而不是一次性的使用就能消耗其全部价值，通常的标准是其价值的转移需要超过一年或一个营业周期。无形资产同固定资产的区别除了看不到实物形态外，还有一个重要区别就是其产生的预期价值带有非常大的不确定性，所以，无形资产的生命周期比固定资产的更难预计。

对外投资按品种分为债权投资（或债券投资，两者可通用，下同）和股权投资（或股票投资，两者可通用，下同）。债权投资按照管理其业务模式和其合同现金流量特征分为：债权投资、其他债权投资和交易性金融资产。前两类为非流动资产，第三类为流动资产，也称交易性金融资产。股权投资中不具重大影响的（一般持股比例小于20%或者在被投资方没有董事会席位的），按照交易性权益工具（列示为流动资产）和非交易性权益工具（列示为非流动资产）进行核算；具有重大影响或控制的（一般持股比例大于20%或者在被投资方有董事会席位的），以"长期股权投资"科目进行核算。

股权投资与债权投资的共性是都将资金让渡给另一方使用，而间接取得投资收益。两者之间的区别是，债权投资的收益基本上是约定好的一种固定回报（合同现金流），并且本金是可以收回的（当然也可以通过市场交易转让而提前收回投资）；而股权投资的收益是不确定的，并且股权投资款是不能退回但可以通过市场进行转让收回投资的。与债权投资不同的是，股权投资虽然投资收益不固定，但可以取得一种影响或控制对方经营决策的权力，这种影响或控制权可以间接转化成一种经济利益。

二、长期资产与会计信息处理系统

根据企业投资活动与会计信息处理系统的联系，本章分固定资产、无形资产和对外投资（以下简称"投资"）三个方面论述。

长期资产与会计信息
处理系统

（一）固定资产与会计信息处理系统

固定资产的取得途径通常有两个：一是外购；二是企业自制。购进的价款（买价）、相关费用（如运输费和安装费）和税金（不包括增值税）一般全部计入固定资产初始成本。而自制的固定资产，首先通过"在建工程"将兴建中的人工费用、材料费用及其他相关费用归集起来，工程完工后，再将"在建工程"转入固定资产成本中。

固定资产投入使用后，根据对其预计的生命周期，将其全部价值在一定时期内进行分摊，即折旧。用于产品生产的固定资产，其折旧计入制造费用，然后转入产品成本，最后构成产品价值的一部分；用于非生产性的固定资产，其折旧计入期间费用。

固定资产报废和提前变卖时，将扣除累计折旧后的固定资产净值从变卖收入中扣除，从而形成一定的收入（变卖收入大于其净值）或支出（变卖收入小于其净值）。

固定资产的相关活动属于企业的投资活动。购买和兴建影响的是投资活动现金的流出，而

固定资产的变卖和处置影响的是投资活动的现金流入。但折旧本身并不改变现金流量。固定资产的相关活动与会计信息处理系统的联系如图 7-1 所示。

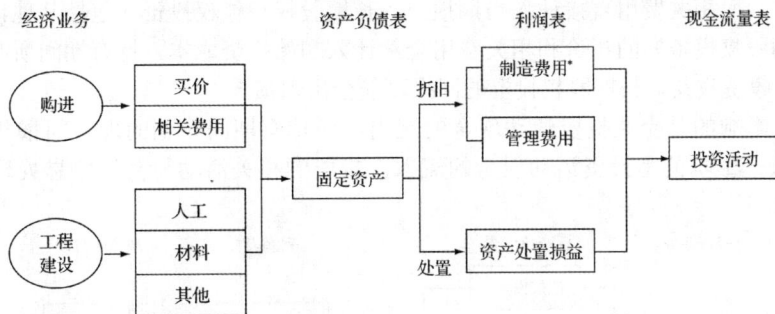

*制造费用为资产负债表科目，先进入产品成本，随产品销售再转入产品销售成本，进入利润表。

图 7-1　固定资产与会计信息处理系统

（二）无形资产与会计信息处理系统

同固定资产类似，无形资产也是通过两个途径取得：一是外购；二是企业自身研究与开发取得。购进的价款（买价）、相关费用（如培训费、律师费）和税金（不包括增值税）一般全部计入无形资产初始成本。而对自身研发的无形资产，首先将研发过程分为研究与开发两个阶段，前一个阶段的人工费用、材料费用及其他相关费用直接计入当期费用。后一阶段的相关成本和费用首先归集在"开发成本"中，当形成一项专利或相应的知识产权后（即研发成功），符合资本化条件的，将记入"开发成本"的金额转入无形资产初始成本；不符合资本化条件的，将记入"开发成本"的金额转入期间费用。

无形资产投入使用后，根据对其预计的生命周期，将其全部价值在一定时期内进行分摊，即摊销。用于产品生产的无形资产，其摊销额计入制造费用，形成产品价值的一部分；其余的无形资产摊销额计入期间费用。如果无形资产的使用寿命无法预计，就不进行摊销，只是在每年年末进行减值测试。

无形资产报废和提前变卖时，将扣除累计摊销后的无形资产净值从变卖收入中扣除，从而形成一定的收入或支出。

无形资产的相关活动属于企业的投资活动。购买和研发影响的是投资活动现金的流出，而无形资产的变卖和处置影响的是投资活动的现金流入。但摊销本身并不改变现金流量。无形资产的相关活动与会计信息处理系统的联系如图 7-2 所示。

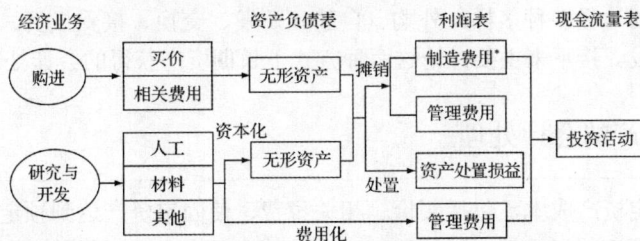

*制造费用为资产负债表科目。

图 7-2　无形资产与会计信息处理系统

（三）投资与会计信息处理系统

企业购买股票和债券是间接获取收益的一种方式。这里"间接"的含义是资金的使用（生产经营活动的过程）不是由投资企业自身完成的，而是由被投资方完成的，通过被投资方取得盈利后分配给投资方实现盈利。

对外投资主要通过股权投资和债权投资进行。交易性金融资产是准备随时出售的，其买价计入初始成本，而相关费用直接计入当期损益。长期股权和债权投资（包括其他债权投资、债权投资和长期股权投资）的买价和相关费用全部计入初始投资成本。持有期间所有类型的投资回报全部计入投资收益，长期股权投资的回报可能会出现损失。

对外投资影响的是企业投资活动现金的流出，而持有期间收到的现金回报和投资变卖取得的现金收入，影响的是投资活动现金的流入。投资的相关活动与会计信息处理系统的联系如图 7-3 所示。

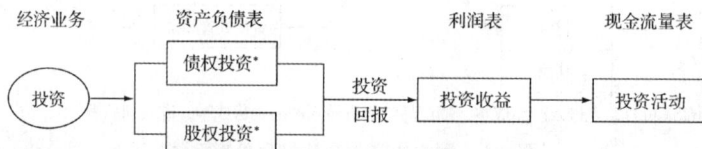

*债权投资在资产负债表中对应的报表项目分别是：交易性金融资产、债权投资、其他债权投资；股权投资在资产负债表中对应的报表项目是：交易性金融资产、其他权益工具投资（或其他非流动金融资产）和长期股权投资。

图 7-3　投资与会计信息处理系统

第二节　长期资产取得的会计处理

一、资本化与费用化

所谓资本化，是指在长期资产（包括固定资产、无形资产和自然资源）计价中，对符合确认标准（即符合资本化条件）的与长期资产相关的成本与费用计入长期资产成本中的方法。这里，符合资本化条件的基本标准为：一是与长期资产有关的经济利益很可能流入企业；二是所发生的相关支出的成本能够可靠计量。

与资本化对应的方法就是费用化，费用化指在长期资产计价中，对不符合确认标准的与长期资产相关的成本与费用计入当期费用的方法。例如，对于企业一台正在制造的特型设备，有关部门反馈的信息表明，由于新型产品的推出，用该设备生产的产品已不具备任何市场前景。这时，归集在该设备上的所有支出就不能资本化。再有，研究阶段的支出，由于所开发的无形资产具有极大的不确定性以及成本支出在基础研究阶段计量的不可靠性，所以这一阶段的支出一律费用化。

取得长期资产的途径多种多样：外购、自建和研发、交换、接受投资、租赁等，最典型的为外购、自建和研发。接下来主要讨论这两种方式下长期资产获得的会计处理。

二、外购长期资产的会计处理

企业外购的固定资产成本，包括买价、相关税费、使固定资产达到预定可使用状态前所发生的可归属于该项资产的运输费、装卸费、安装费等必要支出。这里的必要支出不包括固定资产购置中的浪费和无效支出。相关税费中的税金包括进口关税、增值税等，增值税按现行税法规定，可以抵扣，不计入固定资产成本。

【例 7-1】　珠江公司 2022 年 7 月购买一台专用生产设备，买价为 450 000 元，增值税为 58 500 元，运输与装卸费计 4 500 元（不考虑增值税），安装费 5 800 元，保险费 2 000 元。运输途中由于交通事故，造成更换一部件，支出 8 000 元（其中 5 000 元由保险公司支付），上述款项均已支出，保险赔偿 5 000 元尚未收到。

相关会计处理如下。

借：固定资产	462 300	
应交税费——应交增值税（进项税额）	58 500	
管理费用	3 000	
其他应收款——保险赔偿	5 000	
贷：银行存款		528 800

上述支出中计入固定资产成本的支出有买价、运输与装卸费、安装费和保险费，共计 462 300 元，更换部件支出的 8 000 元中，5 000 元由保险公司赔付，另外 3 000 元由于属于不必要的支出，不能资本化，而直接计入管理费用。

企业外购的无形资产成本，包括买价、相关税费以及直接归属于使该项资产达到预定用途前所发生的其他支出，这些支出包括专业服务费用、测试无形资产是否能够正常发挥作用的费用等，如律师费、法律登记费、无形资产评估费用等。

【例 7-2】 珠江公司 2022 年购入一项专利，支付转让费 278 000 元，另支付的相关律师费、公证费、评估费等共计 48 500 元。相关的会计处理如下（不考虑增值税）。

借：无形资产——专利权	326 500	
贷：银行存款		326 500

三、自建和研发取得的长期资产的会计处理

企业自行建造的固定资产，其资本化成本支出包括材料成本、人工成本及其他费用。其他费用包括相关税费、应予资本化的借款费用以及应分摊的间接费用等。

企业自建的固定资产，发生的材料、人工费用和其他费用支出，先通过"在建工程"进行核算，工程达到预定可使用状态后，再从"在建工程"科目转入"固定资产"科目。

【例 7-3】 2022 年 1 月，珠江公司兴建一新厂房，工期一年。以下是与厂房兴建相关的经济业务。

（1）1 月 1 日，购买工程专用物资 800 000 元，增值税税率 13%，价税款 904 000 元已支付。

（2）1 月 1 日，借入用于工程建设的一年期专项款 1 500 000 元，年利率 6.5%。

（3）全年领用工程物资 640 000 元。

（4）全年领用库存材料 500 000 元，该材料购进时支付的增值税为 65 000 元。

（5）工程建设期间发生工程人员职工薪酬 600 000 元。

（6）分摊一年的水电等辅助费用支出 58 000 元。

（7）归还到期的专用借款。

（8）厂房兴建完毕，经验收，已经达到预定可使用状态。同时将剩余工程材料转入原材料。

相关会计处理如下。

（1）购买工程专用物资。

借：工程物资	800 000	
应交税费——应交增值税（进项税额）	104 000	
贷：银行存款		904 000

（2）借入工程专项款。

借：银行存款　　　　　　　　　　　　　　1 500 000

　　贷：短期借款　　　　　　　　　　　　　　　1 500 000

（3）领用工程物资。

借：在建工程——厂房　　　　　　　　　　640 000

　　贷：工程物资　　　　　　　　　　　　　　　640 000

（4）领用库存材料。

借：在建工程——厂房　　　　　　　　　　500 000

　　贷：原材料　　　　　　　　　　　　　　　　500 000

（5）计提工程人员职工薪酬。

借：在建工程——厂房　　　　　　　　　　600 000

　　贷：应付职工薪酬　　　　　　　　　　　　　600 000

（6）分摊辅助费用。

借：在建工程——厂房　　　　　　　　　　58 000

　　贷：制造费用　　　　　　　　　　　　　　　58 000

（7）归还专用借款。

借：短期借款　　　　　　　　　　　　　　1 500 000

　　在建工程——厂房　　　　　　　　　　　97 500

　　贷：银行存款　　　　　　　　　　　　　　1 597 500

（8）将工程物资转入原材料，并结转在建工程。

借：原材料　　　　　　　　　　　　　　　160 000

　　贷：工程物资　　　　　　　　　　　　　　　160 000

借：固定资产——厂房　　　　　　　　　　1 895 500

　　贷：在建工程——厂房　　　　　　　　　　1 895 500

本例中与增值税相关的核算，将在本书第九章中详细讲解。

对于自行研究与开发的无形资产，所有支出分为研究阶段支出与开发阶段支出。由于在研究阶段无法确定所开发的项目（无形资产，如一项专有技术）能否成功，研究阶段的支出一律费用化。而在开发阶段又分两种情形：如果在此阶段能够确定所开发的项目符合资本化的条件，就将这一阶段的支出计入无形资产成本；否则，与研究阶段的处理一样，所有开发支出全部费用化。

【例7-4】　珠江公司研究开发一项节能新技术，已经完成研究阶段的工作。2020年开始进入开发阶段，2022年年末，向有关部门申请专利获批准，预计有较广泛的市场应用前景。2022年与该技术开发相关的各项支出为：材料400 000元，职工工资1 000 000元，其他支出500 000元。2021年年末开发支出账面余额为5 000 000元。

2022年相关费用发生时，会计处理如下。

借：研发支出——开发支出　　　　　　　　1 900 000

　　贷：原材料　　　　　　　　　　　　　　　　400 000

　　　　应付职工薪酬　　　　　　　　　　　　1 000 000

　　　　银行存款　　　　　　　　　　　　　　　500 000

专利研发成功后，将开发支出资产化。

借：无形资产——专利权　　　　　　　　　6 900 000

　　贷：研发支出——开发支出　　　　　　　　6 900 000

由于自行开发的无形资产不包括研究阶段的支出，我们可以发现这样一个现象：同一无形资产，外购获得和内部开发取得在价值计量上是不一致的。读者们思考一下，为什么会出现这样的现象？

前面已经提到，我国的土地主要属于国有，企业通常只拥有使用权，土地使用权按"无形资产——土地使用权"进行核算。土地使用权用于自行开发建造厂房等地上建筑物时，其账面价值不与地上建筑物合并计算成本，而仍然作为无形资产进行核算。但房地产企业建造用于对外出售的商品房时，商品房的成本中包括土地使用权的成本；如果外购的建筑物支付的价款中包括土地使用权成本，则按合理的比例进行分配，单独计量和列示无形资产——土地使用权，如果找不到合理分配的办法，则所有支出全部计入固定资产——建筑物的成本。

长期资产取得的其他途径如交换、接受投资、租赁等的会计处理，参见本系列教材《中级财务会计》相关章节的讲述。

第三节 长期资产的后续计量与处置

存货在使用或销售后，其成本是一次性结转的。而长期资产可以在较长时间内连续使用，其价值逐步转移到生产产品的成本中或使用各期的期间费用中，这种将长期资产的价值逐步转移到生产产品的成本中或使用各期的期间费用中的做法，相对于固定资产称为折旧，相对于无形资产称为摊销，相对于自然资源称为折耗。为了使长期资产延长使用寿命，长期资产在使用一段时间后，还会被改良和维修。另外，由于长期资产存续时间较长，还要定期对其价值进行评估和测试。因此，长期资产的后续计量包括固定资产折旧和无形资产摊销的会计处理、长期资产后续支出的会计处理。长期资产价值重估则不在初级会计中展开讨论。最后，简要讨论长期资产处置的会计处理。

一、固定资产折旧

折旧就是将固定资产成本系统地分配到各个会计期间，所分配的金额根据受益对象和期间分别计入生产成本或期间费用。虽说折旧产生的一个重要原因是固定资产使用后价值不断降低，但实际上折旧的金额与固定资产价值的下降或损耗从严格意义上讲是不相匹配的。固定资产折旧从本质上讲，是一种成本分摊的过程，而不是一个计价的过程。经过一定时期，固定资产的价值通过折旧最终都将发生转移。但是土地的使用与一般固定资产不同，其价值不会因为使用或时间的推移而消逝，所以，土地是不计提折旧的。

既然是一种价值分摊，每期分摊金额的计算就是折旧的核心。影响折旧的因素主要有三个：一是折旧基础；二是折旧年限；三是折旧方法。

折旧基础是固定资产应分摊的金额，等于固定资产原始成本减去预计的净残值。固定资产原始成本就是我们前面讲到的初始确认的金额。净残值指固定资产报废时的变卖收入减去清理费用后的净额。因为这部分价值没有发生转移，所以要从折旧基础中扣除。

折旧年限是一个估计数。这种估计基于固定资产的物理寿命，更重要的是要考虑其经济寿命。因为从经济学的角度讲，固定资产的价值不是由其经久耐用决定的，而是由其边际效用和市场需求决定的。正因为这一点，当以某一固定资产生产的产品市场销路发生变化（如滞销）时，折旧年限会进一步调减。

当折旧基础和折旧年限确定后，每期折旧额的多少还取决于特定的折旧方法。针对同一折

折旧的实质和
影响因素

旧基础和折旧年限，不同的折旧方法所得出的折旧额不同。现行的折旧方法主要有两类：一是产量法；二是加速折旧法。如果假定固定资产是均衡使用的，折旧就根据所使用的年限平均分摊，这样就产生了第三种方法——直线折旧法。直线折旧法是所有折旧方法的基础，下面简要介绍这三种方法，我们首先从直线折旧法开始。

（一）直线折旧法

按直线折旧法计算每期折旧额的公式如下。

$$年折旧额=\frac{原始成本-预计净残值}{预计折旧年限}$$

$$月折旧额=\frac{年折旧额}{12}$$

如果利用折旧率来计算每年的折旧额，其公式如下。

$$年折旧率=\frac{1-预计净残值率}{预计使用年限}\times100\%$$

$$预计净残值率=\frac{预计净残值}{固定资产原值}\times100\%$$

$$年折旧额=固定资产原值\times年折旧率$$

【例 7-5】 珠江公司 2021 年 12 月购买一台大型机床，原价 500 000 元，估计使用年限为 10 年，预计寿命期末净残值为 20 000 元。该设备的折旧额计算如下。

$$年折旧额=\frac{500\,000-20\,000}{10}=48\,000（元）$$

$$月折旧额=\frac{48\,000}{12}=4\,000（元）$$

我国现行制度规定，本月投入使用的固定资产下月开始计提折旧，本月报废或处置的固定资产本月仍需计提折旧。因此，珠江公司此台机床从 2022 年 1 月开始计提折旧。如果该机床同时用于多种产品生产，则折旧额先登记为"制造费用"，然后再分配到各产品的"生产成本"中；如果只用于一种产品生产，则直接登记到该产品的"生产成本"账户中。管理部门使用的设备或建筑物计提折旧，折旧费用则登记为"管理费用"。

由于在所有折旧方法中，这种方法最简单明了，所以也成为实务中最流行的方法。

（二）作业量法（或产量法）

对比直线折旧法，作业量法似乎更准确与合理，因为这种方法是根据固定资产生产数量来分摊成本的。

作业量法的折旧计算公式为：

$$单位工作量折旧额=\frac{固定资产成本-预计的净残值}{估计的总作业量}$$

$$年折旧额=当年实际作业量\times单位工作量折旧额$$

这里的作业量基础既可以是机器工时，也可以是实物产量。如果是以机器工时为作业量基础，则应该计算出单位机器工时折旧额，按各期实际发生的机器工时数确定应计折旧额；如果是以实物产量为作业量基础，则应该计算出单位实物产量折旧额，按各期实际生产的实物产量确定应计折旧额。

【例7-6】 承【例7-5】，珠江公司2021年12月购入的机床，预计在整个寿命期内运转20 000小时，寿命期末估计残值为20 000元。假定珠江公司前五年该设备实际运转小时数为1 500小时、1 800小时、1 900小时、2 200小时、2 000小时。采用作业量法计提折旧，则珠江公司前五年应提的折旧额计算如下。

$$每小时折旧额=\frac{500\ 000-20\ 000}{20\ 000}=24（元/小时）$$

第一年应计提的折旧额=1 500×24=36 000（元）

第二年应计提的折旧额=1 800×24=43 200（元）

第三年应计提的折旧额=1 900×24=45 600（元）

第四年应计提的折旧额=2 200×24=52 800（元）

第五年应计提的折旧额=2 000×24=48 000（元）

从逻辑上讲，作业量法比直线折旧法更准确，但在实务中的运用却并不广泛。主要原因有两个，一是要准确估计固定资产的作业总量是有困难的；二是要做好每个期间实际作业量的统计工作，也增加了会计处理的工作量。

（三）加速折旧法

加速折旧法基于这样一种假设：新投放的固定资产使用效率是最高的，并且使用初期的维修次数少、维修和维护成本低，所提供的经济效益明显高于后期。所以基于这样一种假定，固定资产使用初期应多计提折旧，后期则逐渐减少折旧的计提额度。

加速折旧法的实际计算方法有多种，应用较多的有双倍余额递减法、年数总和法等。这里只对双倍余额递减法进行举例说明。使用这种方法时，用不扣除净残值的固定资产原值除以折旧年限，其结果为直线折旧法的折旧率，在此折旧率的基础上加倍。以后每年用加倍后的折旧率乘以每年年初的账面净值。一直到固定资产账面净值等于净残值为止。

【例7-7】 承【例7-5】，珠江公司2021年12月购入的机床采用双倍余额递减法计提折旧，该机床每年的折旧额如表7-3所示。

表7-3　　　　　　　　折旧计算表（双倍余额递减法）　　　　　　　单位：元

年份	期初账面净值	折旧率	折旧额	累计折旧	期末账面余额
2022	500 000	20%*	100 000	100 000	400 000
2023	400 000	20%	80 000	180 000	320 000
2024	320 000	20%	64 000	244 000	256 000
2025	256 000	20%	51 200	295 200	204 800
2026	204 800	20%	40 960	336 160	163 840
2027	163 840	20%	32 768	368 928	131 072
2028	131 072	20%	26 214	395 142	104 858
2029	104 858	20%	20 972	416 114	83 886
2030	83 886	20%	16 777	432 891	67 109
2031	67 109		47 109**	480 000	20 000
合计					

*双倍直线折旧率=2×1÷10×100%=20%。

**最后一年折旧额=67 109-20 000=47 109（元）。

在上述计算中，最后一期的折旧额是用固定资产账面净值减净残值后得出的，同时大家也可发现一个现象，最后一期的折旧额大于前面几个年度的折旧额，因此为了保证每期计提的折旧额呈递减趋势，在按双倍余额递减法计提的折旧金额小于按直线折旧法计算的折旧金额时，改用直线折旧法，进行折旧方式的转换。

在本例中，2026年的折旧额40 960元已经小于利用直线折旧法的计算的折旧额48 000元，这时，从2026年开始，按直线折旧法计提折旧，每年的折旧额计算如下。

$$2026—2031年每年的折旧额=\frac{204\ 800-20\ 000}{6}=30\ 800（元）$$

二、无形资产摊销

无形资产一般按预计的使用年限进行摊销，但使用寿命不能确定的无形资产则不进行摊销。与固定资产折旧原理一样，无形资产摊销受摊销基础、摊销年限和摊销方法的影响。但与固定资产折旧不同，无形资产一般而言没有残值。另外，摊销年限的确定比固定资产单纯由预计使用年限来决定要复杂一些，确定一项无形资产的摊销年限要考虑的因素有：法定年限（如专利权的保护年限）、合同年限（一项特许经营权的许可经营年限）和预计使用年限等。无形资产的摊销方法为直线折旧法。摊销费计入的项目与固定资产相同，但大多计入期间费用，直接用于产品生产的，则计入产品成本。

【例7-8】 珠江公司2022年年初取得一项特许经营权，共支付600 000元，合同约定的使用期限为15年。取得和每年摊销的会计处理如下（不考虑增值税）。

借：无形资产——特许权　　　　　　　　　　　600 000
　　贷：银行存款　　　　　　　　　　　　　　　　600 000
借：管理费用（600 000÷15）　　　　　　　　　40 000
　　贷：累计摊销　　　　　　　　　　　　　　　　40 000

长期资产特别是固定资产，为了提高其使用效率和延长其使用寿命，在使用中，还会发生一些改良、维修和维护的支出。对符合资本化条件的上述支出，计入固定资产成本；对不符合资本化条件的，计入当期费用。

三、折旧或摊销与现金流量

由于无形资产摊销方法只有一种，我们在这里重点讨论固定资产折旧方法的选择问题。会计政策选择是有经济后果的。这是因为不同的会计方法对会计最终反映的结果（如净利润）是不相同的，因而会影响企业相关利益者的经济利益。

以【例7-5】～【例7-7】计算的前五年的折旧为例，假定折旧和所得税前的利润均为100 000元，三种折旧方法对利润影响的比较如表7-4所示。

表7-4　　　　　　　　　　　　三种折旧方法对利润影响的比较　　　　　　　　　　　单位：元

年份	直线折旧法		工作量法		加速折旧法	
	折旧额	利润额	折旧额	利润额	折旧额	利润额
2022	48 000	52 000	36 000	64 000	100 000	0
2023	48 000	52 000	43 200	56 800	80 000	20 000
2024	48 000	52 000	45 600	54 400	64 000	36 000
2025	48 000	52 000	52 800	47 200	51 200	48 800
2026	48 000	52 000	48 000	52 000	30 800	69 200

从表 7-4 可以看出，三种方法计算的折旧额和利润额不同，并且差异较大。按直线折旧法计算的折旧额和利润额每年都比较均衡；而随着机床工作时间的不同，工作量法下的折旧额和利润额每年有较大波动；而在加速折旧法下，每年的折旧额递减，而利润额递增。

企业在选择不同的折旧方法时，已经注意到了不同方法的经济后果，对经济后果的考虑是很重要的一个方面。另外，尽可能使计提的折旧与固定资产所产生的收入配比也是一个重要方面。最后，对现金流量和所得税的影响是企业在选择折旧方法时要考虑的因素。

前面提到，长期资产是企业投资活动的结果，长期资产的购买与处置会影响投资活动现金流量的流入与流出。但是，折旧与摊销实质上并不会对投资活动的现金流量产生影响。表 7-5 揭示了这一点。

表 7-5　　　　　2022 年三种折旧方法税前会计利润与现金流量的比较　　　　　单位：元

	直线折旧法	工作量法	加速折旧法
利润表			
销售收入（现金收入）	200 000	200 000	200 000
营业费用（付现）	（100 000）	（100 000）	（100 000）
折旧	（48 000）	（36 000）	（100 000）
税前利润	52 000	64 000	0
现金流量表			
经营活动现金流入	200 000	200 000	200 000
经营活动现金流出	（100 000）	（100 000）	（100 000）
经营活动现金净流量	100 000	100 000	100 000

在表 7-5 中，假定珠江公司 2022 年的销售收入为 200 000 元，并且全部为现销，营业费用为 100 000 元，全部为现付。虽然利用三种方法计算的税前利润不同，但经营活动的现金流量却是相同的。即不同的折旧方法并不影响企业的现金流量。

如果按照三种方法计算的利润缴纳所得税，则产生的现金流出就会不一致，如表 7-6 所示。

表 7-6　　　　　2022 年三种折旧方法税后会计利润与现金流量的比较　　　　　单位：元

	直线折旧法	工作量法	加速折旧法
利润表			
销售收入（现金收入）	200 000	200 000	200 000
营业费用（付现）	（100 000）	（100 000）	（100 000）
折旧	（48 000）	（36 000）	（100 000）
所得税费用（25%）	（13 000）	（16 000）	0
税后利润	39 000	48 000	0
现金流量表			
经营活动现金流入	200 000	200 000	200 000
经营活动现金流出	（100 000）	（100 000）	（100 000）
支付所得税	（13 000）	（16 000）	0
经营活动现金净流量	87 000	84 000	100 000

从表 7-6 中可以看出，如果选择不同的折旧方法，由于缴纳的所得税不同，最后三种方法下的经营活动现金净流量是不同的。折旧初期，加速折旧法带来的现金净流量最大。虽然从整个固定资产使用期而言，企业缴纳的所得税并未减少，但也给企业带来了推迟纳税的好处。

要注意的是，我国实行的是会计利润与纳税所得分离的制度，即财务会计与税务会计相分离，所以，所得税并不是以会计利润为依据计算的，而是根据税法的要求在会计利润的基础上调整计算出来的。在这种情况下，会计上选择的不同的方法对现金流量就不会产生影响。也就是说，企业选择不同的折旧方法计算的利润虽然不同，但只能按税法规定的利润计算方法纳税，即会计利润不影响应交所得税，也就不影响交税的现金支出（见表7-7）。

表7-7　　　　　　　　　2022年三种折旧方法下应交所得税与现金流量的比较　　　　　　　　单位：元

	直线折旧法	工作量法	加速折旧法
利润表			
销售收入（现金收入）	200 000	200 000	200 000
营业费用（付现）	（100 000）	（100 000）	（100 000）
折旧（会计）	（48 000）	（36 000）	（100 000）
会计利润	52 000	64 000	0
折旧（税法）	（48 000）	（48 000）	（48 000）
应税所得	52 000	52 000	52 000
应交所得税（25%）	13 000	13 000	13 000
现金流量表			
经营活动现金流入	200 000	200 000	200 000
经营活动现金流出	（100 000）	（100 000）	（100 000）
支付所得税	（13 000）	（13 000）	（13 000）
经营活动现金净流量	87 000	87 000	87 000

在表7-7中，假定税法规定企业只能按直线折旧法计提折旧，虽然企业可以选择不同的折旧方法，但计算缴纳的所得税时所使用的折旧额是相同的，其对现金流量的影响也是一样的。

四、长期资产处置

对长期资产处置的账务处理，主要以固定资产处置为例进行讲述，无形资产的处置比照固定资产处置进行。固定资产处置又称固定资产清理，包括报废、毁损和提前出售等。报废和毁损是针对没有服务能力的固定资产的处置清理，提前出售是对还有服务能力的固定资产的变卖。无论是报废、毁损还是提前出售，其会计处理都是相同的。

固定资产处置通过"固定资产清理"科目进行，先将固定资产原值和累计折旧进行结转，两者之间的差额表现为固定资产账面净值。如果折旧计提完毕，这一净值为期初预计的净残值；如果折旧未计提完毕，这一净值为期初预计的净残值加未提折旧额。固定资产净值结转到"固定资产清理"的借方，同时登记为借方的还有固定资产清理中的应交税费和清理中发生的相关清理费用。清理中发生的收入，以及从保险公司获得的赔偿，或者由事故人承担的赔偿都登记在"固定资产清理"的贷方。另外，销售中收到的增值税登记为应交增值税的销项税额。最后，将"固定资产清理"的余额转入"资产处置损益"账户。

【例7-9】　承【例7-5】，假定珠江公司购买的500 000元机床期满后报废，变卖取得的收入为30 000元，相应的清理费用为5 000元。会计处理如下（不考虑增值税）。

（1）结转报废固定资产账面净值。

借：固定资产清理　　　　　　　　　　　　　　　　　20 000
　　累计折旧　　　　　　　　　　　　　　　　　　　480 000
　　　贷：固定资产　　　　　　　　　　　　　　　　　　　　500 000

（2）登记清理收入。

借：银行存款   30 000

    贷：固定资产清理   30 000

（3）记录清理费用。

借：固定资产清理   5 000

    贷：银行存款   5 000

（4）将固定资产清理的余额转入"资产处置损益"。

借：固定资产清理   5 000

    贷：资产处置损益   5 000

【例 7-10】 承【例 7-8】，珠江公司在签订特许经营合同 10 年后因某种原因将特许权转让，获得收入 150 000 元，不考虑相关税费。相关会计处理如下。

借：累计摊销   400 000

    资产处置损益   50 000

    银行存款   150 000

    贷：无形资产——特许权   600 000

长期资产处置的现金收入净额反映的是投资活动的现金流入。这一金额表现为变卖的现金收入减去清理中付现的相关支出。在【例 7-9】中，这一现金流入金额为 25 000 元，在【例 7-10】中，则为 150 000 元。

第四节　证券投资

我们的家庭越来越富裕，手中的货币就会增多，早期唯一的选择就是存入银行，后来有了国债，就排队购买国债；当资本市场建立后，我们又开始购买股票和债券；再后来是基金、权证，以后还会有股票指数期货等。精明家庭的选择是让闲置的资金尽可能增值，上述这些做法就叫作"理财"。以追求利润最大化为目标的企业在有了多余的资金时，更会精打细算。企业在自身没有更好的项目，或者目前还没有足够的资金去投资一个新项目时，会将暂时闲置的资金对外投资，这是一种明智的选择。当然，对外投资不单纯是基于理财的目的，有时也为了影响或控制被投资方的决策。对外投资的载体是证券，就成熟的市场而言，这些证券包括存款单、商业票据、国债、市政债券、公司债券、股票和更高级的权证类的衍生工具等。这些基本的证券主要可分为债权证券和权益证券（股票）。本节就讨论这两种投资的基本会计处理。

一、债权投资

债券与股票的最大区别体现在收益的风险上，债券到期可收回本金，并且每期的收益是固定的；而股票的收益是随被投资企业盈利情况而定的，并且投资成本只可在市场转让，而不能从被投资企业收回。债券投资的会计处理是分类进行的，即不同类别的债券投资，其会计处理不同。下面先讨论债券投资的分类。

债权投资

（一）债权投资的分类

传统上将债券投资和股票投资统一分为短期投资和长期投资。持有期在一年内的划分为短期投资，否则就归为长期投资，每一类再细分为债权投资和股权（或权益）投资。随着证券投

资的比重越来越大，风险越来越高，投资者对这种证券投资的风险揭示程度也提出了更高的要求。为了满足这种需要，现在对证券投资的分类更加细化，对风险的揭示程度也更高。债权投资按新的分类标准列示如表 7-8 所示。

表 7-8　　　　　　　　　　　　　　债权投资的分类、会计计量与披露

分类	分类标准	计量方法	列示
债权投资		摊余成本法	非流动资产
其他债权投资	按业务模式和现金	公允价值法	非流动资产
交易性金融资产	流量特征	公允价值法	流动资产*

*准备在下一年出售的其他债权投资和在下一个年度到期的债权投资在本年年末列为流动资产。

从表 7-8 中可以看出，债权投资是指企业打算通过获得合同现金流来管理此类债权。这类债权投资的计量按摊余成本法进行：购进时，买价计入成本，收到的利息计入当期损益，期末公允价值的变动不反映。由于债权投资是通过收取合同现金流的，准备长期持有并能收回本金的，公允价值的变动对它不会产生太大的影响。

其他债权是指企业既通过收取合同现金流又通过出售该类资产获得现金流来管理此类债权。它的核算处理规则为：购进时，买价计入成本，收到的利息计入当期损益，期末公允价值的变动计入所有者权益（"其他综合收益"科目）。由于打算通过出售来获得现金流，因此公允价值的变动对此类债权会产生影响，但其影响并不直接计入利润表，而是反映在资产负债表中的净资产中，这种处理是一种折中的做法。

不能分类为上述两类的债权投资全部归类为交易性金融资产，对这类债券投资的计量按公允价值法进行：购进时，买价计入成本，收到的利息计入当期损益，期末公允价值的变动也计入当期损益。将公允价值的变动计入当期损益，是为了更好地揭示其风险变动信息。

下面逐一通过举例来讨论三类债权投资的会计处理。以下实例中均不考虑相关税费（交易费用）。

（二）交易性金融资产

交易性金融资产购进时，买价计入成本；收到的利息计入当期损益（投资收益）；期末公允价值的变动也计入当期损益（公允价值变动损益）；出售时，将售价与账面价值之间的差额登记为投资收益。

【例 7-11】　珠江公司 2022 年 1 月 2 日购买 A 公司发行的债券 350 000 元（票面价值 350 000 元，年利率为 5%，债券期限为 6 年）。珠江公司打算随时出售该债券以赚取价差。该债券每年支付一次利息。12 月 31 日，该债券市价为 350 800 元。2023 年 1 月 1 日，收到支付的利息 17 500 元。2023 年 7 月 1 日，以 360 000 元出售。

相应的会计处理如下。

（1）2022 年 1 月 2 日，购进债券。

借：交易性金融资产——成本　　　　　　　　　　　　350 000
　　贷：银行存款　　　　　　　　　　　　　　　　　　350 000

（2）12 月 31 日，登记应收利息和公允价值调整。

借：应收利息（350 000×5%）　　　　　　　　　　　17 500
　　贷：投资收益　　　　　　　　　　　　　　　　　　17 500

借：交易性金融资产——公允价值变动　　　　　　　　800
　　贷：公允价值变动损益　　　　　　　　　　　　　　800

（3）2023 年 1 月 1 日，收到利息。

借：银行存款　　　　　　　　　　　　　　　　　　17 500
　　贷：应收利息　　　　　　　　　　　　　　　　　　17 500

（4）2023 年 6 月 30 日，计提应收利息。

借：应收利息（350 000×5%÷2） 8 750
　　贷：投资收益 8 750

（5）7 月 1 日，出售债券。

借：银行存款 360 000
　　贷：交易性金融资产 350 800
　　　　应收利息 8 750
　　　　投资收益 450

（三）其他债权投资

其他债权投资购进时，买价计入成本；收到的利息计入当期损益；期末公允价值的变动记入"其他综合收益"科目；出售时，将售价与其他债权投资的账面价值及转销的计入"其他综合收益"之间的差额，确认为投资损益。

【例 7-12】 珠江公司 2022 年 1 月 2 日购买 A 公司发行的债券 350 000 元（票面价值 350 000 元，年利率为 5%，债券期限为 6 年）。珠江公司既打算以收取合同现金，又准备以出售获得现金流来管理该债券。该债券每年支付一次利息。12 月 31 日，该债券市价为 350 800 元。2023 年 1 月 1 日，收到支付的利息 17 500 元。2023 年 7 月 1 日，以 360 000 元出售。

相应的会计处理如下。

（1）2022 年 1 月 2 日，购进债券。

借：其他债权投资——面值 350 000
　　贷：银行存款 350 000

（2）12 月 31 日，计提利息收益和公允价值调整。

借：应收利息（350 000×5%） 17 500
　　贷：投资收益 17 500
借：其他债权投资——公允价值变动 800
　　贷：其他综合收益 800

（3）2023 年 1 月 1 日，收到利息。

借：银行存款 17 500
　　贷：应收利息 17 500

（4）2023 年 6 月 30 日，计提利息收益。

借：应收利息（350 000×5%÷2） 8 750
　　贷：投资收益 8 750

（5）7 月 1 日，出售债券。

借：银行存款 360 000
　　其他综合收益 800
　　贷：其他债权投资 350 800
　　　　应收利息 8 750
　　　　投资收益 1 250

（四）债权投资

债权投资购进时，买价计入成本，收到的利息计入当期损益，期末公允价值的变动不反映，到期记录收回本金。

【例 7-13】 珠江公司 2022 年 1 月 2 日购买 A 公司发行的债券 350 000 元（票面价值 350 000 元，年利率为 5%，债券期限为 6 年）。珠江公司打算以收取合同现金流管理该债权。该债券每年支付一次利息。2022 年 12 月 31 日，该债券市价为 350 800 元。2023 年 1 月 1 日，收到支付的利息 17 500 元。6 年后，公司收回债券本金。

相应的会计处理如下。

（1）2022 年 1 月 2 日，购进债券。

借：债权投资——面值   350 000
　　贷：银行存款   350 000

（2）12 月 31 日，计提利息收益。

借：应收利息（350 000×5%）   17 500
　　贷：投资收益   17 500

（3）2023 年 1 月 1 日，收到利息。

借：银行存款   17 500
　　贷：应收利息   17 500

以后每年的会计处理同上。

（4）到期日，收回本金。

借：银行存款   350 000
　　贷：债权投资   350 000

上述举例是一种简化的会计处理，债券投资详细实际的会计处理请参见本系列教材《中级财务会计》"投资"一章的具体内容。

二、股权投资

股权投资

上面提到，股票与债券的最大区别体现在收益的风险上。这种风险表现在如果被投资企业无盈利，投资股票就无回报，但是，如果被投资企业收益很高，投资股票的收益就会高于债券。另外，投资股票还可以获得影响和控制对方经营决策的控制收益。这也是股票投资虽然风险高，但仍然有许多企业选择股票投资的原因。股票投资所产生的对被投资方经营决策的影响程度，取决于持有对方股票的比例。股票投资的会计处理受投资目的和投资比例两个方面的影响。

（一）股权投资的分类

股票投资的分类如表 7-9 所示。

表 7-9　　　　　　　　　　股权投资的分类、会计计量与披露表

分类	分类标准	计量方法	列示
交易性权益工具*	无重大影响	公允价值法	流动资产
非交易性权益工具**	无重大影响	公允价值法	非流动资产
长期股权投资	持股比例 20%～50%	权益法	非流动资产
	持股比例>50%	成本法	非流动资产

*交易性权益工具使用"交易性金融资产"会计科目进行核算，非交易性权益工具使用"其他权益工具投资"或"交易性金融资产"会计科目进行核算。

**非交易性权益工具分为两类，一类为指定按公允价值计量变动计入其他综合收益，会计科目为"其他权益工具投资"；其余的则为按公允价值计量变动计入当期损益，会计科目仍然为"交易性金融资产"（会计期末持期超过一年的，在报表中列为"其他非流动金融资产"）。

列为交易性权益工具和非交易性权益工具的股票投资与交易性金融资产的债券投资的会计处理原则大体一致。而股票投资的权益法和成本法是一种股票投资特有的方法。

下面逐一通过举例来讨论几类股票投资的会计处理。以下实例中均不考虑相关税费（交易费用）。

（二）交易性金融资产

分类为交易性金融资产的股票也称交易性权益工具，其会计处理与交易性债券的处理相同，购进时，买价计入成本；收到的股利计入投资收益；期末公允价值的变动计入公允价值变动损益；出售时，将售价与账面价值之间的差额登记为投资收益。

【例 7-14】　珠江公司 2022 年 1 月 2 日利用闲置的资金购买 B 公司的股票 10 000 股，每股市价 20.3 元。珠江公司打算随时出售该股票。12 月 31 日，该股票市价为 18.5 元。2023 年 6 月 1 日，每股收到现金股利 0.2 元。8 月 1 日，以每股 21.5 元出售。

相应的会计处理如下。

（1）2022 年 1 月 2 日，购进股票。

借：交易性金融资产　　　　　　　　　　　　203 000
　　贷：银行存款　　　　　　　　　　　　　　203 000

（2）12 月 31 日，公允价值调整。

借：公允价值变动损益　　　　　　　　　　　18 000
　　贷：交易性金融资产　　　　　　　　　　　18 000

（3）2023 年 6 月 1 日，收到股利。

借：银行存款　　　　　　　　　　　　　　　2 000
　　贷：投资收益　　　　　　　　　　　　　　2 000

（4）8 月 1 日，出售股票。

借：银行存款　　　　　　　　　　　　　　　215 000
　　贷：交易性金融资产　　　　　　　　　　　185 000
　　　　投资收益　　　　　　　　　　　　　　30 000

（三）非交易性权益工具

分类为非交易性的权益工具，其会计处理与前面的交易性权益工具的相同，购进时，买价计入成本；收到的股利计入当期损益；期末公允价值的变动计入当期损益；出售时，将售价与非交易性权益工具的账面价值之间的差额，确认为投资损益。唯一的差别是前者在期末资产负债表中列示为流动资产，后者中属于在会计期末持有预期超过一年的则以"其他非流动金融资产"列示在非流动资产中。分类为非交易性的权益工具可以在初始确认时指定按公允价值计量变动计入其他综合收益，会计科目为"其他权益工具投资"，但这一指定一旦做出就不得撤销，并且在权益投资最终被处置时，累计形成的"其他综合收益"直接转入"留存收益"。这里不再举例说明。

（四）长期股权投资

企业持股比例在 20%～50% 的股票投资，使用权益法进行核算；持股比例大于 50% 的股票投资，使用成本法进行核算。成本法下，购买时按买价入账；期末不对股票投资的账面价值进行调整，收到股利时确认投资收益；出售时，将售价与股票投资账面价值之间的差额，确认为投资损益。权益法同成本法相比，初始投资成本的确认是相同的。不同的是，成本法下，投资者只有收到或确定收到股利时才确认投资收益；而权益法下，投资者按比例享有（或承担）被投资者的盈利（或亏损），根据被投资者的盈亏，一方面调整长期股权投资的账面价值，另一方面确认投资损益，股利的分配则冲减长期股权投资成本。出售时，将售价与股票投资账面价值之间的差额，确认为投资损益。

【例 7-15】 2022 年 3 月 1 日，珠江公司购买一家非上市 C 公司 55% 的股票，计 4 500 000 元。2022 年 12 月，C 公司实现净利润 500 000 元。2023 年 3 月 1 日，C 公司宣布发放现金股利 300 000 元。4 月 1 日，实际支付股利。

相关会计处理如下（成本法）。

（1）2022 年 3 月 1 日，购进股票。

借：长期股权投资 4 500 000

　　贷：银行存款 4 500 000

（2）2023 年 3 月 1 日，宣布发放现金股利。

借：应收股利（300 000×55%） 165 000

　　贷：投资收益 165 000

（3）4 月 1 日，收到现金股利。

借：银行存款 165 000

　　贷：应收股利 165 000

【例 7-16】 2022 年 1 月 1 日，珠江公司购买一家 D 公司 25% 的股票，计 8 500 000 元。2022 年 12 月，D 公司实现净利润 800 000 元。2023 年 5 月 1 日，D 公司宣布发放现金股利 500 000 元。6 月 1 日，实际支付股利。

相关会计处理如下（权益法）。

（1）2022 年 1 月 1 日，购进股票。

借：长期股权投资 8 500 000

　　贷：银行存款 8 500 000

（2）12 月 31 日，确认收益。

借：长期股权投资（800 000×25%） 200 000

　　贷：投资收益 200 000

（3）2023 年 5 月 1 日，宣布发放现金股利。

借：应收股利（500 000×25%） 125 000

　　贷：长期股权投资 125 000

（4）6 月 1 日，收到股利。

借：银行存款 125 000

　　贷：应收股利 125 000

持股比例超过 50% 后，将会控制被投资方的经营决策，这时，投资方平时按成本法对长期股权投资进行核算。同时，还要合并被投资方的报表，在编制合并报表时，再将长期股权投资调整到权益法的基础上。合并报表的编制又称合并会计，合并会计的问题在高级财务会计中讲述。

简 答 题

1. 简述企业为何进行对外投资。

2. 分别阐述固定资产、无形资产、对外投资的业务流程与会计信息处理系统。

3. 区分资本化与费用化，并简要举例说明。

4. 区分折旧、摊销和折耗。

5. 说出三种无形资产的名称，并对这些无形资产进行描述。

6. 主要的折旧方法有哪些？这些折旧方法与企业的净利润、现金流量的关系如何？

7. 债券投资分为交易性金融资产、其他债权投资和债权投资的标准是什么？阐述每类投资的核算要求。

8. 区分长期股权投资核算的成本法与权益法。

练 习 题

一、固定资产的购置

资料： 南方公司 2022 年 3 月购进一台国产机床，买价为 680 000 元，增值税税率为 13%，运输装卸费 5 800 元（不考虑增值税），安装费 4 750 元，途中由于运输公司的原因造成局部损坏，重新购置一零部件花费 2 000 元，从支付的运输费中扣减，该设备已调试完毕。

要求： 计算固定资产的成本。

二、长期资产的兴建与研发

资料： 南方公司 2023 年全年发生以下与固定资产兴建、无形资产研发有关的经济业务。

（1）1 月，研发部门购入某项专用设备一台，价款 780 000 元，增值税 101 400 元，预计无残值，使用期为 5 年，从下月起开始计提折旧。同时购进实验用材料，价款 50 000 元，增值税税额 6 500 元。上述货税款均已支付。设备与材料全部用于某项新产品专利技术的开发研究。

（2）1 月，公司正式启动一条新产品生产线的建设工程，该生产线主要由三台主要设备组成。前期基础工程建设期为 10 个月，设备安装调试期 2 个月。当期购买专用物资 450 000 元，增值税税率为 13%。款项未付。

（3）1 月，借入工程专项款 2 000 000 元，借期 1 年，年利率 5.8%。随即支付工程物资价税款。

（4）6 月底，实验共领用材料 30 000 元。之后，该产品专利技术研发进入开发阶段。

（5）7 月，研发部门领用材料 20 000 元。

（6）预交三台设备订金 150 000 元。

（7）10 月，生产线基础工程全部完工，本年所购专用物资全部投入使用。

（8）11 月初，三台设备全部验收合格，支付设备余款 1 050 000 元，另外按 13% 的税率支付增值税。设备进入安装调试阶段。

（9）共支付安装费 40 000 元。

（10）年底，产品生产设备调试完毕，共支付相关费用 15 000 元。登记应付全年短期专项借款利息。新产品技术经有关专家审核后，向专利部门申请专利获得批准，共支付相关费用 48 000 元。

（11）全年登记应付工程人员工资 420 000 元，研究人员工资 250 000 元，管理人员工资 150 000 元。

（12）全年共发生辅助费用 580 000 元，由生产、工程和研发三个部门共同分担，分摊的比例为 50%、40% 和 10%。

要求：

1. 编制上述业务的会计分录。

2. 计算并登记固定资产和无形资产的成本（含结转研发支出中的费用化支出）。

三、折旧

资料：南方公司 2022 年年末购买一台设备。总价值 800 000 元，预计净残值率为 5%，预计使用年限为 8 年，该设备预计加工的产品总量为 76 000 件，并假定设备投入使用前三年的实际产量分别为 8 000 件、8 500 件和 9 000 件。

要求：运用直线折旧法和加速折旧法（双倍余额递减法）计算各年应计折旧；运用工作量法计算前三年的折旧额（不考虑相关税费）。

四、固定资产处置

资料：接上题，假定南方公司购买的设备五年半后由于产品销路问题进行变卖，变卖的收入为 120 000 元（不考虑相关税费）。

要求：

1. 假定南方公司按直线折旧法计提折旧，编制处置该设备的会计分录。
2. 假定南方公司按双倍余额递减法计提折旧，编制处置该设备的会计分录。

五、无形资产取得、摊销与处置

资料：南方公司与某公司签订一项非专利技术转让合同，取得该项技术使用权，预计该技术有效使用寿命为 10 年，转让费 285 000 元，另支付相关税费 44 650 元。5 年后，将该专利技术以 180 000 元转让。

要求：编制该无形资产相关的会计分录（不考虑相关税费）。

六、交易性金融资产

资料：南方公司 2022 年 7 月 2 日购买 A 公司发行的债券 500 000 元（票面价值 500 000 元，年利率为 6%，债券期限为 10 年）。南方公司打算随时出售该债券以赚取差价。该债券每半年支付一次利息。12 月 31 日，该债券市价为 501 000 元。2023 年 1 月 1 日，收到支付的利息 15 000元。2023 年 4 月 1 日，以 509 500 元出售（不考虑相关税费）。

要求：登记债券各环节（购买、计提应收利息、市价变动、收回利息、出售）的会计分录。

七、其他债权投资

资料：南方公司 2022 年 1 月 2 日购买 A 公司发行的债券 500 000 元（票面价值 500 000 元，年利率为 6%，债券期限为 10 年）。南方公司既打算以收取合同现金，又准备以出售获得现金流来管理该债券。该债券每半年支付一次利息。12 月 31 日，该债券市价为 501 000 元。2023 年 1月 1 日，收到支付的利息 15 000 元。2023 年 7 月 1 日，以 518 000 元出售（不考虑相关税费）。

要求：登记债券各环节（购买、计提应收利息、市价变动、收回利息、出售）的会计分录。

八、债权投资

资料：南方公司 2022 年 7 月 2 日购买 A 公司发行的债券 500 000 元（票面价值 500 000 元，年利率为 6%，债券期限为 10 年）。南方公司打算以收取合同现金来管理该债券。该债券每半年支付一次利息。2022 年 12 月 31 日，该债券市价为 501 000 元。2023 年 1 月 1 日，收到支付的利息 15 000 元。10 年后，公司收回债券本金（不考虑相关税费）。

要求：登记债券各环节（购买、计提前两年应收利息、收回利息、到期收回本金）的会计分录。

九、交易性权益工具

资料：南方公司 2022 年 4 月 1 日以 1 600 000 元购买江陵公司 5% 的股票（不产生重大影响），共计 100 000 股，每股市价 16 元，2022 年 12 月，江陵公司宣布本年实现净利润 1 500 000 元，年末每股市价为 20 元。2023 年 4 月 1 日，江陵公司宣布发放现金股利 700 000 元，5 月 1 日，实际支付股利。2023 年年末，江陵公司宣布亏损 1 000 000 元，每股市价 15 元（不考虑相关税费）。

要求：用公允价值法核算南方公司对江陵公司的股权投资（购买、登记投资收益、股利收回、各年市价调整）。

十、成本法与权益法

资料：南方公司 2022 年 4 月 1 日以 7 500 000 元购买江陵公司 20% 的股票，2022 年 12 月，江陵公司宣布本年实现净利润 1 500 000 元，2023 年 4 月 1 日，宣布发放现金股利 700 000 元，5 月 1 日，实际支付股利。2023 年年末，江陵公司宣布亏损 1 000 000 元（不考虑相关税费）。

要求：同时用成本法和权益法核算南方公司对江陵公司的长期股权投资。

（提示：按权益法，投资方分享或承担对方实现的盈亏确认投资损益，应以实际持有对方股权的期间为基础进行计算。）

案例分析——为小企业做账[①]

第八章

负债

本章要点

- 了解负债的性质与分类
- 掌握负债的会计处理流程
- 掌握流动负债的种类及会计处理方法
- 掌握非流动负债的性质及会计处理方法
- 掌握负债分析的主要指标及运用方法

章首故事

碧桂园

碧桂园于 1997 年创立，2007 年 4 月 20 日在香港联合交易所主板上市（股票代码：2007.HK）。同年年底，集团总市值达 1 476 亿港元。同期，除广东省外，碧桂园开发项目的地区包括辽宁省、内蒙古自治区、湖南省、湖北省、安徽省、江苏省及重庆市等。

2008 年 2 月，碧桂园一笔中银香港的 18.3 亿港元的短期贷款到期。为了偿还这笔贷款，早在 2007 年 10 月，碧桂园曾经希望通过发行海外优先票据来筹集资金。但遭遇次贷危机的国际机构投资者当时自顾不暇，虽然碧桂园发行的海外优先票据的票据利率有 10%，但该票据发行仍不受投资者欢迎，碧桂园的融资因而搁浅。4 个月后，碧桂园发行以人民币计值及以美元偿付的 2.5%可转换债券，本金总额为 5 亿美元（约相等于人民币 35.95 亿元）。根据约定，可转换债券在 2008 年 4 月 3 日至 2013 年 2 月 15 日的 5 年时间内，可以转换成碧桂园的普通股票，换股价为每股 9.05 港元，并可在香港联交所正常交易买卖。

为了防止债券到期转换对股权的稀释，碧桂园同美林公司签订了一份"股份掉期协议"：至债券到期时，如碧桂园最终股价高于初步股价，则美林公司将向碧桂园付款，金额将根据最终价与初步价格的差额核算；若最终股价低于初步股价，则碧桂园须按同样差额向美林公司付款。就是在这样一份复杂的"股份掉期协议"下，股价成为双方的对赌"筹码"。

2008 年 6 月 30 日，碧桂园的股价尚在 5 港元之上，其中期财务报告就计提了 4.43 亿港元的损失。实际上从 2008 年 4 月 3 日开始（债券可换股的起始日），碧桂园的股价已经"跌跌不休"，8 月底，其股价已在 3.5 港元以下，悲观预计，碧桂园这份"股份掉期协议"的损失最高将达 19.5 亿港元。

本章讨论的是与企业筹资活动有关的会计处理。市场经济从本质上讲是一种信用经济，利用这种信用，企业可以取得设备、商品、劳务等而延期付款；也可以通过向银行取得借款或者发行债券筹集自己所需要的资金。企业通过这种信用，掌握和捕捉经营机会，同时承担一定的经营和财务风险。用别人的资金为自己牟利，就会形成负债，从而承担支付使用资金的成本（利息），并承诺到期偿还本金。负债是企业资金的一个基本来源，企业资金的另外两个来源是投资者投入和企业利润留存。本章主要论述负债的会计处理，企业资金另外两个来源的会计处理将在第十章专门讨论。要注意的是，应付账款与应付票据等负债属于企业的经营活动而不是筹资活动，因为同属负债，都在本章论述。

第一节 | 负债概述

一、负债的性质与分类

负债是指企业过去的交易或者事项形成的、预期会导致经济利益流出企业的现时义务。一般而言，会计上的负债就是法律意义上的义务，但是，两者又不完全等同：有些会计上的负债并不表现为法律上强制实施的义务，而有些法律上的义务也不是会计上的负债。例如，企业对产品包退与包换的担保责任并不是法律意义上的强制义务；同时，企业在与另一方签订合同之日，就要承担相应的法律责任，但企业并不立即确认一项负债。

负债的性质与分类

负债的法律义务表现为如果企业到期不能履行偿还责任，债权人可以向法院提出申请，让债务人进入破产程序，用债务人的资产来偿还债务，保证债权人的利益不会遭受更大的损失。因此，为了明确每类债务的偿还期限，企业的所有债务分为流动负债和非流动负债。

流动负债是指一年内或超过一年的一个经营周期内必须偿还的债务。流动负债包括短期借款、应付账款、应付票据、预收账款、应付职工薪酬（短期薪酬）、应交税费、其他应付款、一年内到期的非流动负债等。

非流动负债则是指从资产负债表日（通常为每年的 12 月 31 日）开始计算，其偿还期超过一年的债务。非流动负债包括长期借款、应付债券、长期应付款、应付职工薪酬（长期职工福利）、预计负债等。

二、负债与会计信息处理系统

形成负债的主要经济业务有以下几种：一是企业经营活动；二是直接向社会发行债券；三是向银行借款。

企业经营活动中产生的负债分为交易中形成的负债，如购买商品或接受劳务等形成的应付账款、应付票据等，销售商品前接受购买方的订金形成的预收账款等；生产中形成的负债，如应付职工薪酬、应交税费等。

负债与会计信息
处理系统

直接向社会发行债券形成的负债为应付债券；而向银行借款形成的负债分为一年内到期的短期借款和一年期以上的长期借款。

负债除了到期要偿还本金以外，还要支付资金使用成本——利息。由于不同的负债用途不同，利息的会计处理也不一样。一般经营活动形成的流动负债支付的利息直接计入财务费用。而非流动负债专门用于长期资产建设或建设期在一年以上的存货（如房地产开发商兴建的商品房）的利息支出，则分别计入长期资产成本和存货成本。

从负债对现金流量的影响来看，负债的增加表现为筹资活动现金流量的流入，而负债的减少则表现为筹资活动现金流量的流出。然而，负债的增加和减少有时并不带来现金流量的变动，如购买存货和长期资产不会带来现金流量的增加；而负债除以现金形式偿还外，还能以提供劳务、非现金资产的形式抵偿。另外，企业还可用新的债务代替旧的债务或将债务转换为股本，这几种债务减少都不会影响筹资活动的现金流量。但要注意的是，企业经营活动中产生的负债，属于经营活动而不属于筹资活动。负债与会计信息处理系统的关系如图 8-1 所示。

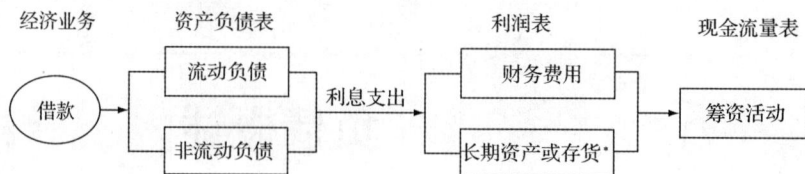

*长期资产或存货为资产负债表项目。

图 8-1　负债与会计信息处理系统

第二节 | 流动负债

流动负债的产生与企业的经营活动密切相关。本节主要讨论除应交税费以外的流动负债的会计处理。应交税费则在下一章阐述。

流动负债的列示

一、应付账款

应付账款也称为商业性应付账款，指因赊购商品、原料或劳务等经营性活动而产生的债务。

应付账款入账时间的确定，应以所购买物资的所有权转移或接受劳务已发生为标志。但在实务工作中，应区别以下情况分别进行处理。

（1）在商品和发票账单同时到达或者发票账单先于商品到达的情况下，应付账款一般待商品验收入库后，才按发票账单登记入账。

（2）在商品已到，发票账单未到，无法确定实际成本的情况下，月份终了，需要按照所购商品和应付债务估计入账，待下月初再用红字予以冲回，以便于下月付款（或开出、承兑商业汇票）时，按正常程序根据实际金额借记"原材料"等账户，贷记"银行存款"（或"应付票据"）账户。

解决了应付账款的确认问题，接下来是其计量金额的确定。由于付款方开出的发票已经明确载明付款日期和付款金额，因此，应付账款一般以发票金额作为计量基础。需要说明的是，如果考虑负债的货币时间价值，就得对负债进行折现，但由于流动负债的偿还时间在一年之内或长于一年的一个营业周期之内，所以不用考虑其货币时间价值。计量的另外一个问题就是对现金折扣的处理，如果销货方提供现金折扣，应付账款入账金额的确定方法就存在两种：总价法和净价法。总价法按照发票价格入账；净价法则按照发票价格扣减现金折扣后入账。在第五章讲述销售的处理时，运用的是总价法。下面同时介绍总价法与净价法。

这里通过一个实例讲述应付账款的会计处理。

【例 8-1】　珠江公司 2022 年 5 月 1 日向某化工原料厂赊购化工原料一批，发票价格为 100 000 元，增值税税率 13%，现金折扣条件为"2/20, n/30"。5 月 20 日支付 80 000 元及全部增值税税款，余款 5 月 30 日支付。

分别采用总价法与净价法的会计核算如表 8-1 所示。

表 8-1　　　　　　　　　　　　　应付账款核算的总价法与净价法

总价法		净价法	
① 记录赊购业务。			
借：原材料	100 000	借：原材料	98 000
应交税费——应交增值税（进项税额）	13 000	应交税费——应交增值税（进项税额）	13 000
贷：应付账款	113 000	贷：应付账款	111 000

续表

总价法		净价法	
② 记录折扣期内付款。		借：应付账款	91 400
借：应付账款	93 000	贷：银行存款	91 400
贷：银行存款	91 400		
财务费用	1 600		
③ 记录折扣期后付款。		借：应付账款	19 600
借：应付账款	20 000	财务费用	400
贷：银行存款	20 000	贷：银行存款	20 000

二、应付票据

应付票据是指因购买商品、劳务、融资或其他交易，所签发的在未来特定日期偿付一定金额的书面承诺。对比应付账款，应付票据的法律效力更强。按照其到期日的长短，应付票据可区分为短期票据或长期票据；按照票面有无附息，应付票据可分为带息票据或不带息票据。

（一）带息票据

带息票据的到期值为面值加上根据票面利率计算的应付利息，票据的面值是债务的现值，用于记录流动负债。

【例 8-2】 承【例 8-1】，珠江公司在支付第一笔款项后，于 5 月 31 日向对方开出一张面额 20 000 元、年利率 6%、3 个月期的票据。相关会计分录如下（按总价法登记）。

（1）5 月 31 日，登记应付票据。

借：应付账款　　　　　　　　　　　　　　　　20 000
　　贷：应付票据　　　　　　　　　　　　　　　　　　20 000

（2）6 月 30 日和 7 月 31 日，分别登记应付利息。

借：财务费用　　　　　　　　　　　　　　　　100
　　贷：应付利息（20 000×6%×1÷12）　　　　　　　　100

（3）8 月 31 日，登记兑现应付票据。

借：应付票据　　　　　　　　　　　　　　　　20 000
　　应付利息　　　　　　　　　　　　　　　　200
　　财务费用　　　　　　　　　　　　　　　　100
　　贷：银行存款　　　　　　　　　　　　　　　　　　20 300

（二）不带息票据

企业也可以签发不带息票据，不带息票据的票面上并不列示利率。但是，由于借款者要在到期日时支付较票据签发日所收到现金更多的数额，所以，实际上仍是要付利息的。所谓不附息只是将利息隐含在票据的面值中而已。换句话说，票据的面值就是其到期值，借款者收到的只是相当于票据现值的金额。票据现值等于到期日的票据面额减去利息或是借款者在贷款期间所要求的折价。折价额反映企业为获得贷款而预付的利息费用。实务上，银行（或接收票据方）会在发出贷款时先扣除这笔费用，而不是等到票据到期时再扣除。需要说明的是，在我国实务中，企业间签发的不带息票据，实际上是不包含利息的，即票据的面值中并不包含利息。

折价额记录在"应付票据折价"账户，该账户的期末余额在资产负债表上列作应付票据的减项，以反映应付票据在资产负债表日的现值。

【例 8-3】　承【例 8-1】，珠江公司在支付第一笔款项后，于 5 月 31 日向对方开出一张面额 20 000 元、3 个月期的票据。相关会计分录如下（按总价法登记）。

（1）5 月 31 日，登记应付票据。

借：应付账款　　　　　　　　　　　　　　　　　　20 000
　　贷：应付票据　　　　　　　　　　　　　　　　　　　　20 000

（2）8 月 31 日，登记兑现应付票据。

借：应付票据　　　　　　　　　　　　　　　　　　20 000
　　贷：银行存款　　　　　　　　　　　　　　　　　　　　20 000

【例 8-4】　珠江公司因现金短缺，于 2022 年 5 月 1 日签发一张面额 200 000 元、3 个月期、不带息的票据给兴业银行，银行当即转入企业存款账户 197 000 元。8 月 1 日，珠江公司向兴业银行支付 200 000 元。相关会计处理如下。

（1）5 月 1 日，签发票据。

借：银行存款　　　　　　　　　　　　　　　　　　197 000
　　应付票据折价　　　　　　　　　　　　　　　　　3 000
　　贷：应付票据　　　　　　　　　　　　　　　　　　　　200 000

（2）5 月 31 日和 6 月 30 日，分别进行以下处理。

借：财务费用　　　　　　　　　　　　　　　　　　1 000*
　　贷：应付票据折价　　　　　　　　　　　　　　　　　　1 000

*每月登记的 1 000 元财务费用是按简化的方法处理的。

6 月 30 日的资产负债表列示如表 8-2 所示。

表 8-2　　　　　　　　　　　　　　折价在资产负债表上的列示　　　　　　　　　　　　　　单位：元

流动负债	
应付票据	200 000
减：应付票据折价	1 000
	199 000

（3）8 月 1 日，票据到期。

借：应付票据　　　　　　　　　　　　　　　　　　200 000
　　贷：银行存款　　　　　　　　　　　　　　　　　　　　200 000

三、应付职工薪酬

应付职工薪酬分一年内需要偿付的短期负债（或流动负债）和一年以上需要偿付的长期负债（或非流动负债）。

（一）职工薪酬的性质与分类

职工薪酬是指企业为获取职工提供的服务或解除劳动关系而给予的各种形式的报酬或补偿。职工薪酬主要包括短期薪酬、离职后福利、辞退福利和其他长期职工福利。

短期薪酬主要包括以下几个部分。

（1）职工工资、奖金、津贴和补贴；

（2）职工福利费；

（3）医疗保险费、工伤保险费和生育保险费等社会保险费；

（4）住房公积金；

（5）工会经费和职工教育经费；

（6）短期带薪缺勤；

（7）短期利润分享计划；

（8）其他短期薪酬。

离职后福利是指企业为获得职工提供的服务而在职工退休或与企业解除劳动关系后，提供的各种形式的报酬和福利。

辞退福利是指企业在职工劳动合同到期之前解除与职工的劳动关系，或者为鼓励职工自愿接受裁减而给予职工的补偿。

其他长期职工福利是指除上述三种以外的所有职工薪酬。

这里主要讨论一般短期薪酬的会计处理。

（二）一般短期职工薪酬的会计处理

这里所指的一般短期职工薪酬包括：短期薪酬中的职工工资、奖金、津贴和补贴；职工福利费；医疗保险费、工伤保险费和生育保险费等社会保险费；住房公积金；工会经费和职工教育经费。企业发生的职工工资、津贴和补贴等短期薪酬，应当根据职工提供服务情况和工资标准等计算计入职工薪酬的工资总额，并按照受益对象计入当期损益或相关资产成本，借记"在建工程""生产成本""制造费用"和"管理费用"等，贷记"应付职工薪酬"。发放时，借记"应付职工薪酬"，贷记"银行存款"。企业为职工缴纳的医疗保险费、工伤保险费和生育保险费等社会保险费和住房公积金，以及计提的工会经费和职工教育经费，应当在职工为其提供服务的会计期间，根据规定的计提基础和计算比例计算确定相应的职工薪酬金额，并确认相关负债，借记"在建工程""生产成本""制造费用"和"管理费用"等，贷记"应付职工薪酬"。

【例 8-5】 珠江公司 2022 年 6 月的应发工资总额为 500 万元，其中，产品生产工人的工资为 200 万元，生产部门管理人员的工资为 100 万元，公司管理人员的工资为 50 万元，产品销售人员的工资为 50 万元，在建工程人员的工资为 100 万元。根据政府有关规定，珠江公司按职工工资总额的 10% 和 8% 分别计提医疗保险费和住房公积金。另按职工工资总额的 2% 和 1.5% 计提工会经费及职工教育经费。

珠江公司的相关账务处理如下。

总计提比例=10%+8%+2%+1.5%=21.5%

借：生产成本[2 000 000×（1+21.5%）]　　　　　　　　2 430 000

　　制造费用[1 000 000×（1+21.5%）]　　　　　　　　1 215 000

　　管理费用[500 000×（1+21.5%）]　　　　　　　　　607 500

　　销售费用[500 000×（1+21.5%）]　　　　　　　　　607 500

　　在建工程[1 000 000×（1+21.5%）]　　　　　　　　1 215 000

　　　贷：应付职工薪酬——工资　　　　　　　　　5 000 000

　　　　　　　　——医疗保险费（5 000 000×10%）　500 000

　　　　　　　　——住房公积金（5 000 000×8%）　400 000

　　　　　　　　——工会经费（5 000 000×2%）　　100 000

　　　　　　　　——职工教育经费（5 000 000×1.5%）　75 000

一般短期职工薪酬以外的会计处理，以及离职后福利、辞退福利和其他长期职工福利的会计处理请参见《中级财务会计》的有关内容。

四、其他流动负债

（一）短期借款

企业出于经营周转的需要，向金融机构或其他单位借入的偿还期在一年内的各种借款统称为短期借款。短期借款的会计处理涉及本金和利息的记账问题。由于借款期限不长，实务上设立"短期借款"账户，取得借款时，在该账户的贷方记录短期借款的本金数额及借款的增加额，借方记录借款的减少额。贷方余额表示尚未归还的各项借款数额。短期借款的利息应当按月预提计入财务费用和预提费用。

【例 8-6】 2022 年 1 月 1 日，珠江公司向工商银行借入 1 年期，年利率为 6.5%，金额为 1 500 000 元的款项，解决经营周转资金紧张的局面。本金和利息一次支付。2023 年 1 月 1 日，珠江公司按时归还该笔借款的本息。相关会计处理如下。

（1）2022 年 1 月 1 日，借入短期借款。

借：银行存款   1 500 000
  贷：短期借款   1 500 000

（2）每月月末登记应计利息费用。

借：财务费用   8 125
  贷：短期借款或应付利息   8 125

（3）2023 年 1 月 1 日，归还借款本息。

借：短期借款   1 597 500
  贷：银行存款   1 597 500

如果上述借款合约规定按季付息，则相关计息与付息分录如下。

（1）每月月末计提利息。

借：财务费用   8 125
  贷：应付利息   8 125

（2）每季季末支付利息。

借：应付费用   24 375
  贷：银行存款   24 375

（二）预收账款

预收账款指企业在销售商品或提供劳务之前，根据合约的规定，向客户预收的部分或全部货款。由于商品尚未销售或劳务尚未提供，所收到的款项不能记作收益，而应划分为负债，因此，预收账款又称为未赚取收入。常见的预收账款项目有租金、书报订阅费、预收服务费等。只有在企业按照合约要求按时提供商品和劳务以后，预收收益才能转为营业收入，债务责任才能解除。如果实现该项收入所需的时间长于一年或一个营业周期，这部分预收账款就应该划分为非流动负债。如果实现收入的时间不足一年，则应划分为流动负债。

按最新收入准则，根据合同的约定，向客户预收的部分或全部货款，应登记为"合同负债"。预收账款的实例在前面已经出现过，这里不再举例说明。

（三）一年内到期的非流动负债

从资产负债表日起，在下一会计年度到期的非流动负债，如公司债务、长期应付票据及其他长期债务应列为流动负债。例如，2022 年 12 月 31 日珠江公司发行的 5 年期公司债券在 2023

年 6 月 10 日到期，珠江公司在 2022 年 12 月 31 日编制的资产负债表上就应将这批公司债券列为流动负债。若非流动负债在一年内只有部分到期，到期部分应作为流动负债，其余部分仍应列为非流动负债。

在下一年度到期的非流动负债，如果出现下面三种情形，则不应列入流动负债。

（1）将动用偿债基金（属非流动资产）加以清偿；

（2）将再融资或发行新债加以清偿；

（3）将债务转换成股本。

因为在上述情形下，企业将不会动用流动资产或其他流动负债来清偿债务，所以将其列为流动负债并不适当。此外，若借款人违反贷款协议，债权人通常可以要求收回负债。例如，大部分贷款合约都订有权益/负债比率的下限或营运资金下限。若违反合约规定，则可以预期公司必须动用流动资产清偿此项负债，故应将其分类为流动负债。

最后，除上述已经讨论的各项流动负债以及将在下章讨论的应交税费外，流动负债还包括其他应付款、应付股利、交易性金融负债等。其他应付款是指不包括在上述流动负债项目中的短期应付款项；应付股利为已宣布发放还未支付的利润；交易性金融负债比较复杂，将在高级财务会计中讲述。

第三节 非流动负债

非流动负债是不需要动用企业的流动资产在短期内支付的负债项目，其偿还期为一年或者超过一年的一个营业周期以上。与流动负债相比，非流动负债具有数额大、偿还期长、企业可以采用分期偿还方式等特点，是除投资者投资以外，为企业提供长期占用资金的另一重要来源。与流动负债主要用于弥补企业营运资金不足相比，非流动负债则主要用于扩大企业经营规模，如进行诸如购置大型设备和土地使用权、兴建厂房和商品生产线等必要的投资。

在前面我们提到，一般意义上而言会计上的负债就是法律上的义务或责任，这一义务要有明确的偿付金额和偿付日期。而在企业的经济活动中，往往会存在一些未来状况不确定的事项，这种事项被称为或有事项。例如，一家公司为另一家公司借款提供担保，到期后借款方归还借款时担保随即解除，但是若到期时借款方无偿付能力，则担保方承担偿付责任。因此，在担保期内，担保方都承担一种可能发生的偿付责任。根据稳健性原则，如果这种责任发生的可能性大于一定概率，就要确认一项预计负债。之所以称为预计负债，是因为这种责任的金额甚至偿付日期都是不明确的。

本节主要讨论应付债券、由或有事项引发的预计负债和其他非流动负债项目。

一、应付债券

应付债券又称应付公司债券，公司债券（以下简称"公司债"）是企业向社会发行筹措长期资金而出具的一种书面债务契约。从本质上讲，公司债就是企业向社会筹集资金后归还本金和利息的一种承诺和约定。这一约定主要包括以下几个方面。

（1）债券面值，即债券的到期值，也是债券的本金。

（2）债券利率，即债券的票面利率，也称名义利率。该利率以年利率表示，是企业用于计算每期应付利息的依据。公司债利率的确定，要受到偿还期限长短、货币资金市场的供求变化、发行公司资信优劣等因素的影响。

（3）利息支付方式，是一次付息还是分次付息。公司债一般每年或每半年付息一次，每次付息额为债券面值与票面利率的乘积。

（4）还本期限和方式，即发行公司偿还债券本金的日期和支付方式。支付方式也分为一次还本或多次还本两种方式。若企业发行的是分期偿还的债券，则应载明每次偿还的具体日期及金额。

如果企业按面值发行公司债，并且一次还本付息，不考虑相关税费，则其会计处理相对比较简单。下面通过一个实例进行说明。

【例 8-7】 珠江公司于 2022 年 1 月 1 日发行 5 年期的公司债券用于弥补营运资金的不足，债券面值 5 000 000 元（不考虑相关税费），票面利率 8%，到期一次还本付息。2026 年 12 月 31 日，珠江公司归还债券本息。相关会计处理如下。

（1）2022 年 1 月 1 日，发行债券。

借：银行存款　　　　　　　　　　　　　　　　5 000 000
　　贷：应付债券——面值　　　　　　　　　　　　　5 000 000

（2）2022 年 12 月 31 日，计提债券利息。

借：财务费用　　　　　　　　　　　　　　　　400 000
　　贷：应付债券——应计利息　　　　　　　　　　　400 000

（3）以后每年年末均重复一次，每年计提的利息金额为 400 000 元，按单利进行计算。

（4）2026 年 12 月 31 日，偿还本金和利息。

借：应付债券——面值　　　　　　　　　　　　5 000 000
　　　　　　　——应计利息　　　　　　　　　　2 000 000
　　贷：银行存款　　　　　　　　　　　　　　　　7 000 000

企业公司债通常会按面值发行，但是当市场利率发生变化，企业申报和约定的票面利率和市场利率不一致时，企业不能直接调整票面利率，而要通过调整发行价格来使实际利率与市场利率取得一致。当市场利率发生变化时，如果票面利率低于市场利率，就通过折价发行弥补债券购买者少收到的利息；如果票面利率高于市场利率，就通过溢价发行补偿企业多支付的利息。折价或溢价以及发行费用之和与面值之间的差额，要在债券发行期间进行摊销。下面通过另一个实例进行说明。

【例 8-8】 珠江公司于 2022 年 12 月 31 日发行 5 年期的公司债券用于一项新产品生产线的建设，生产线的工期为两年，债券面值 5 000 000 元，票面利率为 8%，每年付息一次，本金一次偿付。实际发行时，市场利率已经降低为 7%，企业按 5 205 000 元溢价取得发行收入，相关税费 85 000 元。2027 年 12 月 31 日，珠江公司归还债券本金。相关会计处理如下。

（1）2022 年 12 月 31 日，发行债券。

借：银行存款　　　　　　　　　　　　　　　　5 120 000
　　贷：应付债券——面值　　　　　　　　　　　　　5 000 000
　　　　　　　　——利息调整　　　　　　　　　　　120 000

（2）2023 年和 2024 年 12 月 31 日，支付债券利息和进行利息调整。

借：在建工程　　　　　　　　　　　　　　　　376 000
　　应付债券——利息调整　　　　　　　　　　　24 000①
　　贷：银行存款　　　　　　　　　　　　　　　　400 000

---

① 24 000=120 000÷5，这里我们按简化的方式进行计算。我国会计准则要求按实际利率法进行计算，按实际利率法进行计算的具体方法，请参见本系列教材《中级财务会计》的有关章节。

（3）2025年、2026年和2027年12月31日，支付债券利息和进行利息调整。

借：财务费用①   376 000

     应付债券——利息调整   24 000

       贷：银行存款   400 000

（4）2027年12月31日，偿还本金。

借：应付债券——面值   5 000 000

       贷：银行存款   5 000 000

二、预计负债

除了前面提到的借款担保外，或有事项在现代企业中还有很多种，如产品质量担保、未决诉讼、票据贴现、有奖销售等。或有事项有时会产生一项负债，如借款担保；有时会产生一项资产，如诉讼结果获胜。按稳健性原则，一般不对可能产生的资产即或有资产进行确认，只对符合确认条件的可能产生的负债即或有负债进行确认，并以"预计负债"项目进行登记。

或有事项一般在满足以下三个条件时，才能确认为预计负债。一是引起企业承担义务的事项已经发生。以提供产品质量担保为例，被担保的产品已经售出。二是履行该义务很可能导致经济利益流出企业，如售出的产品根据历史经验一定会发生产品的修理等相关费用。三是该义务的金额能够可靠计量，如实际的产品修理费可根据历史经验数据推算出来。

【例8-9】 珠江公司甲产品自2021年起连续三年的销售额为500万元、800万元和1 000万元。珠江公司对甲产品实行一年的保修。根据历史经验，该产品修理费用为销售额的1%，2021年年初计提的产品质量保证准备余额为40 000元，2021—2024年各年实际发生的修理费用为38 000元、45 000元、90 000元和95 000元。2023年后，该产品转型，以后不再生产。

根据权责发生制原则，产品修理费用要在实际销售时计提，一方面登记"销售费用"，另一方面登记"产品保修准备"，即预计负债。如果产品不再生产销售，则产品保修准备余额转销，产品保修准备计提不足的，不足部分登记为当期费用。相关会计处理如下。

（1）2021年，登记实际发生的产品修理费用。

借：预计负债——产品保修准备   38 000

       贷：银行存款或原材料等   38 000

（2）2021年年末，计提产品修理费用。

借：销售费用（5 000 000×1%）   50 000

       贷：预计负债——产品保修准备   50 000

（3）2022年，登记实际发生的产品修理费用。

借：预计负债——产品保修准备   45 000

       贷：银行存款或原材料等   45 000

（4）2022年年末，计提产品修理费用。

借：销售费用（8 000 000×1%）   80 000

       贷：预计负债——产品保修准备   80 000

（5）2023年，登记实际发生的产品修理费用。

借：预计负债——产品保修准备   90 000

       贷：银行存款或原材料等   90 000

---

① 生产线完工后，利息费用直接计入当期损益。

（6）2023年年末，计提产品修理费用。

借：销售费用（10 000 000×1%）   100 000

    贷：预计负债——产品保修准备   100 000

（7）2024年，登记实际发生的产品修理费用。

借：预计负债——产品保修准备   95 000

    贷：银行存款或原材料等   95 000

（8）2024年年末，将产品保修准备余额2 000元［（40 000+50 000+80 000+100 000）-（38 000+45 000+90 000+95 000）］转销。

借：预计负债——产品保修准备   2 000

    贷：销售费用   2 000

三、其他非流动负债

除应付债券和预计负债外，非流动负债主要还有长期借款、专项应付款、长期应付款、递延所得税负债等。

长期借款主要核算向银行或其他金融机构借入期限在一年以上（不含一年）的各项借款。该科目可按贷款单位和贷款种类，分别"本金"和"应计利息"进行明细核算。

【例8-10】　2022年1月，珠江房地产开发公司借入一笔5 000万元的3年期长期借款，用于南沙楼盘的第二期建设，该笔借款年利率为7.5%，到期本息一次支付（利率按单利计算）。相关会计处理如下。

（1）2022年1月，借入款项。

借：银行存款   50 000 000

    贷：长期借款——本金   50 000 000

（2）2022年、2023年12月31日，登记应计利息。

借：在建工程（50 000 000×7.5%）   3 750 000

    贷：长期借款——应计利息   3 750 000

（3）2024年12月31日，计提当年利息及归还借款。

借：在建工程   3 750 000

    贷：长期借款——应计利息   3 750 000

借：长期借款——本金   50 000 000

    ——应计利息   11 250 000

    贷：银行存款   61 250 000

专项应付款主要用来核算企业取得政府作为企业所有者投入专项或具有特定用途的款项。国家拨款时，登记"专项应付款"；实际使用时，一方面登记"在建工程"，另一方面记录银行存款的减少或应付职工薪酬的增加等；当长期资产形成时，将在建工程转入固定资产的同时，记录资本公积的增加。资本公积转增股本时，借记"资本公积"，贷记"股本"或"实收资本"。

【例8-11】　2022年1月，珠江公司收到省国有资产管理委员会的一笔拨款2 000万元用于某项工程建设，期间，工程总投入材料款1 500万元，人工400万元。8月底，工程正式完工，年底将此长期资产登记为国有投入资本，余款100万元退回。相关会计处理如下。

（1）2022 年 1 月，收到专用款项。

借：银行存款 20 000 000

贷：专项应付款 20 000 000

（2）进行工程建设。

借：原材料 15 000 000

应付职工薪酬 4 000 000

贷：银行存款 19 000 000

借：在建工程 19 000 000

贷：原材料 15 000 000

应付职工薪酬 4 000 000

（3）工程完工。

借：固定资产 19 000 000

贷：在建工程 19 000 000

借：专项应付款 19 000 000

贷：资本公积 19 000 000

（4）转增资本。

借：资本公积 19 000 000

贷：实收资本 19 000 000

（5）退回剩余专项款。

借：专项应付款 1 000 000

贷：银行存款 1 000 000

长期应付款指应付融资租入固定资产的租赁费、以分期付款方式购入固定资产发生的应付款项。长期应付款在中级财务会计租赁会计中讲解。

递延所得税负债则是核算企业确认的应纳税暂时性差异产生的所得税负债。递延所得税负债在下一章讲述。

第四节 负债分析

负债最大的特点是一定要在确定的日期进行偿还。而现代市场经济是一个完全竞争的环境，所以企业经营的结果是不确定的。虽然企业可以制订完善的偿还计划，但计划的执行在很大程度上是不可控的。因此，无论是企业经营者，还是债权人，时刻关注企业的负债——财务风险，分析企业偿债的可行性是十分重要的。企业首先面临的是下一年度到期的债务，我们先从短期负债的两个指标——流动比率与速动比率开始分析。接下来分析长期负债水平，负债权益率、资产负债率和利息保障倍数是常用的三个指标。

负债分析

一、流动比率

流动比率的计算公式为：

$$流动比率 = \frac{流动资产}{流动负债}$$

流动比率是反映会计主体偿还流动负债能力的重要指标。企业的流动资产不仅要满足短期负债的偿还需要，而且要满足企业经营所需的流动资金。因而流动比率也称为营运资本比率。确定流动比率是否合理，需要综合考虑行业指标、经济环境、经营状况等多方面因素。

二、速动比率

流动资产是指现金以及预计可以在一年或一个正常经营周期内迅速转为现金的资产项目。如果要立即变现，则流动资产中的存货等项目无法做到这一点；另外，预付费用虽然作为流动资产列报，但日后并不能转换为现金。剔除这些项目后，得到的是立即可变现资产的偿债能力。

速动比率的计算公式为：

$$速动比率 = \frac{现金 + 有价证券 + 应收账款净额}{流动负债}$$

表 8-3 所示是 2019 年我国主要行业上市公司流动比率与速动比率一览表。

表 8-3　　　　　　　　我国主要行业上市公司流动比率和速动比率一览表（2019 年度）

企业名称	股票代码	行业分布	流动比率	速动比率
万科	000002	房地产开发与经营业	1.13	0.43
粤电力	000539	电力、蒸汽、热水的生产和供应业	0.57	0.48
居然之家	000785	零售业	0.82	0.8
五粮液	000858	食品加工业	3.22	2.76
宝钢股份	600019	黑色金属冶炼及压延加工业	0.98	0.68
南方航空	600029	航空运输业	0.18	0.16
中视股份	600088	广播电影电视业	2.96	2.81
上海建工	600170	土木工程建筑业	1.21	0.71
ST 联合	600358	旅游业	1.48	1.38
厦门汽车	600686	交通运输设备制造业	1.28	1.17
同济科技	600846	综合类	1.3	0.59
华东电脑	600850	计算机及相关设备制造业	1.6	0.81
新五丰	600975	畜牧业	2.29	0.8
中国神华	601088	煤炭采选业	1.68	1.55
工商银行	601398	银行业	—	—
四药股份	601607	医药制造业	1.31	0.98
中国石油	601857	石油和天然气开采业	0.71	0.43

三、负债权益比

负债权益比的计算公式为：

$$负债权益比 = \frac{负债总额}{所有者权益总额}$$

负债权益比反映的是负债对权益的倍数，这是一个很直观的比例。从理论上讲，这一指标为 1 是最合理的，即每借入 1 元的负债有 1 元的净资产作为抵押，但实务中各种类型企业的负债权益比差异很大（见表 8-4）。

表8-4 不同行业和国家的企业的负债权益比

公司标志	公司名称	行业分布	所在国家	负债权益比
DELL	戴尔	计算机	美国	0.10
IBM	IBM	计算机	美国	1.40
LLY	礼来制药	药品	美国	0.47
MRK	默克制药	药品	美国	0.47
XOM	埃克森美孚	石油	美国	0.19
RD	荷兰皇家	航空	荷兰	0.23
REP	雷普索尔	汽车	西班牙	1.52
F	福特	汽车	美国	8.90

资料来源：亨格瑞. 财务会计教程. 北京：人民邮电出版社，2005.

注：除计算机外，IBM还涉猎军事、数据处理、航空航天、管理信息系统等诸多行业和领域。

从表 8-4 可以看出，不同行业、不同国家的负债权益比的差别是很大的。计算机行业的负债权益比普遍偏低，制药要高出许多，而汽车行业的则更高。福特的负债权益比更是达到 8.9。其实，福特不仅是一家汽车制造商，它同时还拥有一家金融机构，而典型金融机构的净资产一般不会超过总资产的 10%。

四、资产负债率

资产负债率是企业负债总额与资产总额的比例，反映了债权人提供的资金在企业资产总额中所占的比重。这一指标同负债权益比的性质是一样的。其计算公式如下：

$$资产负债率 = \frac{负债总额}{资产总额} \times 100\%$$

负债对资产的比率越高，说明企业债务负担越重，企业无法按时清偿到期负债的风险也越高。这一方面对债权人不利，另一方面也反映了企业有濒临倒闭的危险。但是，对资产负债率不能简单分析。以美国为例，20 世纪 60 年代，一些主要工业企业的平均资产负债率为 35%，但到了 20 世纪末，这一比率增长到了近 60%。所以，分析资产负债率除了要结合行业、国家等因素外，也应考虑不同时期的特点。

表 8-5 所示是 2019 年我国主要行业上市公司资产负债率一览表。

表8-5 我国主要行业上市公司资产负债率一览表（2019年度）

企业名称	股票代码	行业分布	资产负债率（%）
万科	000002	房地产开发与经营业	84.36
粤电力	000539	电力、蒸汽、热水的生产和供应业	54.7
居然之家	000785	零售业	52.28
五粮液	000858	食品加工业	28.48
宝钢股份	600019	黑色金属冶炼及压延加工业	43.7
南方航空	600029	航空运输业	74.87
中视股份	600088	广播电影电视业	21.53
上海建工	600170	土木工程建筑业	85.94
ST联合	600358	旅游业	44.06
厦门汽车	600686	交通运输设备制造业	78.23
同济科技	600846	综合类	70.6
华东电脑	600850	计算机及相关设备制造业	60.91
新五丰	600975	畜牧业	24.7
中国神华	601088	煤炭采选业	25.58
工商银行	601398	银行业	91.06
四药股份	601607	医药制造业	63.96
中国石油	601857	石油和天然气开采业	47.15

五、利息保障倍数

利息保障倍数是企业息税前利润与债务利息的比例，反映了企业获利能力对债务偿付的保证程度。计算公式如下：

$$利息保障倍数=\frac{息税前利润}{债务利息}$$

计算利息保障倍数时，应当以正常业务经营的息税前利润为基础。一般来说，该比率越高，企业偿付利息的能力越强。

表 8-6 所示是 2019 年我国主要行业上市公司利息保障倍数一览表。

表 8-6　　　　　我国主要行业上市公司利息保障倍数一览表（2019 年度）

企业名称	股票代码	行业分布	利息保障倍数
万科	000002	房地产开发与经营业	14.34
粤电力	000539	电力、蒸汽、热水的生产和供应业	3.07
居然之家	000785	零售业	69.47
五粮液	000858	食品加工业	——
宝钢股份	600019	黑色金属冶炼及压延加工业	7.09
南方航空	600029	航空运输业	1.55
中视股份	600088	广播电影电视业	——
上海建工	600170	土木工程建筑业	4.34
ST 联合	600358	旅游业	-40.39
厦门汽车	600686	交通运输设备制造业	27.76
同济科技	600846	综合类	50.21
华东电脑	600850	计算机及相关设备制造业	——
新五丰	600975	畜牧业	13.49
中国神华	601088	煤炭采选业	27.53
工商银行	601398	银行业	——
四药股份	601607	医药制造业	5.98
中国石油	601857	石油和天然气开采业	4.71

简　答　题

1. 根据观察，汽车业的负债水平比制药业高，请解释这一现象。
2. 简述企业形成负债的主要原因。
3. 简述负债的会计信息处理流程。
4. 比较会计负债与法律义务之间的关系，并举例说明。
5. 简述或有负债会计处理的基本原则。
6. 如何对一个企业的财务风险进行合理评价？

练　习　题

一、应付账款

资料： 南方公司 2022 年 8 月 1 日向某工厂购买原料一批，发票价格为 180 000 元，增值税税率为 13%，现金折扣条件为 "2/20，n/30"（折扣包括增值税税款）。8 月 20 日支付一半货款及全部增值税税款，余款 8 月 31 日支付。

要求：分别运用总价法和净价法编制相关会计分录。

二、应付票据

资料：南方公司因现金短缺，于2022年2月1日签发了一张面额800 000元、6个月期、不带息的票据给兴业银行，银行当即转入企业存款账户776 000元。8月1日，南方公司向兴业银行支付800 000元。

要求：

1. 编制相关会计分录。

2. 列出6月30日资产负债表中应付票据部分。

三、应付职工薪酬

资料：南方公司2022年3月的工资总额为800万元，其中产品生产工人工资500万元，生产部门管理人员工资100万元，公司管理人员工资100万元，研发人员工资100万元（属于开发阶段）。根据政府有关规定，珠江公司按职工工资总额的10%和8%分别计提医疗保险费和住房公积金。另按职工工资总额的2%和1.5%计提工会经费和职工教育经费。

要求：编制相关会计分录。

四、应付债券

资料：南方公司于2022年1月1日发行3年期的公司债券用于新厂房的建设，工期为两年，债券面值2 000 000元，票面利率为6%，每年付息一次，本金一次偿付。实际发行时，市场利率已经提高为7%，企业按1 950 000元折价取得发行收入，相关税费为35 000元。2025年1月1日，南方公司归还债券本金。

要求：编制相关会计分录。

五、预计负债

资料：南方公司A产品的销售额自2021年起连续3年为400万元、450万元和300万元。珠江公司对A产品实行两年的保修。根据历史经验，该产品修理费用为销售额的1.5%，2021年年初计提的产品质量保证准备余额为35 000元，2021—2025年各年实际发生的修理费用为50 000元、70 000元、45 000元、35 000元和30 000元。2024年后，该产品转型，以后不再进行生产。

要求：编制相关会计分录。

六、专项应付款

资料：2022年1月，南方公司收到省国有资产管理委员会的一笔拨款5 000万元用于某项工程建设，期间，工程总投入材料款3 500万元，人工1 000万元。年底工程正式完工，同时将此长期资产登记为国家投入资本，余款500万元退回。

要求：对该专项应付款进行账务处理。

七、长期借款

资料：2022年1月，南方房地产开发公司借入一笔1亿元的3年期长期借款，用于某楼盘的第三期建设，该笔借款年利率为6.5%，到期本息一次支付（利率按单利计算），该楼盘两年后建成开始销售。

要求：对该长期借款进行账务处理。

案例分析——负债①

---

① 本章新增了案例分析，具体内容见配套的《会计教学案例》，教师可根据教学情况使用。

第九章

流转税与所得税

本章要点

- 理解增值税的征收原理
- 掌握增值税的基本会计处理方法
- 掌握其他流转税的基本会计处理方法
- 理解所得税会计的实质
- 掌握永久性差异与暂时性差异的性质
- 掌握简化的所得税会计基本处理流程

章首故事

我国税收构成

2020 年，是全球新冠疫情大流行的一年，是世界各国经济艰难前行的一年。这一年，我国一般公共预算收入中的税收收入为 154 310 亿元，同比下降 2.3%；非税收入为 28 585 亿元，同比下降 11.7%。在税收总收入 154 310 亿元中，具体构成及增长情况如表 9-1 所示。

表 9-1   2020 年税收构成

税种	收入额（亿元）	比 2019 年增长（%）	占税收总收入的比重（%）
国内增值税	56 791	-8.9	36.80
国内消费税	12 028	-4.3	7.79
企业所得税	36 424	-2.4	23.60
个人所得税	11 568	11.4	7.50
进口货物增值税、消费税	14 535	-8.1	9.42
关税	2 564	-11.2	1.66
出口退税	（14 549）	—	（9.43）
城市维护建设税	4 608	-4.4	2.99
车辆购置税	3 531	0.9	2.29
印花税	3 087	25.4	2.00
资源税	1755	-3.7	1.14
契税	7 061	13.7	4.58
土地增值税	6 468	0.1	4.19
房产税	2 842	-4.9	1.84
耕地占用税	1 258	-9.5	0.82
城镇土地使用税	2 058	-6.2	1.33
车船税、船舶吨税、烟叶税等	1 153	2.8	0.75
环境保护税	207	-6.4	0.13
总税收收入	154 310	-2.3	100

资料来源：财政部官网国库司统计数据。

本章主要讨论税收形成的税收义务，主要包括流转税和所得税。流转税分两个方面展开讨论：一是增值税；二是其他流转税。税收属于企业的经营活动。

第一节 | 增值税

一、税收的种类与会计信息处理系统

上一章，我们讨论负债是企业取得款项、商品或劳务等尚未支付而形成的义务，如银行借款、应付账款和应付职工薪酬等。而税收是企业取得经营权从事经营以及经营取得收入而形成的一项向国家或政府缴纳税款的义务。企业之所以从事经营以及经营取得收入向国家或政府缴纳一定数额的税款，是因为国家或政府为企业经营提供了一个安全、公平的经营环境和秩序。

企业缴纳的税款大体可以分为两类：流转税和所得税。流转税是按商品（包括劳务）购进或销售的金额征收的，包括增值税、消费税等，主要针对按税法规定需要征收的商品与劳务的品种进行课税；所得税是按企业利润额来征收的，针对按税法规定计算有盈利的企业进行征收。

税收形成的负债主要通过"应交税费"科目进行核算，这一科目中的费是指除税款以外其他应缴纳的项目，如"教育费附加""矿产资源补偿费"等。所要缴纳的消费税等流转税项目，主要记入"税金及附加"等科目；除记入"税金及附加"科目外，购进中所发生的其他相关税费（不包括增值税），则直接计入长期资产或存货成本。增值税是价外税，属于代收代缴性质，所缴纳的增值税不计入资产负债表与利润表的相关项目。税收导致的现金流动主要属于经营活动。税务与会计信息处理系统如图 9-1 所示。

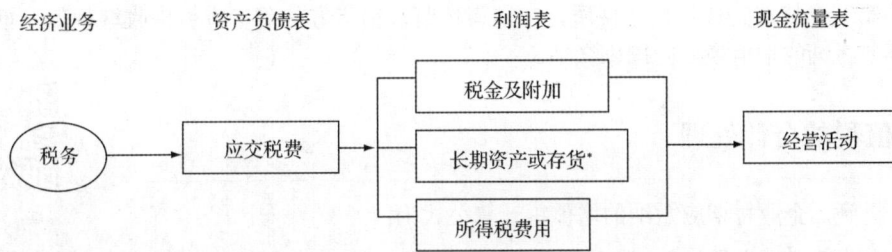

*长期资产或存货属于资产负债表项目。

图 9-1　税务与会计信息处理系统

二、增值税的征收原理

流转税通常根据销售金额乘以适用税率来确定应纳税额。增值税不同于一般流转税之处，是其只对每个环节的增值额征税。表 9-2 列出了两种征税方法的区别。

增值税的征收原理

在表 9-2 中，按全额征税，总的征税额为 78 万元，这样就造成在第二环节和第三环节流转税的征收上，对第一环节已经征税的 100 万元和第二环节已经征税的 200 万元重复课征，最后的结果是全额征税比按增值额征收流转税多征收了 39 万元流转税。对增值额征收流转税，主要是避免重复征税。基于这一原理，在征

税设计上，每期企业应缴纳的增值税就等于按货物销售额计算的应缴纳的税款（销项税额）扣除当期从外购进货物中已经缴纳的增值税（进项税额），即：

企业应交增值税=销售额×增值税税率（销项税额）-购货额×增值税税率（进项税额）

表9-2　　　　　　　　　　　　　　增值税征收原理

两种征税方法	第一环节	第二环节	第三环节	结果对比
全额征税				
销售额（万元）	100	200	300	300
税率（%）	13	13	13	13
流转税额（万元）	13	26	39	78
增值额征税				
销售额（万元）	100	200	300	300
外购原料（万元）		100	200	
增值额（万元）	100	100	100	300
税率（%）	13	13	13	13
流转税额（万元）	13	13	13	39

依据实行增值税的各个国家允许抵扣已纳税款的扣除项目范围的大小，增值税主要有以下两种类型：生产型增值税和消费型增值税。前者对纳税人外购的货物和应税劳务已纳的税款允许抵扣，而对固定资产所含的税款不予扣除。其征税对象相当于国民生产总值。消费型增值税则对当期购入的包括固定资产在内的全部货物和应税劳务所含税款都予以抵扣，其征税对象相当于消费资料。我国目前实行的是消费型增值税。

增值税中增值的实质是商品或劳务在征税企业的价值增加额。除了对增值额计税这一特点外，价外税是增值税的第二个特点，即商品价款与税款是分开的，价款中不包括增值税税款。增值税的第三个特点为代收代缴性质，在销售环节，销货方从购货方手中收取税款，抵扣企业在购货环节缴纳的增值税后向国家缴纳。

三、增值税的会计处理

上面提到，企业每期应缴纳的增值税计算公式为：

企业每期应交增值税=销项税额-进项税额

企业在实际增值税的计算与缴纳中，还要考虑税收的优惠、减免、已缴金额、进项税不允许抵扣等情况，因此，企业每期应缴纳的增值税的计算公式在考虑上述因素后为：

$$企业每期应交\atop 增值税 = {销项\atop 税额} + {出口\atop 退税} - {进项\atop 税额} - {已交\atop 税金} - {减免\atop 税款} - {出口抵减内销\atop 产品应纳税额}$$

增值税的缴纳同一般流转税按每笔经济业务缴纳不同，它是综合计算后定期（如每月）缴纳的。这样，企业发生的增值税进项税额、销项税额等专栏在每月月末综合结转到"转出多交增值税"或"转出未交增值税"。当企业月末计算的应交增值税为正时，即销项税额等项目的金额大于进项税额等项目的金额时，将该余额转入"转出未交增值税"，反之，就转入"转出多交增值税"。

对于增值税的会计核算，一般在"应交税费"科目下设置"应交增值税"和"未交增值税"等明细科目进行核算。"应交增值税"明细科目的借方发生额，反映企业购进货物或接受劳务支付的进项税额、实际已缴纳的增值税和月末转出的当月应交未交的增值税税额；贷方发生额反

映销售货物或提供应税劳务收取的销项税额、出口企业收到的出口退税和转出多交增值税税额等。"未交增值税"明细科目的借方发生额反映企业月末转入的多交的增值税；贷方发生额反映企业月末转入的当月发生的应交未交增值税；期末借方余额反映多交的增值税，贷方余额反映未交的增值税。

为了详细核算企业应交增值税的计算和解缴、抵扣等情况，企业应在"应交增值税"明细科目下分别设置"进项税额""销项税额""已交税金""转出未交增值税""转出多交增值税"等专栏[①]。下面分别对这些专栏项目的核算进行说明。

（1）进项税额与销项税额。购进业务中，根据货物价款计算的已经支付的增值税税款，记入"进项税额"专栏；销售业务中，根据货物价款计算的已经收取的增值税税款，记入"销项税额"专栏。

（2）企业购进农产品，可以按买价（或收购金额）和规定的扣除率计算进项税额，并准予从销项税额中扣除。

（3）已交税金。企业按规定期限申报缴纳的增值税，应借记"应交税费——应交增值税（已交税金）"科目，贷记"银行存款"科目；否则，就借记"应交税费——未交增值税"科目，贷记"银行存款"科目。

（4）月份终了，企业应将当月发生的应交未交增值税税额，借记"应交税费——应交增值税（转出未交增值税）"科目，贷记"应交税费——未交增值税"科目；或将当月多交的增值税税额，借记"应交税费——未交增值税"科目，贷记"应交税费——应交增值税（转出多交增值税）"科目。未交增值税在以后月份上缴时，借记"应交税费——未交增值税"科目，贷记"银行存款"科目；多交的增值税在以后月份退回或抵缴当月应交增值税时，借记"银行存款"科目或"应交税费——应交增值税（已交税金）"科目，贷记"应交税费——未交增值税"科目。

上述所有讨论都是针对增值税一般纳税人而言的，税率一般为13%[②]。对于不具有一般纳税人条件的企业，即小规模纳税人，则按全额征收商品流转税，税率为3%。

下面通过一个简例说明一般纳税人增值税的核算过程。

【例 9-1】 珠江公司 2022 年 7 月初"应交税费——未交增值税"余额为 28 000 元。增值税税率为 13%。与增值税相关的经济业务如下。

（1）购进原材料一批，价款 800 000 元，增值税 104 000 元，价税款未付。

（2）以银行存款支付月初未交增值税。

（3）购进工程用物资一批，价款 1 000 000 元，增值税 130 000 元，款已付。

（4）购置设备一台，价款 500 000 元，增值税 65 000 元，款未付。

（5）工程建设领用专用物资 800 000 元和原材料 500 000 元。

（6）本月销售商品一批，发票价格 4 000 000 元，增值税 520 000 元，款未收回。

（7）购买农业产品一批 100 000 元，农产品的增值税抵扣率为 9%，货款已付。

（8）缴纳本月增值税 200 000 元。

（9）工程本月完工，剩余工程物资转为原材料。

（10）月末将当月发生的应交未交增值税税额转出。

相关会计处理如下。

---

① 我们会发现专栏不同于一般的明细核算，在每月末各专栏实行统一的综合结转(参见例 9-1 会计分录⑩)后，各专栏余额清零。这是增值税核算独有的特点。

② 2019 年 3 月，财政部、税务总局、海关总署共同发布《关于深化增值税改革有关政策的公告》，主要内容为从当年 4 月 1 日起实施新的增值税税率，如将一般纳税人的增值税税率由原 16% 下调为 13%，原农产品购进扣除率由 10% 下调为 9% 等。

（1）借：原材料   800 000

   应交税费——应交增值税（进项税额） 104 000

    贷：应付账款   904 000

（2）借：应交税费——未交增值税   28 000

    贷：银行存款   28 000

（3）借：工程物资   1 000 000

   应交税费——应交增值税（进项税额） 13 000

    贷：银行存款   1 130 000

（4）借：固定资产   500 000

   应交税费——应交增值税（进项税额） 65 000

    贷：应付账款   565 000

（5）借：在建工程   1 300 000

    贷：工程物资   800 000

     原材料   500 000

（6）借：应收账款   4 520 000

    贷：主营业务收入   4 000 000

     应交税费——应交增值税（销项税额） 520 000

（7）借：原材料   91 000

   应交税费——应交增值税（进项税额） 9 000

    贷：银行存款   100 000

（8）借：应交税费——应交增值税（已交税金） 200 000

    贷：银行存款   200 000

（9）借：原材料   200 000

    贷：工程物资   200 000

（10）月末将当月发生的应交或未交增值税税额转出。

应交税费——应交增值税

	借方	贷方	
（1）（进项税额）	104 000	520 000	（6）（销项税额）
（3）（进项税额）	130 000		
（4）（进项税额）	65 000		
（7）（农产品抵扣）	9 000		
（8）（已交税金）	200 000		
（合计）	508 000	520 000	（合计）
（10）（转出未交增值税）			
	12 000		

借：应交税费——应交增值税（转出未交增值税） 12 000

  贷：应交税费——未交增值税   12 000

第二节 | 其他流转税

与增值税相比，其他流转税大多属于价内税，即营业额和商品销售额中包括相应的税款。

计税基础为整个营业额或销售额。在确认应交各流转税等税收义务时，一方面登记资产负债表项目"应交税费——应交消费税"等，另一方面登记利润表项目"税金及附加""其他业务成本""营业外支出"和"管理费用"等项目。在章首故事《我国税收构成》中，我国基本税种均在其中，除个人所得税和企业所得税属于所得税税种外，其他税种基本上都为流转税，主要包括消费税、资源税等。

一、消费税

为了调节消费结构，正确引导消费方向，国家在普遍征收增值税的基础上，选择部分消费品，如烟、酒、鞭炮、化妆品、贵重首饰、汽油、柴油、小轿车、摩托车等，再征收一道消费税。消费税的征收方法为从价定率和从量定额两种。实行从价定率方法计算的应纳税额的税基为销售额，这里的销售额包括向购买方收取的全部价款和价外费用，但不包括应向购货方收取的增值税税款。

消费税实行价内征收，企业按规定应交的消费税，在"应交税费"科目下的"应交消费税"明细科目核算。企业销售需要缴纳消费税的产品时，按照计算的消费税税额，借记"税金及附加"，贷记"应交税费——应交消费税"科目。企业以生产的产品对外投资、用于在建工程、非生产机构等其他方面，按规定应缴纳的消费税，借记"长期股权投资""固定资产""在建工程""营业外支出"等科目，贷记"应交税费——应交消费税"科目。

【例9-2】 珠江公司对外出售应税消费品800 000元（不含增值税），该产品增值税税率为13%，消费税税率为10%，产品已经发出，符合收入确认条件，款项尚未收到。产品成本为650 000元。相关会计处理如下。

（1）借：应收账款 904 000

　　　贷：主营业务收入 800 000

　　　　应交税费——应交增值税（销项税额） 104 000

（2）借：税金及附加 80 000

　　　贷：应交税费——应交消费税 80 000

（3）借：主营业务成本 650 000

　　　贷：库存商品 650 000

二、其他税种

（一）资源税

资源税是对在我国境内从事资源开采的单位和个人征收的一种税。为了促进资源行业持续健康发展，推动经济结构调整和发展方向转变，2016年5月我国财政部出台《关于全面推进资源税改革的通知》，全面实施清费立税，实施矿产资源税从价计征改革，对不同资源品目实施不同的资源税税率。①企业按规定计算应交资源税时，借记"税金及附加"，贷记"应交税费——应交资源税"；实际缴纳时，借记"应交税费——应交资源税"，贷记"银行存款"等。

（二）土地增值税

土地增值税是对有偿转让国有土地使用权及地上建筑物和其他附着物产权、取得增值性收

---

① 该改革将以前征收的矿产资源补偿费等收费基金（原计入"管理费用"）并入资源税。不同资源所征收的资源税税率详见财税〔2016〕53号文《关于全面推进资源税改革的通知》（2016年5月9日）中列示的《资源税目税率幅度表》。

入的单位和个人征收的一种税。

土地增值税实行超率累进税率，增值额不超过50%部分的税率为30%；增值额在50%至100%之间的部分，税率为40%；增值额在100%至200%之间的部分，税率为50%；超过200%部分的税率为60%。企业转让房地产的增值额，是纳税人转让房地产的收入减除税法规定的扣除项目金额后的余额。计算土地增值额的扣除项目有：（1）取得土地使用权所支付的金额；（2）开发土地的成本、费用；（3）新建房及配套设施的成本、费用，或者旧房及建筑物的评估价格；（4）与转让房地产有关的税金；（5）财政部规定的其他扣除项目。

缴纳土地增值税的企业应在"应交税费"科目下增设"应交土地增值税"明细科目进行核算。主营房地产业务的企业，应由当期营业收入负担的土地增值税，借记"税金及附加"科目，贷记"应交税费——应交土地增值税"科目。兼营房地产业务的企业，应由当期营业收入负担的土地增值税，借记"其他业务成本"科目，贷记"应交税费——应交土地增值税"科目。企业转让的国有土地使用权连同地上建筑物及其附着物一并在"固定资产"或"在建工程"科目核算的，转让时应缴纳的土地增值税，借记"固定资产清理""在建工程"科目，贷记"应交税费——应交土地增值税"科目。企业缴纳土地增值税时，借记"应交税费——应交土地增值税"科目，贷记"银行存款"科目。

（三）房产税、城镇土地使用税、车船税

房产税是以房屋为征税对象，按房屋的计税余值或租金收入为计税依据，向产权所有人征收的一种财产税。房产税具有以下特点：第一，房产税征收范围限于城镇的经营性房屋；第二，区别房屋的经营使用方式规定征税办法，对于自用的房屋按房产计税余值征税，对于出租、出典的房屋按租金收入征税，其中计税余值是指按房产原值一次减除 10%～30%后的余额，相应地实行两档税率。

城镇土地使用税是以征收范围内的土地为征税对象，按规定税额对拥有土地使用权的单位和个人征收的一种税。城镇土地使用税的征收范围是城市、县城、建制镇、工矿区，以实际占用的土地面积为计税依据，实行差别幅度税额，即

$$应纳税额=计税土地面积×适用税额$$

车船税是对拥有并使用车船的单位和个人征收的一种税，按照行驶车船的种类、大小、使用性质实行定额征收。车船税就行驶的车船征税，对不行驶的车船不征税。

企业按规定计算应交的房产税、城镇土地使用税、车船税，借记"税金及附加"或"其他业务成本"[①]科目，贷记"应交税费——应交房产税、城镇土地使用税、车船税"科目。实际缴纳时，借记"应交税费"科目，贷记"银行存款"科目。

（四）城市维护建设税、教育费附加

城市维护建设税是对从事工商经营，缴纳增值税、消费税的单位和个人征收的一种税。城市维护建设税根据城镇规模设计税率，以企业实际缴纳的增值税、消费税为纳税依据，纳税人所在地为市区的，税率为7%，纳税人所在地为县城、镇的，税率为5%，纳税人所在地不在市区、县城或镇的，税率为1%。在会计核算上，企业按规定计算出的城市维护建设税，借记"税金及附加""其他业务成本"等科目，贷记"应交税费——应交城市维护建设税"科目；实际上缴时，借记"应交税费——应交城市维护建设税"，贷记"银行存款"科目。

教育费附加是为发展教育事业而征收的一项费用，以各单位和个人实际缴纳的增值税、消费税税额为计征依据，分别与增值税、消费税同时缴纳。教育费附加费率具体由省、自治区、

---

① 出租房产应缴纳的房产税，记入"其他业务成本"科目。

直辖市人民政府确定执行。在会计核算上，企业按规定计算出的教育费附加，借记"税金及附加""其他业务成本"科目，贷记"应交税费——应交教育费附加"科目。

城市维护建设税和教育费附加的计税都以企业实际缴纳的增值税和消费税为基础，而不是根据实际的流转与交易额作为计税基础。以教育费附加为例，其计算公式为：

教育费附加额=（增值税税额+消费税税额）×教育费附加费率

【例9-3】 2022年5月，珠江公司发生的增值税销项税额为1 280 000元，进项税额为640 000元，应交消费税为230 000元。月末会计人员按7%和3%分别计算登记应交城市维护建设税和应交教育费附加。

本月应交增值税=1 280 000-640 000=640 000（元）

本月城市维护建设税和教育费附加征收基础=640 000+230 000=870 000（元）

本月应交城市维护建设税=870 000×7%=60 900（元）

本月应交教育费附加=870 000×3%=26 100（元）

会计分录为：

借：税金及附加 87 000
　　贷：应交税费——应交城市维护建设税 60 900
　　　　　　　　——应交教育费附加 26 100

第三节 所得税

一、所得税会计

获利的企业，还产生另外一项纳税义务——所得税。这里的所得就是企业的盈利或利润额。税法对企业所得的计算与会计对企业所得计算的不同导致了所得税会计的产生。所得税会计的基本内容就是对两者之间的差异进行调整和分摊。

所得税会计的实质

会计所计算的所得就是利润表中的利润总额（以下简称"会计所得"），会计所得主要是依据权责发生制原则来计算的，如权益法下投资收益的确认、减值准备的计提、产品保修准备的预提等。税法上所计算的应纳税所得额（以下简称"应税所得"），基本上是依据收付实现制来计算的，如投资收益的确认、坏账的认定、产品修理费用的登记等。

收入与费用项目确认的时间不一致，导致会计所得与应税所得的结果不同。如果两者是一致的，所得税会计处理就十分简单，会计分录如下。

借：所得税费用（以下简称"所得税"） 会计或应税所得×税率
　　贷：应交税费——应交所得税 应税所得×税率

如果两者不一致，所得税会计处理就出现两种方法：一是应付税款法；二是纳税影响会计法。应付税款法是不对两者之间的差异进行调整或分摊，所得税费用就按实际应纳税进行登记，会计处理如下。

借：所得税 应税所得×税率
　　贷：应交税费——应交所得税 应税所得×税率

纳税影响会计法则要对应交所得税与所得税费用之间的差额进行确认与调整，其会计处

理为：

借：所得税   会计所得×税率
       递延所得税资产
         贷：应交税费——应交所得税   应税所得×税率
            递延所得税负债

这一分录中，递延所得税资产与递延所得税负债就是会计所得与应税所得之间的差额与税率的乘积。关于递延所得税资产与递延所得税负债的形成与计算，接下来专门进行讨论。

二、永久性差异与暂时性差异

会计所得与应税所得的差异可以分为两种：永久性差异与暂时性差异。在所得税会计中，不对永久性差异进行调整，只对暂时性差异进行调整。

（一）永久性差异

永久性差异是指某一会计期间，由于会计准则和税法在计算收益、费用或损失时的口径不同，所产生的税前会计利润与应纳税所得额之间的差异。这种差异在本期发生，不会在以后各期转回。永久性差异有以下几种类型。

永久性差异与暂时性差异的性质

（1）按会计准则的规定核算时作为收益计入会计报表，在计算应纳税所得额时不确认为收益，如购买国债取得的利息收入等。

（2）按会计准则的规定核算时未作为收益计入会计报表，在计算应纳税所得额时作为收益，需要缴纳所得税，如企业将自己生产的产品用于在建工程，企业按成本计入在建工程，不计算产品的收入，而税法要求将产品的售价和成本之间的差额作为应税收益。

（3）按会计准则的规定核算时确认为费用或损失计入会计报表，在计算应纳税所得额时则不允许扣减。这类例子较多，如非公益性捐赠、滞纳金和超过标准的公益性捐赠等。

（4）按会计准则规定核算时不确认为费用或损失，在计算应纳税所得额时则允许扣减，如税法允许对研究与开发支出的加计扣除部分。

（二）暂时性差异

暂时性差异是指税法与会计准则由于确认收益、费用或损失的时间不同而产生的税前会计利润与应纳税所得额的差异。这一差异发生于某一会计期间，但在以后一期或若干期内能够转回，因而称为暂时性差异。暂时性差异主要有以下几种类型。

（1）企业获得的某项收益，按照会计准则规定应当确认为当期收益，但按照税法规定需待以后期间确认为应纳税所得额，从而形成应纳税暂时性差异。这里的应纳税暂时性差异是指未来应增加应纳税所得额的暂时性差异。如在投资方所得税税率大于被投资方的所得税税率时，投资方按权益法在年末登记投资收益，而在税法上，必须在投资方实际收到股利或被投资方宣告支付股利时，才登记按所得税税率差缴纳的税收。

（2）企业发生的某项费用或损失，按照会计准则的规定应当确认为当期费用或损失，但按照税法的规定待以后期间从应纳税所得额中扣减，从而形成可抵扣暂时性差异。这里的可抵扣暂时性差异是指未来可以从应纳税所得额中扣除的暂时性差异。如因产品质量担保或法律诉讼计提的预计负债，各项资产因减值损失计提的准备等。

（3）企业获得的某项收益，按照会计准则的规定应当于以后期间确认收益，但按照税法的规定需在实际收到现金时计入当期应纳税所得额，从而形成可抵扣暂时性差异，如预收租金或其他预收款项等。

（4）企业发生的某项费用或损失，按照会计准则的规定应当于以后期间确认为费用或损失，但按照税法的规定可以从当期应纳税所得额中扣减，从而形成应纳税暂时性差异。如税法规定可按加速折旧法计提折旧，而会计上按直线法计提折旧形成的差异。

在两种计税差异中，由于永久性差异是单向、不可逆转的，故其会计处理原则应以税法的规定为基础，将会计所得调整为应税所得；而暂时性差异是暂时、可逆转的，因而所得税会计的核心就集中在对这种差异的会计处理上。用公式表达如下。

情形一：如果只存在永久性差异

所得税费用=应税所得（或含永久性差异的会计所得）×税率

情形二：如果同时存在永久性差异和暂时性差异

所得税费用=含永久性差异的会计所得×税率±暂时性差异的调整额

三、所得税会计简例

现行的所得税会计运用资产负债表法。资产负债表法一般是在资产负债表日进行相应的所得税会计处理，资产负债表法的基本核算程序如下。

（1）确定资产、负债的账面价值；

（2）确定资产、负债的计税基础；

（3）比较资产、负债账面价值与计税基础，确定暂时性差异；

（4）确认本期递延所得税资产与负债（先用期末资产、负债账面价值与计税基础比较形成的暂时性差异乘以税率，然后减去期初相应递延所得税资产与负债的金额，即为本期递延所得税资产与负债的新增额）；

（5）计算应交所得税；

（6）计算所得税费用。

由于这一方法的复杂性，通常资产负债表法在中级财务会计中予以详细讲解。为了让大家对该方法有一个初步的了解，我们采用一种简化的方法进行介绍。简化程序如下。

简化的所得税会计
基本处理流程

（1）确定资产、负债的账面价值和资产、负债的计税基础，列出两者之间的差异；

（2）比较期初和期末递延所得税资产与负债，计算递延所得税资产与负债的本期发生额；

（3）计算应交所得税；

（4）计算所得税费用。

通过比较一般所得税会计处理程序和简化所得税会计处理程序，可以发现，简化程序中省略了期末递延所得税资产和负债的计算环节，这一环节，也是所得税会计处理中的难点。递延所得税资产和负债的计算过程详见《中级财务会计》。

下面通过实例来简单讲解资产负债表法在所得税会计中的应用。

【例9-4】 珠江公司2022年、2023年税前会计利润均为1 000 000元。其中2020年会计利润包括企业持有的一项国债的利息收入50 000元。2021年12月购入一台机床500 000元，残值率为4%，使用年限为10年，会计上按直线折旧法计提折旧，2022年和2023年该设备的账面净值分别为452 000元和404 000元，折旧额为每年48 000元。税法允许按加速折旧法（双倍余额递减法）计提折旧，2022年和2023年该设备的账面净值分别为400 000元和320 000元，折旧额前两年分别为100 000元和80 000元（上述计算参见【例7-5】和【例7-7】）。此外，2022年公司购入一批股票，作为交易性金融资产处理，账面成本为100 000元，2022

年年末市价为 80 000 元，2023 年该批股票已出售。公司所得税税率为 25%，2022 年年初递延所得税资产与递延所得税负债的余额为零；2022 年年末递延所得税资产与递延所得税负债的余额分别为 5 000 元和 13 000 元；2023 年年末递延所得税资产与递延所得税负债的余额分别为 0 元和 21 000 元。

下面分两个年度进行讨论。

1. 2022 年度

第一步：确定资产、负债的账面价值和资产、负债的计税基础，列出两者之间的差异。

2022 年会计利润与应税所得存在差异之处有三个：一是国债收入，应税所得不计此收入，而会计要确认；二是折旧的计提，会计上按直线折旧法，而纳税时按双倍余额递减法计提；三是交易性金融资产，会计上按市价调整并确认当期损益，税法上不做调整。

第二步：比较期初和期末的递延所得税资产与递延所得税负债，计算递延所得税资产与递延所得税负债的本期发生额。

2022 年年初递延所得税资产与递延所得税负债的余额为零；2022 年年末递延所得税资产与递延所得税负债的余额分别为 5 000 元和 13 000 元。

$$本期递延所得税资产 = 期末递延所得税资产 - 期初递延所得税资产$$
$$= 5\ 000 - 0$$
$$= 5\ 000（元）$$

$$本期递延所得税负债 = 期末递延所得税负债 - 期初递延所得税负债$$
$$= 13\ 000 - 0$$
$$= 13\ 000（元）$$

第三步：计算应交所得税。

本期应交所得税在会计利润的基础上调整计算：

会计利润	1 000 000
减：免税的国债利息	（50 000）
超过直线折旧法的加速折旧额	（52 000）
加：未实现的交易性金融资产损失	20 000
应税所得	918 000

本期应交所得税 = 918 000 × 25% = 229 500（元）

第四步：计算所得税费用。

$$所得税费用 = 应交所得税 + 递延所得税负债（减：减少） - 递延所得税资产（加：减少）$$
$$= 229\ 500 + 13\ 000 - 5\ 000$$
$$= 237\ 500（元）$$

本期所得税会计处理如下。

借：所得税		237 500
递延所得税资产		5 000
贷：应交税费——应交所得税		229 500
递延所得税负债		13 000

2. 2023 年度

第一步：确定资产、负债的账面价值和资产、负债的计税基础，列出两者之间的差异。

2023 年会计利润与应税所得存在差异之处有两个：一是折旧的计提，会计上按直线折旧法计提，而纳税时按双倍余额递减法计提；二是交易性金融资产的销售收入确认，会计上按当年销售价格与上年年末市价的差额确认当期损益，税法上按年销售价格与最初购买成本的差额确认当期损益（已实现差异确认的原则就是转回上期已经确认的未实现金额，方向相反）。

第二步：比较期初和期末的递延所得税资产与递延所得税负债，计算递延所得税资产与递延所得税负债的本期发生额。

2023 年年初递延所得税资产与递延所得税负债的余额分别为 5 000 元和 13 000 元；2023 年年末递延所得税资产与递延所得税负债的余额分别为 0 元和 21 000 元。

本期递延所得税资产=期末递延所得税资产-期初递延所得税资产

=0-5 000

=-5 000（元）

本期递延所得税负债=期末递延所得税负债-期初递延所得税负债

=21 000-13 000

=8 000（元）

第三步：计算应交所得税。

本期应交税费在会计利润的基础上调整计算：

会计利润	1 000 000
减：已实现的交易性金融资产损失	（20 000）
超过直线折旧法的加速折旧额	（32 000）
应税所得	948 000

本期应交所得税=948 000×25%=237 000（元）

第四步：计算所得税费用。

所得税费用=应交所得税+递延所得税负债（减：减少）-递延所得税资产（加：减少）

=237 000+8 000+5 000

=250 000（元）

本期所得税会计处理如下。

借：所得税　　　　　　　　　　　　250 000

　　贷：应交税费——应交所得税　　　　237 000

　　　　递延所得税资产　　　　　　　　5 000

　　　　递延所得税负债　　　　　　　　8 000

以上只是简单介绍了资产负债表法的基本原理，对于该方法中所涉及的税率的变动、亏损的结转、其他项目差异的计算，我们未展开讨论。系统地阐述参见本系列教材《中级财务会计》所得税会计一章。

简 答 题

1. 简述税收的种类及会计信息处理过程。
2. 增值税的特点有哪些？指出增值税会计核算的特点。
3. 阐述其他流转税，如消费税等的征税基础及会计核算科目的运用。
4. 区分应付税款法与纳税影响会计法。
5. 如何区分永久性差异和暂时性差异。
6. 阐述资产负债表法的简化核算程序。简化核算程序与一般核算程序的主要区别是什么？

练习题

一、流转税

资料：南方公司 2022 年 7 月初"应交税费——未交增值税"余额为 50 000 元。增值税税率为 13%，城市维护建设税和教育费附加征收率分别为 7%和 3%。与流转税相关的经济业务如下。

（1）购进原材料一批，价款 500 000 元，增值税 65 000 元，价税款未付。

（2）以银行存款支付月初未交增值税。

（3）购进工程用物资一批，价税款共计 2 260 000 元，货款已付。

（4）购置设备一台，价款 1 000 000 元，增值税 130 000 元，款未付。

（5）工程建设领用专用物资 1 200 000 元和原材料 300 000 元。

（6）本月销售商品一批，发票价格 2 500 000 元，款未收回。

（7）购买农产品一批 500 000 元，免税农产品的抵扣率为 9%，货款已付。

（8）本月销售应税消费品一批，发票价格 1 500 000 元，消费税税率为 10%，款未收回。

（9）本月工程完工，剩余工程物资转为原材料。

（10）本月向某公司提供劳务取得收入 650 000 元，另收到手续费 50 000 元，款已存入银行。增值税税率为 6%。

要求：

1. 编制上述经济业务的会计分录。

2. 计算城市维护建设税和教育费附加并编制相关会计分录。

3. 登记"应交税费"和"应交税费——应交增值税"T 形账。

二、所得税

资料：南方公司 2022 年和 2023 年税前会计利润均为 2 000 000 元。其中 2022 年会计利润包括企业因延迟纳税的罚金 20 000 元。2021 年 12 月购入一台设备（设备原价 1 000 000 元，使用期 5 年，无残值），会计上按双倍余额递减法计提折旧，税法规定企业只能按直线折旧法计提折旧。此外，2022 年公司购入一批股票，作为交易性金融资产，其账面成本为 100 000 元，2022 年年末市价为 120 000 元，2023 年该批股票已出售。公司所得税税率为 25%，2022 年年初递延所得税资产与递延所得税负债的余额分别为 1 000 元和 5 000 元；2022 年年末递延所得税资产与递延所得税负债的余额分别为 50 000 元和 5 000 元；2023 年年末递延所得税资产与递延所得税负债的余额分别为 60 000 元和 0 元。

要求：按资产负债表法对南方公司 2022 年和 2023 年所得税进行会计处理。

案例分析——一辆合资生产汽车的税收①

---

① 本章新增了案例分析，具体内容见配套的《会计教学案例》，教师可根据教学情况使用。

第十章

所有者权益

本章要点

- 理解企业的性质
- 了解企业的组织形式及特点
- 掌握独资权益的会计核算方法
- 掌握合伙权益的会计核算方法
- 了解公司的类别和股东权益的构成
- 掌握股东权益的会计核算方法
- 理解每股收益与净资产收益率的含义与作用

章首故事

我国企业分类

按国际通行对企业组织形式的分类,企业一般分为独资企业、合伙企业和股份公司,股份公司又分为有限责任公司和股份有限公司(还包括两合公司和无限公司,但不常见)。我国在改革开放前,对企业的分类是以所有制为标准的,分为国有企业、集体企业和私营企业等三类;20 世纪 80 年代开始引进外资后,又增加了外商投资企业;推行现代企业制度后,股份公司开始出现。因此,我国企业的分类具有很强的中国特色,表 10-1 所示是我国 2019 年各类企业的登记情况。

表 10-1　　　　　　　　　　　我国 2019 年各类企业的登记情况　　　　　　　　　　单位: 户

企业单位数	内资企业	国有企业	74 547	
		集体企业	103 163	
		股份合作企业	28 333	
		联营企业	5 657	20 840 125
		有限责任公司	1 546 236	
		股份有限公司	121 544	21 091 270
		私营企业	18 921 928	
	港澳台商投资企业		133 752	
	外商投资企业		117 393	

资料来源:《中国统计年鉴 2020》节选。

第八章讲述了企业筹资三个渠道中的一个——负债,本章继续讨论另外两个筹资渠道——所有者投入和留存收益,以及与此紧密相关的对所有者的回报——利润分配。这就是本章要阐述的主题——所有者权益。所有者权益依据组织形式的不同,在会计上的体现有所区别,第一节将首先讨论企业的性质与企业的组织形式,接下来分别讨论三种企业形式的权益处理:独资权益、合伙权益和股东权益。

第一节 | 企业的性质与企业的组织形式

一、负债与所有者权益

在会计等式中：资产=负债+所有者权益。如果将这一等式变换一下，就是：资产=权益。即等式的左边是资产，等式的右边是权益，表达的实质为资产的所有权归属。从这个角度而言，负债和所有者权益的一个共性都是反映资产的权益或来源，即所有权归属。但同样作为权益，负债和所有者权益存在很大的不同，这些差别主要体现在以下三个方面。

第一，负债有明确的偿还期限，如偿还期不到一年的流动负债和偿还期在一年以上的长期负债。负债的形成可以有多种方式，如交易中形成的负债、专门向银行或向社会融资形成的负债、生产中形成的负债、取得经营许可形成的纳税义务等，无论何种负债，都会有一个确定的偿还日期。所有者权益一般没有偿还的具体日期，股份公司的股本明确规定不能退还，但上市的公司可以通过市场进行转让。当企业解散，进行清算时，所有者权益（投入资本）才能退还。

第二，负债的回报是固定的[①]。应付票据、企业发行的债券及银行借款，在合约中都会明确规定利率水平。利息的支付就是企业使用资金的成本。这种成本从税务的角度而言可以从应税所得额中扣除。当然，所有者投入的资本也是需要回报的，但这种回报同负债不同，一是投资回报不能在税前（所得税）扣除，二是回报率一般是不固定的，它在支付职工工资、债务利息、缴纳税款后，如果企业收益还有剩余，根据剩余的多少，确定所有者投资回报的支付比例，我们把这种做法称为剩余分享。

第三，如果企业面临破产，企业资产首先支付债务，剩余财产再分配给投资者。根据《中华人民共和国企业破产法》（2006）的规定，破产企业的偿债顺序如下。

（1）对特定财产享有优先权利的债务人；

（2）破产费用与共益债务；

（3）应付职工薪酬和应付职工社会保险等债务；

（4）应交税费；

（5）普通债务；

（6）投资者投资。

随着大量金融衍生工具的出现，负债与所有者权益的界线变得越来越模糊，如可转换公司债券、可转换优先股等。

二、企业的性质

企业的性质

会计有一个基本假设——会计主体假设。这一假设确定了会计的核算对象和核算范围。一般而言，会计主体就是组成市场经济基本单位的企业。在会计等式中，资产是企业的资产，负债是企业的负债，所有者权益也是企业所有者的权益。现在的问题是：企业是谁的？弄清和回答这个问题很重要，因为这个问题的答案，决定了会计最终的目标。

在上面对负债和所有者权益的分析中，我们知道企业的资产实际上是归属于债权人和投资者的，是债权人的资产和投资者的资产。但能否说企业是债权人和投资者的？我们暂时不回答

[①] 这里所说的固定回报，并不代表债务利息一定是确定的，债务也可支付浮动利息。但债务支付固定利息是其最普遍的做法，下同。

这一问题，先对债权人和投资者承担的责任和收益分享做一个分析：债权人的本金是需要按期偿还的，回报是固定的并且需要在企业的盈利中先行支付；而投资者的投资没有退还的要求，投资回报是在企业剩余收益中支付的。由此，我们可以看出，当企业的盈利不确定时（企业的盈利通常是不确定的），投资者承担了大部分的风险，所以，一般而言，企业是投资者的。从企业理论的角度分析，谁享有剩余分享权，谁就拥有剩余控制权，一个拥有企业剩余分享权和剩余控制权的人，就是企业的所有者。当投资者享有剩余分享权时，投资者就成为企业的所有者，同时，投资者也就变成了企业的控制人。所以，投资者就成为企业的决策者。例如，普通股的持有者同时拥有投票权。

要说明的是，投资者并非绝对是企业的所有者，当企业不能支付到期债务面临破产时，企业的控制权就从投资者的手中转移到债权人的手中。但当我们假设企业处于持续经营的状态时，企业就是投资者的。资产负债表中的投资者权益命名为所有者权益由此而来。

经济主体的概念是会计上的，相对应的法律上有法人的概念。但这两个概念不完全等同。在第三章讨论会计主体时阐述过两者之间的区别。下面通过不同的企业组织形式对两者的区别进行辨析。

三、企业的组织形式

现代企业的主要组织形式有三种：独资企业、合伙企业以及法人企业。不同组织形式的企业具有不同的特点。

企业的组织形式及特点

（一）独资企业

独资企业指只有一个所有者的企业。业主对企业进行单独投资经营，对企业的盈亏负完全责任。同时，业主拥有企业的全部资产，对企业的债务负连带责任。当企业的资产不足以清偿企业对外债务时，业主需要动用其私有财产偿还企业负债，负有无限责任。企业破产解散时，债权人不仅对企业的资产拥有要求权，对独资企业业主个人的资产也有要求权。独资企业可以向银行或其他个人借款，但不能对外发行债券或股票。企业利润不需缴纳企业所得税，但企业利润（无论实际提取或是否分配）与个人其他所得一起缴纳个人所得税。

（二）合伙企业

合伙企业的业主通常称为合伙人，人数最少在两人以上，人数的多少视企业的性质和规模的大小而定。合伙人对企业进行共同的投资经营，对于企业的盈亏按照各合伙人的投资比例或合伙契约中规定的比例进行分配。当企业资不抵债时，各合伙人对企业的债务同样负有连带无限责任。无论企业利润是否已经以现金形式分配给合伙人，合伙人都要缴纳个人所得税，但不必以合伙企业的名义缴纳企业所得税。

合伙企业存在三种合伙形式：最流行的是普通合伙企业，其余两种是有限合伙企业和有限责任合伙企业。有限合伙企业由一个合伙人进行管理，该合伙人承担无限责任，获得的收入最高，其他合伙人主要提供资金，几乎不参与经营，承担有限责任。这种合伙形式在石油勘探和房地产开发等高风险行业比较常见。有限责任合伙企业中，承揽和从事项目的合伙人承担该项目带来的所有后果，其余合伙人承担有限责任，会计师事务所多为该形式。我国目前法律允许存在以上三种形式的合伙企业。

（三）法人企业

法人企业是指具有永久存续权的法人实体。公司制企业是法人企业的主要形式。公司制企

业的业主称为股东。公司制企业又分为股份有限公司和有限责任公司。股份有限公司的资本被划分成若干等份，每一份为一股。股东对企业的投资形式是购买公司的股票。股票是股东对公司进行投资的凭证。每股股票金额相等，持有等份股票的股东在公司内享有同等的权益，即同股同权。公司的利润分配以股为单位，持有等份股票的股东在公司内享有同等的收益，即同股同利。股东对公司的债务责任以其投资的股份为限，即股东对公司的债务只负有限责任。

与独资企业和合伙企业相比，公司制企业除具有承担有限责任、永续存在的特点外，还可以通过对外发行股票和债券筹集大量资金，便于迅速扩大规模，把握市场机会。但同时，公司要缴纳企业所得税，而股东个人还要按个人所得缴纳个人所得税。

总体而言，独资企业与合伙企业一般会占到一个国家企业总量的 80%以上，但它们提供的销售额只占总销售额的 10%左右，销售额的 80%是由法人企业提供的。

从法律角度来看，独资企业、合伙企业均不具备法人资格，在法律上不独立具有权利能力和行为能力，故企业在业务处理上的行为仍被视为自然人行为，企业所拥有的财产及所负的债务，在法律上等同于业主、合伙人的个人财产和债务。公司则具有法人资格，可以独立进行法律上的有效行为，如法律起诉与应诉。此外，能以法人的名义签订合同、缴纳税款，以法人的名义占有资产、享有权益。而独资企业、合伙企业的经营收入无须缴纳所得税，只是业主、合伙人以其个人名义申报收入所得税，以个人的名义签订合同和进行相应的法律有效行为等。

从会计的角度来看，无论哪种类型的企业均可视为独立的会计主体，成为会计核算的对象。根据会计主体假设，企业是独立于其所有者的实体，企业的财产、债务及业务行为应独立于所有者的财产、债务及业务行为，在会计上进行单独处理。企业经营获得的收益或发生的损失，也需要经过独立的会计核算后，再转记为所有者的收益或损失。这样，企业所有的资产、所负的债务、获得的经营收益及发生的损失才可以得到正确、清晰的反映，有助于向信息使用人提供有用的信息。

四、所有者权益及会计信息处理系统

企业成立之初，资金的基本来源就是企业投资者投入的资本。资本投资经过一段时期的经营后，取得的经营成果，一方面以利润分配的形式分配给投资者；另一方面，未分配的利润形成企业的留存收益，不断增加企业的净资产或所有者权益。当然，企业的经营成果可能表现为亏损，这时，对企业的影响就表现为减少企业的净资产或所有者权益。与借款一样，所有者投入是企业最基本的筹资活动。所有者投入及会计信息处理系统如图 10-1 所示。

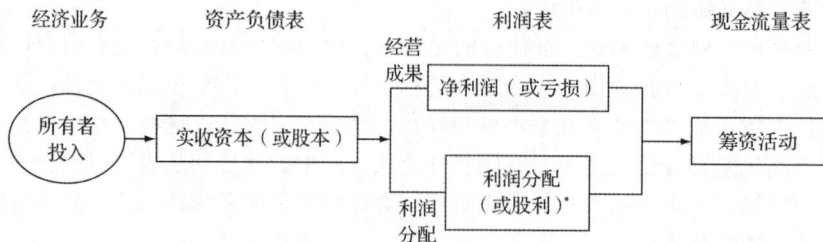

所有者权益与会计信息处理系统

*利润分配属于利润分配表或所有者权益变动表项目。

图 10-1　所有者权益及会计信息处理系统

第二节 | 独资权益与合伙权益

独资企业、合伙企业与法人企业在经济业务上没有本质上的区别，前两类企业除了不能对外发行股票和债券筹集资金、不缴纳企业所得税外，所从事的经济活动与法人企业一样，因此，对经济业务的核算，从会计的角度而言不存在差别。但是，在所有者权益的会计处理上，三类企业却存在较大不同。可以说三类企业会计处理的主要不同就体现在所有者权益的核算上。所以本节和下节就从所有者权益的角度来讨论三类企业的会计处理。

一、独资权益

由于独资企业业主独自生产和销售产品，不具备对外发行证券筹集资金的资格，也没有合作者共同承担债务责任和分享利润，除了业主个人需要进行个人纳税申报外，也不需要提交其他相应的证明文件。独资权益即使可以向银行取得借款，大多通过资产抵押而无法取得信用贷款。因此，企业财务报表的编制和信息的披露无严格的规定和限制。另外，独资企业经济活动与业主家庭事务之间的分割也没有严格要求。

独资权益的会计核算

从理论上讲，独资企业的收入与费用等同于业主个人的收入与费用，净利润直接表现为业主资本的增加，亏损则体现为业主净资产的减少。在所有者权益的核算中，使用资本一个科目就可以完成所有核算工作。但是为了使企业经营成果的影响能独立反映出来，使企业经营与家庭事务有所分离，独资企业会计的核算，需要在资本账户下设置"业主投资""业主提款""利润（亏损）结转"三个明细账户。下面通过一个实例说明独资会计所有者权益的核算过程。

【例 10-1】 海珠实业为一家生产灯具的私营独资企业，2022 年年初，资本账户余额为 258 000元。2022 年发生的与资本账户相关的经济业务如下。

（1）业主投入 65 000 元，购置一台新设备；

（2）从私人账户转账支付企业一笔到期债务 8 000 元；

（3）家庭成员突然发病紧急住院，企业出纳带款 10 000 元前往医院缴纳住院费；

（4）年终结算，本年盈利 320 000 元，结转至资本账户；

（5）业主从企业提款 100 000 元。

会计处理如下。

（1）借：固定资产   65 000

    贷：资本——业主投资   65 000

（2）借：应付账款   8 000

    贷：资本——业主投资   8 000

（3）借：资本——业主提款   10 000

    贷：银行存款   10 000

（4）借：本年利润   320 000

    贷：资本——利润结转   320 000

（5）借：资本——业主提款   100 000

    贷：银行存款   100 000

开设"资本"T形账户，反映海珠实业资本变动全过程。

<table>
<tr><td colspan="4" align="center">资本</td></tr>
<tr><td></td><td></td><td>258 000</td><td>期初</td></tr>
<tr><td>（3）提款</td><td>10 000</td><td>65 000</td><td>（1）投入</td></tr>
<tr><td>（5）提款</td><td>100 000</td><td>8 000</td><td>（2）投入</td></tr>
<tr><td></td><td></td><td>320 000</td><td>（4）利润转入</td></tr>
<tr><td>本期</td><td>110 000</td><td>393 000</td><td>本期</td></tr>
<tr><td></td><td></td><td>541 000</td><td>期末</td></tr>
</table>

从"资本"T形账户可以看出，期末业主资本为 541 000 元，比期初净增 283 000 元。其中，经营盈利增加 320 000 元，投入增加 73 000 元，业主提款导致减少 110 000 元。

二、合伙权益

与独资企业相比，合伙企业与家庭事务要有明确的分界，资本账户要按合伙人分别设置，增加了损益分配的账务处理。另外，合伙企业的清算也是合伙会计特有的内容，我们不在这里讨论这一问题，而在本系列教材《高级财务会计》中讲述。

合伙企业的财务报告主要满足三类人的需要：合伙人、合伙债权人和税务部门人员。合伙人一般可随时查询企业的账簿和报表；合伙企业向银行或其他金融部门申请贷款时，需要提供相关财务报表；税务部门人员在检查每一个合伙人的个人所得时，也需要查阅合伙企业的财务资料。除这三类使用者外，合伙企业的财务信息不需对外公开，也不需要编制通用的财务报告。

合伙企业权益账户通常除了按合伙人设置资本账户外，在每一个合伙人名下再设置三个明细账：合伙人投资、合伙人提款和利润（或亏损）结转。下面我们分别从合伙企业设立、合伙权益变动和合伙损益分配三个方面进行讲述。

合伙权益的会计核算

（一）合伙企业的设立

合伙企业成立时，各合伙人可以用现金投资入伙，也可以用技术、专利、专业特长和管理经验进行投资。

【例 10-2】 甲和乙两人合伙开业，成立盛记汽车修理厂，甲以现金 100 000 元投资入伙，乙以自己经营的修理厂投资，其中现金 3 000 元，材料及半成品 80 000 元，设备 50 000 元，应付账款 33 000 元，存货和设备均为公允市价。开业的会计处理如下。

借：现金		100 000
贷：资本——甲（合伙人投资）		100 000
借：现金		3 000
存货		80 000
设备		50 000
贷：应付账款		33 000
资本——乙（合伙人投资）		100 000

（二）合伙权益的变动

合伙权益的变动包括增资与减资（提款）、入伙与退伙等方面。

1. 增资与减资（提款）

增资、减资（提款）的会计处理与开业时相似，但由于开业后增资与减资影响分配比例与经营等问题，如何进行增资与减资的处理必须在合伙协议中有明确的规定。增资与减资的会计处理如下。

借：资本——××（合伙人投资）
　　贷：现金
借：现金
　　贷：资本——××（合伙人投资）

要注意的是，在独资企业中，由于不存在利润在多人之间的分配问题，业主的增资和提款是直接按账面登记的。但在合伙企业中，当合伙企业经营一段时间形成企业商誉后，增资额就不能简单按账面价值登记合伙人的资本增加额。具体处理在下面的入伙与退伙中讨论。

2. 入伙与退伙

新合伙人入伙，首先需要征得原合伙人的同意。入伙的方法之一，是向原合伙人购买部分合伙权益；方法之二，是直接向合伙企业投资。

在征得全体合伙人同意后，一个人可以直接向现任合伙人购买其部分合伙权益而成为新的合伙人。这种转让主要是两个转让人之间的事，对合伙企业的资本不会产生变化，因而在会计处理上，只需对资本账户进行过户登记即可。如【例10-2】中，假定甲将自己一半的合伙权益转让给丙（转让价格与合伙企业无关），这时，只需登记以下过户记录。

借：资本——甲（合伙人投资）　　　　　　　50 000
　　贷：资本——丙（合伙人投资）　　　　　　　50 000

如果是向现有的合伙企业投资入伙，则会计处理要复杂得多。如果新合伙人入伙时，企业资产在当时并无高估或低估的情况，新合伙人则按其实际投资额取得合伙的份额。投资入伙时，只需按实际投入借记"现金"，贷记"资本"。

【例10-3】　承【例10-2】，盛记汽车修理厂吸收丁为合伙人，丁投资100 000元，取得1/3的合伙权益。应投资的金额可计算如下。

　　　　甲和乙原有资本总额=100 000+100 000=200 000（元）

　　　　丁加入后，合伙企业总资本=（100 000+100 000）÷2/3=300 000（元）

　　　　资本总额的1/3即丁的投资=300 000×1/3=100 000（元）

会计处理如下。

借：现金　　　　　　　　　　　　　　　　100 000
　　贷：资本——丁（合伙人投资）　　　　　　　100 000

如果盛记汽车修理厂开办一段时间后，产生了较好的声誉，虽然资本额仍为200 000元，但企业的声誉并未登记在企业账面上，如果丁仍然想取得1/3的合伙权益，出资100 000元则不能使甲和乙满意。

【例10-4】　承【例10-3】，三人共同协商后，认为企业的声誉值100 000元，这时，丁取得1/3的合伙权益应投资的金额可计算如下。

　　　　盛记汽车修理厂重估后的资本总额=100 000+100 000+100 000（商誉）=300 000（元）

　　　　丁加入后，合伙企业总账面资本=300 000÷2/3=450 000（元）

　　　　账面资本总额的1/3即丁的投资=450 000×1/3=150 000（元）

　　　　丁加入后，合伙企业账面总资本=200 000+150 000=350 000（元）

账面资本总额的 1/3 即丁的投资=350 000×1/3=116 667（元）

多出的 33 333 元（150 000-116 667）作为红利分配给甲和乙，分别增加甲和乙的资本账户。会计处理如下。

借：现金　　　　　　　　　　　　　　　　　　　　　　150 000

　　贷：资本——甲（合伙人投资*）　　　　　　　　　　　　16 666.5

　　　　——乙（合伙人投资*）　　　　　　　　　　　　　16 666.5

　　　　——丁（合伙人投资）　　　　　　　　　　　　　116 667

*也可以写成红利分配。

合伙企业中，因合伙人死亡和其他原因要求退伙的，需要解决退伙合伙人或已故合伙人的财产问题。退伙的会计处理分三种情况：一是退伙金额正好等于其资本账户的最后余额；二是退伙金额高于其资本账户的最后余额；三是退伙金额低于其资本账户的最后余额。对于第一种情况，只需借记"资本"，贷记"现金"即可。对于第二种情况、第三种情况则需运用红利法。

【例 10-5】　假定盛记汽车修理厂经过一段时间的经营后，合伙资本及损益分配情况如表 10-2 所示。

表 10-2　　　　　　　　　　　　　合伙资本及损益分配情况

合伙人	资本余额	资本比例	损益分配比例
甲	300 000	30%	30%
乙	500 000	50%	40%
丁	200 000	20%	30%
资本总额	1 000 000	100%	100%

现合伙人乙决定退伙，经协商，支付给乙 600 000 元。在红利法下，乙合伙人退伙的会计处理如下。

借：资本——乙（合伙人投资）　　　　　　　　　　　　500 000

　　——甲（合伙人投资）　　　　　　　　　　　　　　50 000

　　——丁（合伙人投资）　　　　　　　　　　　　　　50 000

　　贷：银行存款　　　　　　　　　　　　　　　　　　　600 000

上述分录表明，超额分配给乙的 100 000 元由甲和丁按 50%：50% 的相对损益分配比例，借记其资本账户。

（三）合伙损益的分配

合伙协议中，损益分配方法（分配比例）是一个重要的内容。在没有明文做出规定时，一般认为是按出资比例分配。损益的分配比例有多种：一是按投资额的比例进行分配；二是先分配薪金报酬，余额按约定比例进行分配；也可以先分配薪金报酬和投资利息后，余额再按约定比例进行分配等。无论何种分配方案，必须合理，经过全体合伙人讨论通过后，都是可行的。通常收益的分配比例与损失的分配比例是一样的，因此简称损益分配比例。

【例 10-6】　承【例 10-2】，假设盛记汽车修理厂开业第一年，甲和乙的资本均为 100 000 元，7 月 1 日，甲又投入 100 000 元，本年度净利润为 300 000 元。假定两合伙人商议，双方根据各自的特点，甲拥有修理技术，平时投入较多，每年的工资为 100 000 元，乙为 60 000 元；同时，乙的市场与管理经验较丰富，乙在损益分配比例上高于甲，双方约定甲与乙的损益分配比例为 4：6。在分配薪金报酬后，再按平均资本额的 5% 分配投资利息，最后按约定的 4：6 进行损益分配，双方分配金额如表 10-3 所示。

表 10-3　　　　　　　盛记汽车修理厂合伙人损益分配计算表　　　　　　　单位：元

项目	甲	乙	小计	合计
可分配净利润				300 000
薪金报酬	100 000	60 000	160 000	
投资利息（5%）	7 500	5 000	12 500	<u>172 500</u>
余额				127 500
按约定比例 4：6	51 000	76 500		
合计	158 500	141 500		300 000

会计处理如下。

借：本年利润　　　　　　　　　　　　　　　　300 000

　　贷：资本——甲（利润结转）　　　　　　　158 500

　　　　——乙（利润结转）　　　　　　　　　141 500

这里需要指出的是，分配给合伙人的薪金报酬和投资利息都是合伙人损益分配的一部分，而不是合伙企业的薪金费用和利息费用。如果企业的净利润不够分配薪金报酬和投资利息，则由合伙人按损益分配比例负担，或另外在合伙协议中约定分担比例。

【例 10-7】　承【例 10-6】，假定其他条件相同，当年净利润为 100 000 元，则双方分配金额如表 10-4 所示。

表 10-4　　　　　　　盛记汽车修理厂合伙人损益分配计算表　　　　　　　单位：元

项目	甲	乙	小计	合计
可分配净利润				100 000
薪金报酬	100 000	60 000	160 000	
投资利息（5%）	7 500	5 000	12 500	<u>172 500</u>
余额（不足）				（72 500）
按约定比例 4：6	（29 000）	（43 500）		
合计	78 500	21 500		100 000

会计处理如下。

借：本年利润　　　　　　　　　　　　　　　　100 000

　　贷：资本——甲（利润结转）　　　　　　　78 500

　　　　——乙（利润结转）　　　　　　　　　21 500

如果本年的盈利为 50 万元，请读者们自行计算甲、乙的本年分配结果，并说明同前两种分配结果的区别和后果。

第三节　股东权益

一、公司的分类与股东权益的构成

按大陆法系的分类方法，公司可分为四种类型：无限公司、两合公司、有限责任公司和股份有限公司。由于前两类公司在现代社会不太普遍，我们集中讨论后两类公司。有限责任公司，简称有限公司，是指不通过发行股票，而由为数不多的股东集资组成的公司。这类公司一般股东人数较少；资本无须划分为等额的股份；不对外发行股票，且股份的转让有一定限制并需征得其他股东的同意；两权分离程度较低；其成立、歇业、解散的程序比较简单，其账目无须公开披露。

股份有限公司，简称股份公司，是按照《中华人民共和国公司法》（以下简称《公司法》）的规定注册设立，将全部资本划分为等额股份，通过发行股票筹措资本的企业组织形式。如果公司股票全部为内部股东持有，则为非上市公司；如果公司股票公开向社会发行，股票可以自由流通转让，则为公开公司或上市公司（股票在一国或全球范围内自由买卖为上市交易，在某一地区范围内自由买卖则为上柜交易）。

与独资企业和合伙企业不同，公司的有限责任和永久资本的特点，使得股东权益分成投入资本与留存收益进行核算。1600年，世界上第一个股份制公司——东印度公司在英国成立。1657年，英国国会颁布《新公司成立的特许条例》，确立了永久性投资资本的原则；1661年，东印度公司总裁在声明中提出，从利润中支付股息。为了从法律上承认有限责任，保护投资人等相关利害关系人的利益，确保投资资本的完整性和企业持续经营的能力，英国、美国两国的立法机关都订立了公司只能从本期收益和累计收益中发放股利的法律。

因此，股份制企业的所有者权益就被分成两大部分：投入资本和留存收益。投入资本又被分为股本（非股份有限公司则称为实收资本）和资本公积；留存收益又分为盈余公积和未分配利润。因而股份有限公司的股东权益就由股本、资本公积、盈余公积和未分配利润等四个部分组成（见图10-2）。

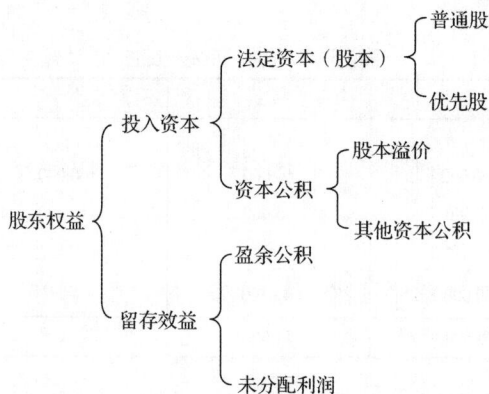

图 10-2　股东权益的结构

下面主要以股份有限公司为例讨论这四个方面的会计处理问题。

二、投入资本

投入资本是指公司所有者原始投资和增加的投资额。投入资本又分股本（或法定资本）和资本公积。

（一）股本

股本是公司的法定资本和最小出资额，是进行利润分配和财产清算的计算标准和确定投票决策权大小的依据。股本的载体是股票。股票是股份公司签发的证明股东持有股份的凭证，也是股东持有公司所有权的书面产权凭证。企业发行股份，必须遵守同股同权、同股同利的原则。而按股票利益分配与表决权的不同，股本又可分为普通股与优先股。

优先股股东在利润分配时享有优先权，而对企业资产的要求权仅次于债权人，当公司破产清算时，优先股股东有权先于普通股股东从企业的净资产中收回其投资的全部股本。但是，在股利分配和财产分配上获得的优先权需要以失去表决权为代价，优先股股东通常对公司的经营决策无表决投票权。

普通股股东在利润分配上没有优先权，对企业资产的要求权排在最后。需要注意的是，优先权只强调利润分配顺序的先后。无论企业定期拟分配利润的总额是多少，优先股在企业的利润分配中只能按照约定的股利率优先分得股利，普通股则在拟分配利润中扣除了优先股股利以后按股份数做平均分配。因此，尽管普通股分配的顺序在优先股之后，股利收入不稳定，但如果企业当期拟分配利润数额较大，普通股股利可能远远高于优先股股利。另一方面，由普通股股东或股东代表组成的股东大会，是公司的最高权力机构，股东按其持有股份的比例享有投票权，可直接或间接参与并控制企业的经营管理。由于普通股对企业的经营有控制权，所以掌握了一家公司的普通股也就掌握了对这家公司的控制权。

股票发行一般会规定面值，面值形成公司的股本。我国上市公司股票面值大多为 1 元。股票面值对投资决策的意义不大，一份股票实质的经济含义是一个份额：一个分配与清算单位、一个表决权单位。有鉴于此，国外发行股票时在票面上不载明面值，以免误导投资者。

（二）资本公积

企业实际发行股票时，按面值发行的情况很少，一般会超面值发行，超面值的金额就会形成资本公积（股本溢价）。另外，直接计入所有者权益的利得或损失也形成资本公积。

由此可以看出，资本公积不作为股东分配和表决的依据，但由全体股东分享；另外，直接计入所有者权益的利得或损失形成的资本公积，反映的是企业未实现的利得或损失。

下面通过几个实例说明投入资本的核算。

【例 10-8】 海江有限责任公司于 2020 年年初成立，发起股东为甲、乙两人，每人投入资本为 100 万元。2022 年 1 月，另一投资者丙加入该公司成为公司第三个股东，并与前两位股东分享同等的收益和表决权。2021 年年末，公司留存收益 100 万元，公司形成的商誉估值为 100 万元。会计处理如下。

（1）2020 年 1 月。

借：银行存款	2 000 000
贷：实收资本——甲	1 000 000
——乙	1 000 000

（2）2022 年 1 月。

丙加入后公司总的净资产=400÷2/3=600（万元）

丙占 1/3 表决权的出资额=600×1/3=200（万元）

资本溢价=200-100=100（万元）

借：银行存款	2 000 000
贷：实收资本——丙	1 000 000
资本公积——资本溢价	1 000 000

同有限责任公司一样，股份有限公司对外发行股票之所以溢价发行，也是因为公司存在商誉和留存收益积累后，企业不可能按面值吸收新的投资者。公司对外发行股票需要支付发行费及相关税费，这些交易费用从溢价收入中扣除。

【例 10-9】 珠江公司为股份有限公司，2022 年 6 月对外发行新股 5 000 000 股，每股发行价 8.5 元，交易费用 850 000 元。

借：银行存款   41 650 000

    贷：股本   5 000 000

        资本公积——股本溢价   36 650 000

三、留存收益

企业的盈利扣除按税法规定应上缴的所得税后，称为税后利润，或净利润。净利润应根据有关的规定、协议、合同、公司章程、股东会议决议进行分配，包括弥补以前年度的亏损，不予分配的部分留在企业内部形成资金积累，即留存收益。

留存收益是企业从历年实现的利润中提取或形成的留存于企业内部的积累，来源于企业的生产经营活动所实现的利润。留存收益是所有者权益的组成部分，是投资者的原始投资在企业内部滋生并留存下来的资本。这部分资本将重新投入生产经营，参加周转，以便使企业扩大生产经营规模，创造更大的利润，或留待以后年度进行分配。留存收益由盈余公积和未分配利润组成。其中，盈余公积已被法律指定了用途，属于拨定用途的留存收益，只有未分配利润是未拨定用途的留存收益。

需要说明的是，其他综合收益不属于投入资本，反映的是直接进入所有者权益的企业持有未实现的利得或损失，待持有未实现利益或损失实现后，再转入留存收益。因此，其他综合收益也一并在此阐述。

（一）盈余公积

盈余公积是企业按照规定从净利润中提取的各种积累资金，其性质是对公司留存收益的用途进行拨定，保证公司留有一定的积累，限制过量分配，以维护债权人的权益，有利于企业的持续经营和发展。

一般盈余公积按其提取的方式分为法定盈余公积和任意盈余公积两种。根据我国《公司法》的规定，股份有限公司应按税后利润 10%的比例提取法定盈余公积，直至其累计金额达到公司注册资本的 50%以上，可不再提取。任意盈余公积的提取比例则由股份制企业的股东大会决定。可见，法定盈余公积与任意盈余公积的区别在于前者的强制性较强，提取时以国家的法律和行政规章为依据；后者的随意性较强，由企业自行决定。《公司法》还规定，盈余公积提取后主要用于弥补以前年度的亏损，扩大生产经营的规模或转增资本。无论盈余公积是用于弥补亏损还是转增资本，均属于所有者权益组成成分之间的转换，不会引致所有者权益总额的变动。

（二）利润分配与未分配利润

公司在经营获得盈余时，通常会向股东发放股利。广义来讲，公司税后利润用于弥补亏损、提取法定盈余公积和任意盈余公积、分配现金股利（包括股票股利）等，都称为利润分配，通过"利润分配"账户进行登记和反映。分配后的余额以未分配利润列示。

现金股利是公司发放股利的基本形式。现金股利的发放一般经历四个时点：（1）股利宣布日，公司董事会正式宣布将于未来某特定日期向股东发放股利，通常是在股利宣布日 4～6 周以后；（2）除息日，从该日起，当期股利不得自动由卖方转给买方；（3）股权登记日，公司登记股东的相关资料，只有登记日当日在册的股东才可获得发放的股利；（4）股利支付日，公司向股东发放股利。

【例 10-10】 珠江公司 2022 年年初未分配利润为 3 500 万元，2022 年度实现税后利润

2 000万元。2023年2月5日，经股东大会批准，提取10%作为法定盈余公积，5%作为任意盈余公积，余额再按50%支付现金股利。由于法定盈余公积超过注册资本50%以上的标准，公司决定将其中1 000万元转增资本，转增资本后的盈余公积数额不少于企业注册资本的25%。3月5日，正式发放股利。

珠江公司有关利润分配的会计处理如下。

（1）2022年12月31日，将净利润转入利润分配。

借：本年利润　　　　　　　　　　　　　　　　　20 000 000
　　贷：利润分配——未分配利润　　　　　　　　　　　　20 000 000

（2）2023年2月5日，提取盈余公积。

借：利润分配——提取法定盈余公积　　　　　　　2 000 000
　　　　　　　——提取任意盈余公积　　　　　　1 000 000
　　贷：盈余公积——法定盈余公积　　　　　　　　　　2 000 000
　　　　　　　　——任意盈余公积　　　　　　　　　　1 000 000

（3）宣布发放现金股利，结转利润分配，转增资本。

借：利润分配——应付股利　　　　　　　　　　　8 500 000
　　贷：应付股利　　　　　　　　　　　　　　　　　　8 500 000
借：利润分配——未分配利润　　　　　　　　　　11 500 000
　　贷：利润分配——提取法定盈余公积　　　　　　　　2 000 000
　　　　　　　　——提取任意盈余公积　　　　　　　　1 000 000
　　　　　　　　——应付股利　　　　　　　　　　　　8 500 000
借：盈余公积　　　　　　　　　　　　　　　　　10 000 000
　　贷：股本　　　　　　　　　　　　　　　　　　　10 000 000

（4）2023年3月5日，发放股利。

借：应付股利　　　　　　　　　　　　　　　　　8 500 000
　　贷：银行存款　　　　　　　　　　　　　　　　　　8 500 000

期末未分配利润如下。

利润分配——未分配利润（万元）

		3 500	期初
（3）分配	1 150	2 000	（1）转入
本期	1 150	2 000	本期
		4 350	期末

（三）其他综合收益

直接计入所有者权益的利得或损失形成的其他综合收益，典型的例子如公司持有的其他债权投资期末市价发生变动后对账面价值的调整。

【例10-11】 珠江公司2022年1月1日持有一笔其他债权投资，账面价值580 000元，2022年6月30日，市价为564 000元。

6月30日的调整分录为：

借：其他综合收益　　　　　　　　　　　　　　　16 000
　　贷：其他债权投资　　　　　　　　　　　　　　　　16 000

除了直接计入所有者权益的利得或损失形成的其他综合收益外，其他综合收益的形成还有其他的情形，具体请参见本系列教材《中级财务会计》"所有者权益"一章。

四、每股收益（EPS）和净资产收益率（ROE）

本章我们讨论了企业的所有者权益、利润分配、净利润与净资产的转换过程。如何评价一个企业，一直是所有企业利益相关者关心的一个问题，在前面的章节中，我们使用过应收账款周转率、存货周转率、流动比率、资产负债率等指标，但这些指标都是从局部对一个企业考察，并且与企业的规模、行业等因素密切相关。如何综合考察一个企业全面的业绩，又能使不同行业、不同规模的企业得到一个客观的比较，这是一个十分重要的问题。每股收益和净资产收益率这两个指标担起了这一重任，成为世界各国流行的评价公司业绩的核心指标。

每股收益与净资产收益率

每股盈利（Earnings Per Share，EPS）也称每股收益，最集中地反映了一个公司的经营业绩和价值。每股收益等于当期的盈利除以当期流通在外的普通股的加权平均股数，即每股普通股所赚取的盈利，是用于评价一个公司盈利能力的基本指标之一，也是公司的财务报告中必须披露的几个核心指标之一。在现行利润表中，EPS 也是公司需要列示的基本内容。

EPS 的计算分为基本 EPS 和稀释 EPS 两种。基本 EPS 是指公司的资本结构为简单资本结构，公司的资本结构中不包含稀释性证券。稀释 EPS 是指公司的资本结构为复杂资本结构，复杂资本结构中包括稀释性证券，这些证券是指可能导致公司普通股增加的证券，如可转换债券、可转换优先股和认股权证等。稀释 EPS 的计算在《中级财务会计》中讨论。

简单资本结构下的 EPS 计算比较简单，计算公式如下：

$$基本 EPS = \frac{当期应归属于普通股的净收益}{当期流通在外的普通股加权平均股数} = \frac{净收益-优先股股利}{当期流通在外的普通股加权平均股数}$$

另一个综合反映公司业绩的指标是净资产收益率（rate of return on equity，ROE），ROE 的计算公式为：

$$净资产收益率 = \frac{净利润}{平均股东权益}$$

每股收益的要点是面向普通股股东的，反映的是每一个股份基本单位的回报，而净资产收益率反映的是所有净资产的回报，体现的是净资产的使用效率。

【例 10-12】 珠江公司 2022 年年初和年末的股东权益分别为 1.5 亿元和 1.68 亿元，股本（普通股）为 1 亿元和 1.1 亿元，当年实现净利润 2 000 万元，公司未发行优先股。

EPS 和 ROE 计算如下。

$$EPS = \frac{2\,000}{(10\,000+11\,000) \div 2} = 0.19（元/股）$$

$$ROE = \frac{2\,000}{(15\,000+16\,800) \div 2} = 12.58\%$$

表 10-5 所示是 2019 年我国主要行业上市公司的 EPS 和 ROE 的基本情况。表 10-6 所示是 2019 年我国主要行业上市公司的各项指标基本情况，从这两个表中我们可以看出，不同行业在其他指标上的差异十分明显，但每股收益尤其是净资产收益率是最接近的。这两个指标成为衡量和比较不同行业业绩最恰当的指标。

表 10-5　　　　我国主要行业上市公司每股收益和净资产收益率一览表（2019 年度）

企业名称	股票代码	行业分布	每股收益（元）	净资产收益率（%）
万科	000002	房地产开发与经营业	4.88	21.78
粤电力	000539	电力、蒸汽、热水的生产和供应业	0.34	5.5
居然之家	000785	零售业	0.52	36.14
五粮液	000858	食品加工业	4.7	25.82
宝钢股份	600019	黑色金属冶炼及压延加工业	0.6	7.08
南方航空	600029	航空运输业	0.25	3.99
中视股份	600088	广播电影电视业	0.24	7.63
上海建工	600170	土木工程建筑业	0.48	12.07
ST 联合	600358	旅游业	−0.37	−43.74
厦门汽车	600686	交通运输设备制造业	0.39	4.42
同济科技	600846	综合类	1.53	29.11
华东电脑	600850	计算机及相关设备制造业	0.8	13.08
新五丰	600975	畜牧业	0.1	5.68
中国神华	601088	煤炭采选业	2.59	12.57
工商银行	601398	银行业	0.88	12.44
四药股份	601607	医药制造业	1.7	10.08
中国石油	601857	石油和天然气开采业	0.37	4.69

表 10-6　　　　我国主要行业上市公司各项指标一览表（2019 年度）

企业名称	行业分布	应收账款周转率（次/年）	存货周转率（次/年）	销售毛利率（%）	流动比率	速动比率	资产负债率	已获利息倍数	每股收益（元）	净资产收益率（%）
万科	房地产开发与经营业	205.86	0.28	36.25	1.13	0.43	84.36	14.34	4.88	21.78
粤电力	电力、蒸汽、热水的生产和供应业	8.96	14.84	16.62	0.57	0.48	54.7	3.07	0.34	5.5
居然之家	零售业	36.1	21.06	46.76	0.82	0.8	52.28	69.47	0.52	36.14
五粮液	食品加工业	382.9	1.01	74.46	3.22	2.76	28.48	—	4.7	25.82
宝钢股份	黑色金属冶炼及压延加工业	24.74	6.35	10.88	0.98	0.68	43.7	7.09	0.6	7.08
南方航空	航空运输业	50.4	75.54	12.09	0.18	0.16	74.87	1.55	0.25	3.99
中视股份	广播电影电视业	55.96	12.87	25.84	2.96	2.81	21.53	—	0.24	7.63
上海建工	土木工程建筑业	6.65	2.25	10.29	1.21	0.71	85.94	4.34	0.48	12.07
ST 联合	旅游业	2.41	16.99	16.47	1.48	1.38	44.06	−40.39	−0.37	−43.74
厦门汽车	交通运输设备制造业	1.54	9.33	13.83	1.28	1.17	78.23	27.76	0.39	4.42
同济科技	综合类	8.62	0.78	32.31	1.3	0.59	70.6	50.21	1.53	29.11
华东电脑	计算机及相关设备制造业	7.98	2.02	14.95	1.6	0.81	60.91	—	0.8	13.08
新五丰	畜牧业	71.9	3.85	9.01	2.29	0.8	24.7	13.49	0.1	5.68
中国神华	煤炭采选业	29.61	13.02	40.71	1.68	1.55	25.58	27.53	2.59	12.57
工商银行	银行业	—		—			91.06	—	0.88	12.44
四药股份	医药制造业	4.17	6.4	14.37	1.31	0.98	63.96	5.98	1.7	10.08
中国石油	石油和天然气开采业	41.03	11.23	20.44	0.71	0.43	47.15	4.71	0.37	4.69

注：ST 联合的利润为负。

简 答 题

1. 企业组织形式有哪些？每类企业组织的特点是什么？
2. 解释什么是企业所有权，为什么是企业投资者而不是债权人拥有企业所有权。
3. 阐述独资企业、合伙企业、法人企业会计核算的主要区别。
4. 解释为什么将股东权益分为投入资本和留存收益两部分。
5. 简述为什么 EPS 和 ROE 是综合评价企业业绩的最佳指标。

练 习 题

一、独资权益

资料：南沙实业为一家生产家具的私营独资企业，为小规模纳税人，2022 年年初资本账户余额为 156 000 元。2022 年发生的与资本账户相关的经济业务如下。

（1）业主投入 96 000 元，购置一台新设备。

（2）收回一笔应收款 40 000 元，由于家庭急用，20 000 元打入企业存款户，20 000 元业主领用。

（3）购买原材料，价款 200 000 元，增值税 26 000 元，业主从私人账户中垫付 26 000 元。

（4）本年销售商品 1 030 000 元，增值税税率为 3%，产品成本 650 000 元。

（5）年终结算，本年支付各类费用 150 000 元。

（6）业主从企业提款 80 000 元。

要求：

1. 编制上述业务会计分录。
2. 计算本年利润并结转至"资本"账户。
3. 计算并说明业主权益变动及变动原因。

二、合伙权益——权益变动

资料：2019 年年初，王明与李华合资成立一家合伙企业，每人出资 150 000 元。经过两年经营后，2021 年年初，企业账面总资产 600 000 元，债务 200 000 元，估计企业的商誉为 200 000 元。此时，张洋加入，经王明与李华协商后，三人各占 1/3 的权益（并按投资比例进行损益分配），张洋投入的资本为 300 000 元。2023 年年初，企业净资产为 1 000 000 元，商誉为 500 000 元，王明因为身体原因不适合继续干下去，提出退伙，李华与李洋协商后同意王明的请求。答应并支付420 000 元，王明无奈接受。

要求：

1. 编制合伙企业成立、入伙和退伙的会计分录。
2. 你认为支付王明 420 000 元合理吗？请说明理由。
3. 假定王明、李华和张洋的损益分配比例为 3：3：4，请重新登记退伙的会计处理。

（提示：2021 年年初，王明与李华的账面资本各为 200 000 元。）

三、合伙权益——损益分配

资料：接上题，2021 年张洋加入后，三方约定，合伙权益的分配顺序为：企业如果盈利，先支付王明、李华和张洋的工资 50 000 元、50 000 元和 30 000 元，然后按 6% 支付平均投资利息，最后按损益分配比例（王明、李华和张洋 3：3：4）分配剩余损益。2021 年 7 月 1 日，王明又投入资金 200 000 元，2021 年，全年净利润为 500 000 元。利润分配后，三人全额提款。2022 年，企业实现利润 150 000 元。

要求：

1. 编制 2021 年和 2022 年合伙损益计算分配表。
2. 编制相应的会计分录。
3. 假定 2022 年三个合伙人不提取利润分配额，计算各合伙人资本账户余额。

四、股东权益

资料： 南方公司 2022 年年初股东权益为 8 500 万元：其中股本 400 万元（每股面值 1 元），资本公积 5 000 万元，盈余公积 1 900 万元，未分配利润 1 200 万元。2022 年度实现税后利润 1 000 万元。2022 年 7 月 1 日发行股票 100 万股，面值 1 元，股价 10.5 元，发行费用 200 000 元。年内无其他股东权益变动事项。2023 年 3 月 8 日，经股东大会批准，提取 10% 作为法定盈余公积，5% 作为任意盈余公积，余额再按 40% 支付现金股利。4 月 2 日，正式发放股利。

要求：

1. 编制相关会计分录。
2. 计算利润分配后南方公司的股东权益额和构成。

五、业绩评价

资料： 接练习题四。

要求： 计算南方公司 2022 年度的每股收益和净资产收益率。

案例分析——股东权益①

---

① 本章新增了案例分析，具体内容见配套的《会计教学案例》，教师可根据教学情况使用。

第十一章

财务报表

本章要点

- 认识企业经济活动与会计信息系统之间的联系
- 掌握资产负债表的性质与编制方法
- 掌握利润表的性质与编制方法
- 掌握现金流量表的性质与编制方法

章首故事

常识

在 2014 年的 "3·15" 消费者权益保护日当天，央视财经频道曝光了一起涉及金额巨大的网络理财诈骗案。2012 年 8 月，香港一家名为金玉恒通的投资管理公司开始在内地各大网站做宣传推广，并以日息 1.5%（即月息 45%）的高额回报招揽理财客户。短短一年时间，据初步统计，内地先后有 2 万多人投入近 100 亿元参与金玉恒通的理财计划，而到了 2013 年 9 月 3 日，金玉恒通公司突然关网，所有投资者的资金一夜之间消失无踪。

为何在短短一年多的时间里有如此多的人上当受骗？除了高额回报使人冲昏头脑外，另一个根本原因就是这些投资者缺乏基本常识。如今实业生产年回报率 20% 是一个正常的高限水平，即将一笔资金投资实业后，和实业生产者共享利润的年回报率不会超过 20%。金玉恒通所宣传的日息 1.5%（即月息 45% 或年息 540%）的高额回报就是一种典型的庞氏骗局。人们不需要什么高深的专业知识，只需基本的常识即可识破这些骗局。

当然，常识的建立需要我们学习一些基本专业知识，同时积累一些经验，在面对某些并不复杂的经济现象时，养成快速判断的能力。表 11-1 所示是摘自一本案例书中的数据，请凭直觉立刻指出其中的问题，并回答为何感觉问题数据不妥；如果不能立即觉察其中的异样，也请说明第一感觉为何觉得正常。

表 11-1　　　　按照 2009 年年末深沪两市上市公司固定资产账面价值金额高低排序

单位：元

序号	公司代码	公司简称	2009 年年末固定资产账面价值
1	601389	工商银行	84 727 999 898 000 000
2	601318	中国平安	7 605 000 000 000 000
3	601991	大唐发电	96 616 097 000 000
4	601727	上海电气	10 341 653 000 000
5	601088	中国神华	634 882 000 000
6	600028	中国石化	465 182 000 000
7	601857	中国石油	331 473 000 000
8	600050	中国联通	285 035 422 340
9	600115	ST 东航	119 303 859 000
10	600019	宝钢股份	115 465 901 991

会计工作的最终产品就是对外提供财务报告，而财务报告的核心是财务报表。构成财务报告的除了财务报表外，还包括报表附注和其他报告等。本节主要讨论财务报表的编制与财务报表本身的意义。在讨论财务报表编制前，先阐述经济活动与财务报表之间的联系。

第一节 企业经济活动与财务会计信息系统

财务报表是对企业经济活动的高度提炼、分类和汇总，是综合反映企业某一特定日期财务状况、某一会计期间的经营成果和现金流量的信息文件。从经济活动到财务报表，经过了会计的确认、计量、记录和报告等一系列会计信息处理过程（见图11-1）。了解两者之间的联系，对于我们深刻认识和正确编制财务报表有很重要的意义。

企业经济活动与财务
会计信息系统

企业经济活动可以分为经营活动、投资活动和筹资活动三类。从本书第五章开始我们讨论了这三类经济活动的会计处理方法，本章就是将所有这些经济活动的会计处理按照一定的格式编制成系统的财务报表。下面我们再回顾一下三类经济活动和财务报表之间的关系。

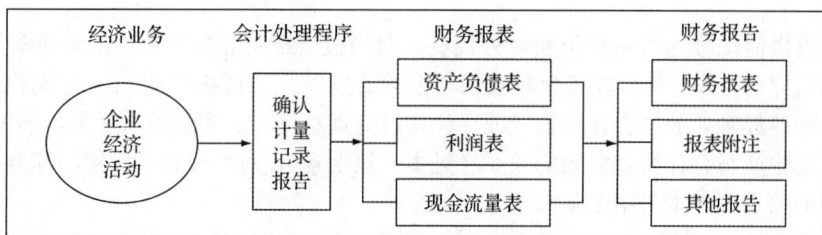

图 11-1　经济业务与财务报告

一、经营活动与财务报表

以制造业为例，按生产流程和顺序，其经营活动主要包括原料购进、产品生产、产品销售、相关的税务等，图11-2至图11-4分别描述了购进、生产活动等经济业务与会计报表（或会计信息处理系统）之间的关系（见本书第六章），产品销售活动与会计报表之间的关系（见本书第五章），税务与会计报表之间的关系（见本书第九章）。

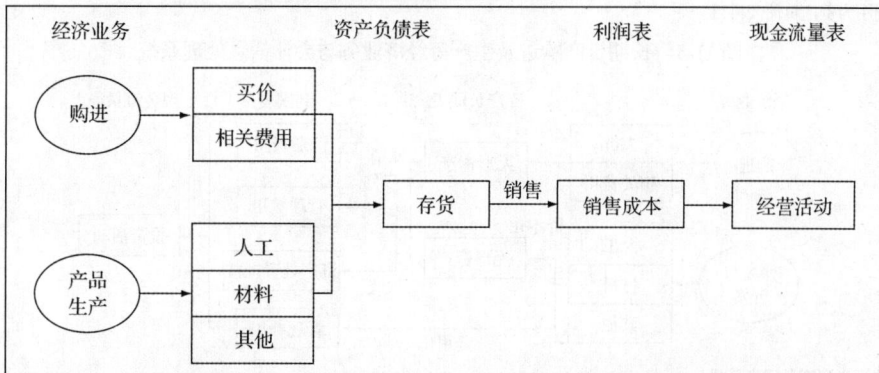

图 11-2　企业购进、生产活动与会计信息处理系统

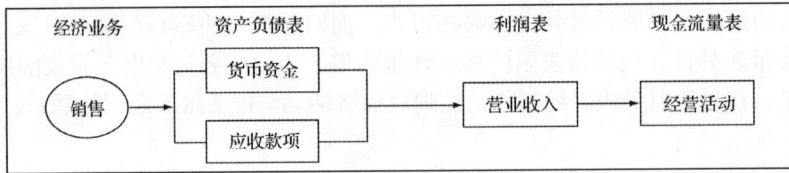

图 11-3　企业产品销售活动与会计信息处理系统

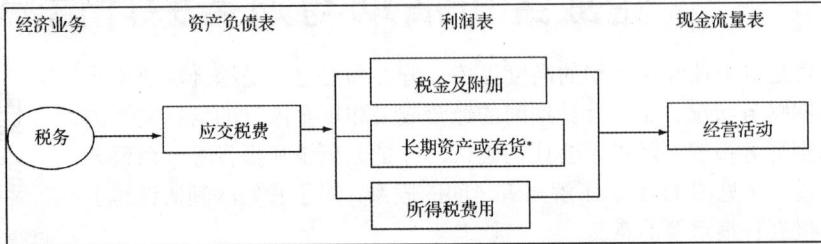

*长期资产或存货属于资产负债表项目。

图 11-4　税务与会计信息处理系统

二、投资活动与财务报表

　　企业的投资活动分为对内投资和对外投资。对内投资指企业长期资产的购进和生产，包括无形资产的研究与开发；对外投资包括股票与债券的投资。图 11-5 至图 11-7 分别描述了长期资产购进及生产等经济业务与会计报表（或会计信息处理系统）之间的关系（见本书第七章），无形资产购进及生产与会计报表之间的关系（见本书第七章），对外投资（股票与债券投资）与会计报表之间的关系（见本书第七章）。

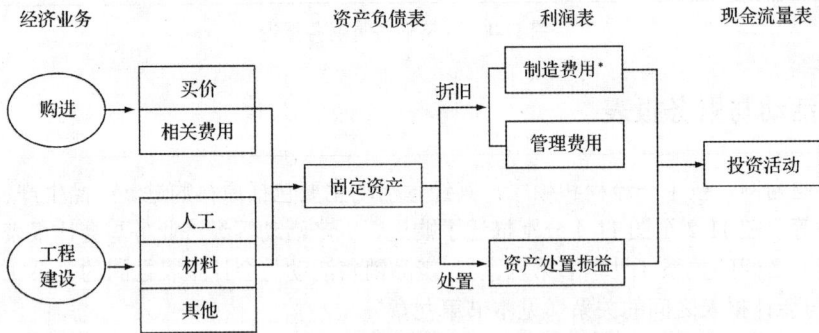

*制造费用为资产负债表科目。

图 11-5　长期资产购进及生产等经济业务与会计信息处理系统

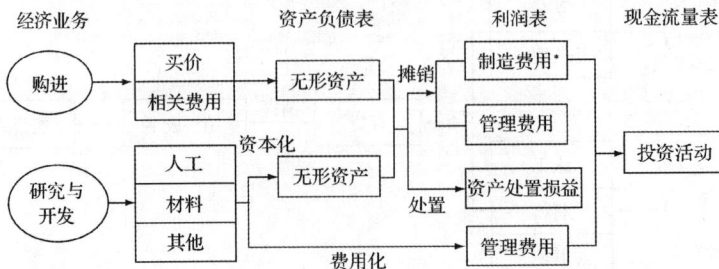

*制造费用为资产负债表科目。

图 11-6　无形资产购进及生产与会计信息处理系统

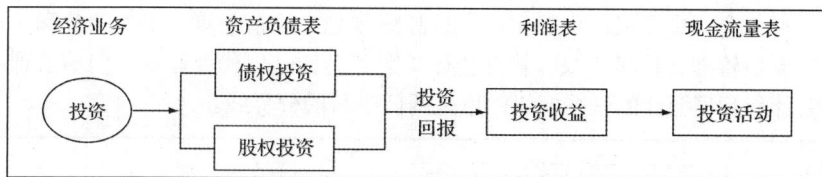

图 11-7　对外投资与会计信息处理系统

三、筹资活动与财务报表

企业的筹资渠道有三个：企业内部留存、所有者投入和借款。前两者为权益筹资，后者为债务筹资。图 11-8 和图 11-9 分别描述了债务筹资与会计报表（或会计信息处理系统）之间的关系（见本书第八章），权益筹资与会计报表之间的关系（见本书第十章）。

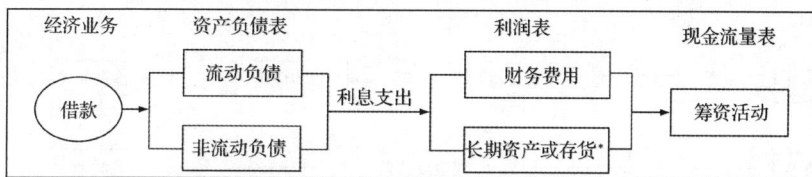

*长期资产或存货属于资产负债表项目。

图 11-8　债务筹资与会计信息处理系统

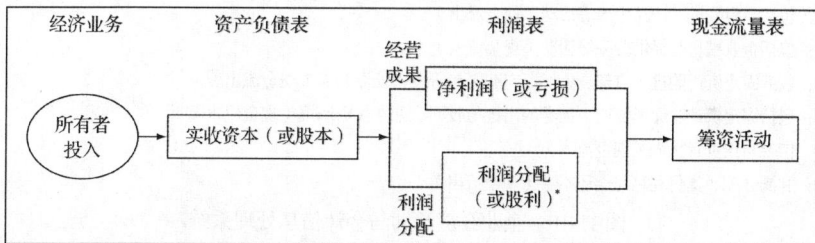

*利润分配属于利润分配表或所有者权益变动表项目。

图 11-9　权益筹资与会计信息处理系统

四、企业经济活动与会计信息处理系统

上面分类描述了各项经济活动的会计信息处理过程，下面通过一个总图来描述企业所有经济活动与企业三张报表——资产负债表、利润表和现金流量表之间的关系（见图 11-10）。

图中，资产是企业经营与生产活动的起点，资产的另一方面表现为权益，即资产来源于借款和所有者投入。资产、负债和所有者权益组成企业的资产负债表。产品销售为企业带来收入，资产（存货和长期资产等）的消耗转化为成本（如销售成本）和费用（如财务费用和管理费用）。收入与费用的净额体现为企业实现的利润（或亏损）。收入、费用和利润形成企业的利润表。从企业的目标而言，企业所追求的利益都综合体现在净利润这一指标上。

企业经营活动、投资活动和筹资活动中的现金流入和流出，最终构成企业的现金流量表。

如果将图 11-10 转换成图 11-11，我们会发现，图 11-11 是一种更科学的生产与管理方式。企业的经营不是被动地从生产开始的，而是从规划开始的，从设定企业目标开始，然后去寻找市场和企业的销售目标，由销售来确定生产计划等一系列活动。这两种生产方式既存在管理策略、生产观念上的差异，同时在会计核算上也存在区别。在会计核算上，对生产的结果进行事

后核算主要由财务会计来完成，而对生产进行战略规划、经营预算、资本预算和生产控制等事前的核算，主要由管理会计来完成。管理会计与财务会计是现代会计的两门核心课程，企业目标既是财务会计和管理会计的联系枢纽，也是两门学科的分界线。

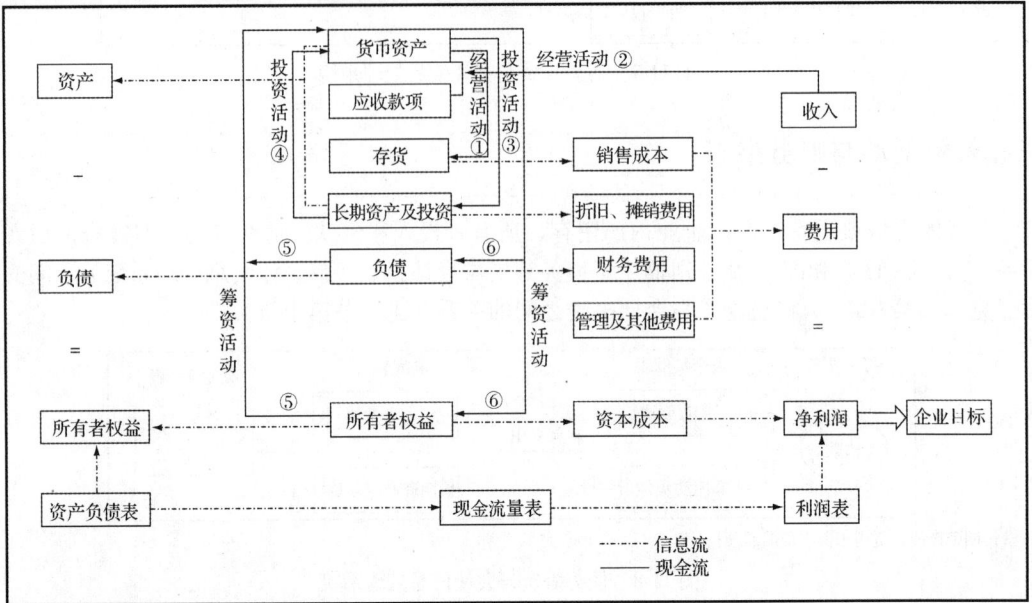

经营活动①：包括原料购进、产品生产等活动（现金流出）。

经营活动②：包括企业销售与提供劳务等活动（现金流入）。

投资活动③：包括固定资产购进与自建、无形资产购买与研发、证券购买（现金流出）。

投资活动④：包括固定资产、无形资产、证券的出售与收回、证券投资回报（现金流入）。

筹资活动⑤：借款与投资者投入（现金流入）。

筹资活动⑥：利润分配、支付利息与偿还本金（现金流出）。

图 11-10　企业经济活动与会计信息处理系统

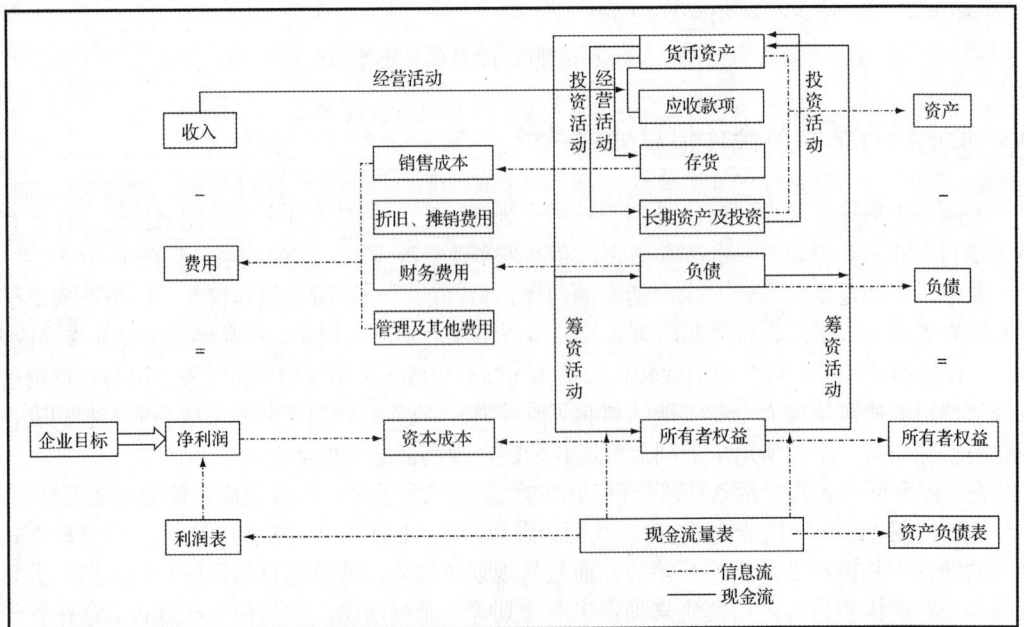

图 11-11　以目标为导向的企业经济活动与会计信息处理系统

第二节 综合举例

为了讲解财务报表的编制，我们通过一个较大型的实例来进行讲解。在本节中，我们先完成实例企业主要经济活动的会计分录、登账和试算工作，下一节集中讨论三张会计报表的编制工作。

【例 11-1】 以下是珠江公司 2020 年 12 月 31 日资产负债表（见表 11-2）和 2021 年全年的主要经济活动。

表 11-2 　　　　　　　　　　　　　　　　资产负债表

会企 01 表

编制单位：珠江公司　　　　　　　　　　2020 年 12 月 31 日　　　　　　　　　　单位：元

资产	年末余额	负债及所有者权益	年末余额
流动资产：		流动负债：	
货币资金	180 508 400	短期借款	150 000 000
交易性金融资产	0	应付票据	
应收票据		应付账款	180 000 000
应收账款	120 000 000	应付职工薪酬	15 000 000
减：坏账准备	（600 000）	应交税费	0
其他应收款	580 000	应付利息	
存货	368 300 000	其他应付款	860 000
其他流动资产	0	其他流动负债	
流动资产合计	668 788 400	流动负债合计	345 860 000
非流动资产：		非流动负债：	
其他债权投资	0	长期借款	450 000 000
债权投资	0	应付债券	
长期股权投资		预计负债	
固定资产	820 000 000	递延所得税负债	
减：累计折旧	（200 000 000）	非流动负债合计	450 000 000
工程物资	20 000 000	负债合计	795 860 000
在建工程	203 400 000	所有者权益：	
无形资产		股本（每股面值 1 元）	100 000 000
长期待摊费用		资本公积	250 000 000
递延所得税资产	0	盈余公积	150 000 000
非流动资产合计	843 400 000	未分配利润	216 328 400
		所有者权益合计	716 328 400
资产总计	1 512 188 400	负债及所有者权益总计	1 512 188 400

货币资金 180 508 400 元由库存现金 55 000 元、银行存款 175 453 400 元、其他货币资金（银行汇票）5 000 000 元组成。存货 368 300 000 元由原材料 120 000 000 元、产成品 128 000 000 元、半成品 115 300 000 元和周转材料 5 000 000 元组成。

珠江公司 2021 年全年发生的经济业务如下。

（1）2020 年珠江公司实现净利润 8 500 万元，董事会决定按净利润的 10% 和 20% 提取法定盈余公积和分配现金股利，股利已支付（提示：上年利润已转入未分配利润账户）。

（2）购买原材料，价款 5 000 万元，增值税税率 13%，款未付；购买周转材料，价款 400 万元，增值税税率 13%，价税款以银行汇票支付；购买工程物资价款 1 000 万元，税款 130 万元，已通过银行转账。

（3）2021年7月1日发行5年期债券用于工程建设，票面利率6%，面值2 000万元，发行收入2 000万元已存入银行。利息每年支付一次，本金到期一次偿还。

（4）工程领用专用物资1 600万元，领用原材料1 000万元。

（5）生产领用原材料1.2亿元，周转材料500万元。

（6）本期销售商品收入3亿元，增值税税率13%。该商品成本为2.2亿元。货款已收。

（7）本期提供劳务收入5 000万元，增值税税率6%。先期收款3 000 000元，余款未收。

（8）10月1日，购买股票500万元作为短期理财投资；购买3年期国债1 000万元，年利率5%，国债到期一次还本付息。

（9）本年水电、煤气等费用支出2 500万元，其中生产部门、生产管理部门、工程部门和管理部门分配比例为1 000万元、200万元、800万元和500万元。以银行存款支付。

（10）登记本年工资费用1.5亿元，其中生产部门、生产管理部门、工程部门、管理部门和销售部门分别为7 000万元、1 000万元、4 000万元、2 000万元和1 000万元。同时按8%、12%和10%分别计提医疗保险费、养老保险费（企业实行设定提存养老金办法[①]）和住房公积金。另按职工工资总额的2%和1%计提工会经费和职工教育经费。

（11）本期收回应收账款8 000万元，归还应付账款1亿元和长期借款2亿元。下一年年内到期的长期借款1.8亿元。

（12）本期共支付利息4 000万元，其中2 000万元为工程专用款利息。

（13）支付应付工资1.4亿元（其中工程人员工资4 000万元）。

（14）登记债券应计利息，登记国债利息收入，股票期末市价为450万元。

（15）计提固定资产折旧，会计上使用直线折旧法，本年计提5 000万元，其中工程部门1 000万元，生产部门3 000万元，生产管理部门500万元，管理部门500万元。税收允许使用加速折旧法，按加速折旧法计提额为7 000万元。

（16）按5‰计提坏账准备，本年发生一笔坏账10万元。

（17）变卖一固定资产，账面原值1 000万元，累计折旧800万元，变卖收入150万元和增值税税款195 000元已经入账。

（18）期末在产品完工率90%，结转产成品成本。

（19）工程全部完工，验收检测费500万元。未使用工程物资转为原材料。

（20）登记应交所得税（25%），本期期初递延所得税资产和递延所得税负债分别为0元，本期期末递延所得税资产和递延所得税负债分别为125 000元和5 012 625元。结转本期未交增值税。缴纳所得税、增值税、城市维护建设税（7%）和教育费附加（3%）。

（21）结转本年利润。

以下讲解珠江公司2021年上述主要经济业务的会计处理、账簿登记和试算平衡表的编制。

一、登记会计分录

（1）a 借：利润分配——提取法定盈余公积　　　　　8 500 000

　　　　　　　　　——应付现金股利　　　　　　　17 000 000

　　　　　　贷：盈余公积——法定盈余公积　　　　　　8 500 000

　　　　　　　　应付股利　　　　　　　　　　　　17 000 000

[①] 我国现行养老金办法分设定提存和设定受益两种。设定提存是企业提多少就负担多少，设定受益中企业的负担由未来多种因素决定。两种方法更细致的介绍参见本系列教材《中级财务会计》。

```
      b 借：利润分配——未分配利润              25 500 000
           贷：利润分配——提取法定盈余公积         8 500 000
                      ——应付现金股利           17 000 000
      c 借：应付股利                        17 000 000
           贷：银行存款                       17 000 000
（2）a 借：原材料                          50 000 000
         应交税费——应交增值税（进项税额）       6 500 000
         贷：应付账款                       56 500 000
      b 借：周转材料                        4 000 000
         应交税费——应交增值税（进项税额）         520 000
         贷：其他货币资金——银行汇票            4 520 000
      c 借：工程物资                       10 000 000
         应交税费——应交增值税（进项税额）       1 300 000
         贷：银行存款                       11 300 000
（3）借：银行存款                          20 000 000
       贷：应付债券——面值                   20 000 000
（4）借：在建工程                          26 000 000
       贷：工程物资                        16 000 000
          原材料                         10 000 000
（5）借：生产成本                         125 000 000
       贷：原材料                        120 000 000
          周转材料                        5 000 000
（6）a 借：银行存款                        339 000 000
         贷：主营业务收入                   300 000 000
            应交税费——应交增值税（销项税额）    39 000 000
      b 借：主营业务成本                    220 000 000
         贷：库存商品                      220 000 000
（7）借：应收账款                          50 000 000
       银行存款                          3 000 000
       贷：其他业务收入                     50 000 000
          应交税费——应交增值税（销项税额）      3 000 000
（8）a 借：交易性金融资产——股票              5 000 000
         贷：银行存款                      5 000 000
      b 借：债权投资——面值                 10 000 000
         贷：银行存款                      10 000 000
（9）借：生产成本                         10 000 000
       制造费用                         2 000 000
       在建工程                         8 000 000
       管理费用                         5 000 000
       贷：银行存款                      25 000 000
```

（10）借：生产成本[70 000 000×（1+33%）]   93 100 000

        制造费用[10 000 000×（1+33%）]   13 300 000

        在建工程[40 000 000×（1+33%）]   53 200 000

        管理费用[20 000 000×（1+33%）]   26 600 000

        销售费用[10 000 000×（1+33%）]   13 300 000

        贷：应付职工薪酬——工资   150 000 000

            ——养老保险费（150 000 000×12%）   18 000 000

            ——医疗保险费（150 000 000×8%）   12 000 000

            ——住房公积金（150 000 000×10%）   15 000 000

            ——工会经费（150 000 000×2%）   3 000 000

            ——职工教育经费（150 000 000×1%）   1 500 000

（11）a 借：银行存款   80 000 000

        贷：应收账款   80 000 000

    b 借：应付账款   100 000 000

        贷：银行存款   100 000 000

    c 借：长期借款   200 000 000

        贷：银行存款   200 000 000

（12）借：财务费用   20 000 000

        在建工程   20 000 000

        贷：银行存款   40 000 000

（13）借：应付职工薪酬   140 000 000

        贷：银行存款   140 000 000

（14）a 借：在建工程   600 000

        贷：应付利息（20 000 000×6%×6÷12）   600 000

    b 借：债权投资——应收利息（10 000 000×5%×3÷12）   125 000

        贷：投资收益   125 000

    c 借：公允价值变动损益   500 000

        贷：交易性金融资产——股票   500 000

（15）借：在建工程   10 000 000

        生产成本   30 000 000

        制造费用   5 000 000

        管理费用   5 000 000

        贷：累计折旧   50 000 000

（16）a 借：坏账准备   100 000

        贷：应收账款   100 000

    应收账款余额=120 000 000+50 000 000-80 000 000-100 000

            =89 900 000（元）

    应提坏账准备=89 900 000×5‰=449 500（元）

    坏账准备余额=600 000-100 000=500 000（元）

    应冲回坏账准备=500 000-449 500=50 500（元）

    b 借：坏账准备   50 500

        贷：信用减值损失   50 500

（17）a 借：固定资产清理　　　　　　　　　　　　　　2 000 000

　　　　　累计折旧　　　　　　　　　　　　　　　　8 000 000

　　　　　　贷：固定资产　　　　　　　　　　　　　　　　10 000 000

　　　b 借：银行存款　　　　　　　　　　　　　　　　1 695 000

　　　　　　贷：固定资产清理　　　　　　　　　　　　　　　1 500 000

　　　　　　　应交税费——应交增值税（销项税额）　　　195 000

　　　c 借：资产处置损失　　　　　　　　　　　　　　500 000

　　　　　　贷：固定资产清理　　　　　　　　　　　　　　　500 000

（18）a 借：生产成本　　　　　　　　　　　　　　　20 300 000

　　　　　　贷：制造费用　　　　　　　　　　　　　　　　20 300 000

　　　b 借：库存商品　　　　　　　　　　　　　　　354 330 000

　　　　　　贷：生产成本　　　　　　　　　　　　　　　　354 330 000

　生产成本=115 300 000+125 000 000+10 000 000+93 100 000+30 000 000+20 300 000

　　　　　=393 700 000（元）

　完工产品=393 700 000×90%=354 330 000（元）

（19）a 借：在建工程　　　　　　　　　　　　　　　5 000 000

　　　　　　贷：银行存款　　　　　　　　　　　　　　　　5 000 000

　　　b 借：固定资产　　　　　　　　　　　　　　　326 200 000

　　　　　　贷：在建工程　　　　　　　　　　　　　　　　326 200 000

　在建工程成本=203 400 000+26 000 000+8 000 000+53 200 000+20 000 000+600 000+

　　　　　　10 000 000+5 000 000=326 200 000（元）

　剩余工程物资=20 000 000+10 000 000-16 000 000=14 000 000（元）

　　　c 借：原材料　　　　　　　　　　　　　　　　14 000 000

　　　　　　贷：工程物资　　　　　　　　　　　　　　　　14 000 000

（20）a 借：所得税　　　　　　　　　　　　　　　　13 940 750

　　　　　递延所得税资产　　　　　　　　　　　　　125 000

　　　　　　贷：应交税费——应交所得税　　　　　　　　9 053 125

　　　　　　　递延所得税负债　　　　　　　　　　　5 012 625

　应交税费=[55 888 000-125 000（国债利息）-20 000 000（折旧）+500 000（交易性

　　　　　金融资产）-50 500（坏账准备）]×25%=9 053 125（元）

　递延所得税资产=125 000-0

　　　　　　　=125 000（元）

　递延所得税负债=5 012 625-0

　　　　　　　=5 012 625（元）

　　　b 借：应交税费——应交增值税（转出未交增值税）33 875 000

　　　　　　贷：应交税费——未交增值税　　　　　　　　33 875 000

　应交增值税=39 000 000+3 000 000+195 000-（6 500 000+520 000+1 300 000）

　　　　　=33 875 000（元）

　　　c 借：税金及附加　　　　　　　　　　　　　　3 387 500

　　　　　　贷：应交税费——应交城市维护建设税　　　　2 371 250

　　　　　　　　　　——应交教育费附加　　　　　　　1 016 250

　应交城市维护建设税=33 875 000×7%=2 371 250（元）

　应交教育费附加=33 875 000×3%=1 016 250（元）

```
      d 借：应交税费——未交增值税            33 875 000
               ——应交城市维护建设税         2 371 250
               ——应交教育费附加            1 016 250
               ——应交所得税               9 053 125
         贷：银行存款                            46 315 625
（21）a 借：主营业务收入              300 000 000
         其他业务收入                 50 000 000
         投资收益                       125 000
         贷：本年利润                         349 625 000
            公允价值变动损益                    500 000
      b 借：本年利润                 307 677 750
         信用减值损失                    50 500
         贷：主营业务成本                     220 000 000
            税金及附加                       3 387 500
            销售费用                        13 300 000
            管理费用                        36 600 000
            财务费用                        20 000 000
            资产处置损失                        500 000
            所得税费用                       13 940 750
      c 借：本年利润                  41 947 250
         贷：利润分配——未分配利润                41 947 250
```

二、登记T形账户

根据上述会计分录，登记各总分类账、"应交税费——应交增值税"和"利润分配——未分配利润"的明细账。

库存现金

期初余额	55 000		
本期发生额	0	0	本期发生额
期末余额	55 000		

其他货币资金

期初余额	5 000 000		
		4 520 000	（2）b
本期发生额	0	4 520 000	本期发生额
期末余额	480 000		

交易性金融资产

期初余额	0		
（8）a	5 000 000	500 000	（14）c
本期发生额	5 000 000	500 000	本期发生额
期末余额	4 500 000		

银行存款

期初余额	175 453 400		
（3）	20 000 000	17 000 000	（1）c
（6）a	339 000 000	11 300 000	（2）c
（7）	3 000 000	5 000 000	（8）a
（11）a	80 000 000	10 000 000	（8）b
（17）b	1 695 000	25 000 000	（9）
		100 000 000	（11）b
		200 000 000	（11）c
		40 000 000	（12）
		140 000 000	（13）
		5 000 000	（19）a
		46 315 625	（20）d
本期发生额	443 695 000	599 615 625	本期发生额
期末余额	19 532 775		

应收账款

期初余额	120 000 000		
（7）a	50 000 000	80 000 000	（11）a
		100 000	（16）a
本期发生额	50 000 000	80 100 000	本期发生额
期末余额	89 900 000		

其他应收款

期初余额	580 000		
本期发生额	0	0	本期发生额
期末余额	580 000		

原材料

期初余额	120 000 000		
（2）a	50 000 000	10 000 000	（4）
（19）c	14 000 000	120 000 000	（5）
本期发生额	64 000 000	130 000 000	本期发生额
期末余额	54 000 000		

库存商品

期初余额	128 000 000		
（18）b	354 330 000	220 000 000	（6）b
本期发生额	354 330 000	220 000 000	本期发生额
期末余额	262 330 000		

生产成本

期初余额	115 300 000		
（5）	125 000 000	354 330 000	（18）b
（9）	10 000 000		
（10）	93 100 000		
（15）	30 000 000		
（18）a	20 300 000		
本期发生额	278 400 000	354 330 000	本期发生额
期末余额	39 370 000		

周转材料

期初余额	5 000 000		
（2）b	4 000 000	5 000 000	（5）
本期发生额	4 000 000	5 000 000	本期发生额
期末余额	4 000 000		

债权投资

期初余额	0		
（8）b	10 000 000		
（14）b	125 000		
本期发生额	10 125 000	0	本期发生额
期末余额	10 125 000		

固定资产

期初余额	820 000 000		
（19）b	326 200 000	10 000 000	（17）a
本期发生额	326 200 000	10 000 000	本期发生额
期末余额	1 136 200 000		

工程物资

期初余额	20 000 000		
（2）c	10 000 000	16 000 000	（4）
		14 000 000	（19）c
本期发生额	10 000 000	30 000 000	本期发生额
期末余额	0		

在建工程

期初余额	203 400 000		
（4）	26 000 000	326 200 000	（19）b
（9）	8 000 000		
（10）	53 200 000		
（12）	20 000 000		
（14）a	600 000		
（15）	10 000 000		
（19）a	5 000 000		
本期发生额	122 800 000	326 200 000	本期发生额
期末余额	0		

递延所得税资产

期初余额	0		
（20）a	125 000		
本期发生额	125 000	0	本期发生额
期末余额	125 000		

坏账准备

		600 000	期初余额
（16）a	100 000		
（16）b	50 500		
本期发生额	150 500	0	本期发生额
		449 500	期末余额

累计折旧

		200 000 000	期初余额
（17）a	8 000 000	50 000 000	（15）
本期发生额	8 000 000	50 000 000	本期发生额
		242 000 000	期末余额

短期借款

		150 000 000	期初余额
本期发生额	0	0	本期发生额
		150 000 000	期末余额

应付账款

		180 000 000	期初余额
（11）b	100 000 000	56 500 000	（2）a
本期发生额	100 000 000	56 500 000	本期发生额
		136 500 000	期末余额

应付职工薪酬

		15 000 000	期初余额
（13）	140 000 000	199 500 000	（10）
本期发生额	140 000 000	199 500 000	本期发生额
		74 500 000	期末余额

应交税费——应交增值税

		0	期初余额
（2）a	6 500 000	39 000 000	（6）a
（2）b	520 000	3 000 000	（7）a
（2）c	1 300 000	195 000	（17）b
（20）b	33 875 000		
本期发生额	42 195 000	42195 000	本期发生额
		0	期末余额

应交税费

		0	期初余额
（2）a	6 500 000	39 000 000	（6）a
（2）b	520 000	3 000 000	（7）a
（2）c	1 300 000	195 000	（17）b
（20）b	33 875 000	9 053 125	（20）a
（20）d	33 875 000	33 875 000	（20）b
（20）d	2 731 250	2 731 250	（20）c
（20）d	1 016 250	1 016 250	（20）c
（20）d	9 053 125		
本期发生额	88 870 625	88 870 625	本期发生额
		0	期末余额

其他应付款

		860 000	期初余额
本期发生额	0	0	本期发生额
		860 000	期末余额

递延所得税负债

		0	期初余额
		5 012 625	（20）a
本期发生额	0	5 012 625	本期发生额
		5 012 625	期末余额

长期借款

		450 000 000	期初余额
（11）c	200 000 000		
本期发生额	200 000 000	0	本期发生额
		250 000 000	期末余额

应付债券

		0	期初余额
		20 000 000	（3）
本期发生额	0	20 000 000	本期发生额
		20 000 000	期末余额

应付利息

	借方	贷方	
		0	期初余额
		600 000	（14）a
本期发生额	0	600 000	本期发生额
		600 000	期末余额

盈余公积

	借方	贷方	
		150 000 000	期初余额
		8 500 000	（1）a
本期发生额	0	8 500 000	本期发生额
		158 500 000	期末余额

利润分配——未分配利润

	借方	贷方	
		216 328 400	期初余额
（1）b	25 500 000	41 947 250	（21）
本期发生额	25 500 000	41 947 250	本期发生额
		232 775 650	期末余额

制造费用

	借方	贷方	
（9）	2 000 000	20 300 000	（18）a
（10）	13 300 000		
（15）	5 000 000		
本期发生额	20 300 000	20 300 000	本期发生额

固定资产清理

	借方	贷方	
（17）a	2 000 000	1 500 000	（17）b
		500 000	（17）c
本期发生额	2 000 000	2 000 000	本期发生额

主营业务收入

	借方	贷方	
（21）a	300 000 000	300 000 000	（6）a
本期发生额	300 000 000	300 000 000	本期发生额

主营业务成本

	借方	贷方	
（6）b	220 000 000	220 000 000	（21）b
本期发生额	220 000 000	220 000 000	本期发生额

其他业务收入

	借方	贷方	
（21）a	50 000 000	50 000 000	（7）a
本期发生额	50 000 000	50 000 000	本期发生额

税金及附加

	借方	贷方	
（20）c	3 387 500	3 387 500	（21）b
本期发生额	3 387 500	3 387 500	本期发生额

销售费用

	借方	贷方	
（10）	13 300 000	13 300 000	（21）b
本期发生额	13 300 000	13 300 000	本期发生额

管理费用

	借方	贷方	
（9）	5 000 000	36 600 000	（21）b
（10）	26 600 000		
（15）	5 000 000		
本期发生额	36 600 000	36 600 000	本期发生额

财务费用

	借方	贷方	
（12）	20 000 000	20 000 000	（21）b
本期发生额	20 000 000	20 000 000	本期发生额

信用减值损失

	借方	贷方	
（21）b	50 500	50 500	（16）b
本期发生额	50 500	50 500	本期发生额

投资收益

	借方	贷方	
（21）a	125 000	125 000	（14）b
本期发生额	125 000	125 000	本期发生额

公允价值变动损益

	借方	贷方	
（14）c	500 000	500 000	（21）a
本期发生额	500 000	500 000	本期发生额

资产处置损失

	借方	贷方	
（17）c	500 000	500 000	（21）a
本期发生额	500 000	500 000	本期发生额

所得税

	借方	贷方	
（20）a	13 940 750	13 940 750	（21）b
本期发生额	13 940 750	13 940 750	本期发生额

本年利润

	借方	贷方	
（21）b	307 677 750	349 625 000	（21）a
（21）c	41 947 250		
本期发生额	349 625 000	349 625 000	本期发生额

三、编制试算平衡表

根据上述各实账户余额，编制珠江公司试算平衡表，如表 11-3 所示。

表 11-3　　　　　　　　　　　　　　试算平衡表

编制单位：珠江公司　　　　　　　　　2021 年 12 月 31 日　　　　　　　　　　单位：元

项目	借方金额	贷方金额
库存现金	55 000	
银行存款	19 532 775	
其他货币资金	480 000	
交易性金融资产	4 500 000	
应收账款	89 900 000	
减：坏账准备		449 500
其他应收款	580 000	
原材料	54 000 000	
库存商品	262 330 000	
生产成本	39 370 000	
周转材料	4 000 000	
债权投资	10 125 000	
长期股权投资	0	
固定资产	1 136 200 000	
减：累计折旧		242 000 000
工程物资	0	
在建工程	0	
递延所得税资产	125 000	
短期借款		150 000 000
应付账款		136 500 000
应付职工薪酬		74 500 000
应交税费		0
应付利息		600 000
其他应付款		860 000
一年内到期的非流动负债		180 000 000
长期借款		70 000 000
应付债券		20 000 000
递延所得税负债		5 012 625
实收资本（股本）		100 000 000
资本公积		250 000 000
盈余公积		158 500 000
未分配利润		232 775 650
合计	1 621 197 775	1 621 197 775

第三节
财务报表的编制

一、资产负债表

资产负债表是反映一个企业某一特定日期（通常为 12 月 31 日）财务状况的会计报表，这一天也称资产负债表日。在这张报表中，我们能了解到一个企业的规模（资产总额），由此判断该企业在行业所处的位置和实力。另外，通过资产结构的分析，了解该企业资产分布是否合理以及资产的质量。而从资产负债表的权益方，我们大体可以掌握企业的财务风险，通过资产负债率等指标则能更明确掌握企业的偿债能力等。

资产负债表的
性质与编制

根据上节试算结果，经过简单调整后，我们就可以编制出珠江公司 2021年 12 月 31 日的资产负债表（见表 11-4）。

编制说明：资产负债表基本上是以实账户的期末余额为基础来编制的，大部分会计报表项目与实账户（一级会计科目）的期末余额对应。需要调整的项目说明如下。

（1）货币资金由库存现金、银行存款和其他货币资金组成。

（2）存货由原材料、产成品（或库存商品）、在产品（生产成本）、周转材料等组成。

（3）一年内到期的非流动资产是指从资产负债表日起，在下一个会计年度准备出售的长期资产，这一长期资产将从非流动资产项目转入流动资产项目。

（4）应收账款可以以净额列示，也可以先列总额，然后减去坏账准备。类似的项目有所有计提减值准备的项目，如存货、固定资产等。固定资产可以以净额列示，也可以先列原值，再减累计折旧。

（5）一年内到期的非流动负债是指从资产负债表日起，在下一个会计年度准备偿还的长期负债，这一长期负债将从非流动负债项目转入流动负债项目。

（6）未分配利润属于利润分配的明细科目。

表 11-4　　　　　　　　　　　　　　　资产负债表

会企 01 表

编制单位：珠江公司　　　　　　　　　2021 年 12 月 31 日　　　　　　　　　　单位：元

资产	年末余额	年初余额	负债及所有者权益	年末余额	年初余额
流动资产：			流动负债：		
货币资金	20 067 775	180 508 400	短期借款	150 000 000	150 000 000
交易性金融资产	4 500 000	0	应付票据	0	0
应收票据	0	0	应付账款	136 500 000	180 000 000
应收账款	89 900 000	120 000 000	应付职工薪酬	74 500 000	15 000 000
减：坏账准备	（449 500）	（600 000）	应交税费	0	0
其他应收款	580 000	580 000	应付利息	600 000	
存货	359 700 000	368 300 000	其他应付款	860 000	860 000
一年内到期的非流动资产	0	0	一年内到期的非流动负债	180 000 000	0
其他流动资产	0	0	其他流动负债	0	0
流动资产合计	474 298 275	668 788 400	流动负债合计	542 460 000	345 860 000
非流动资产：			非流动负债：		
其他债权投资	0	0	长期借款	70 000 000	450 000 000
债权投资	10 125 000	0	应付债券	20 000 000	
长期股权投资	0	0	预计负债		
固定资产	1 136 200 000	820 000 000	递延所得税负债	5 012 625	

续表

资产	年末余额	年初余额	负债及所有者权益	年末余额	年初余额
减：累计折旧	（242 000 000）	（200 000 000）	非流动负债合计	95 012 625	450 000 000
工程物资	0	20 000 000	负债合计	637 472 625	795 860 000
在建工程	0	203 400 000	所有者权益：		
无形资产	0		实收资本（股本）	100 000 000	100 000 000
长期待摊费用	0		资本公积	250 000 000	250 000 000
递延所得税资产	125 000	0	盈余公积	158 500 000	150 000 000
非流动资产合计	904 450 000	843 400 000	未分配利润	232 775 650	216 328 400
			所有者权益合计	741 275 650	716 328 400
资产总计	1 378 748 275	1 512 188 400	负债及所有者权益总计	1 378 748 275	1 512 188 400

二、利润表

利润表是反映企业一定期间经营成果的会计报表。如果说资产负债表反映一个企业的经济实力，利润表则反映一个企业的经营能力。实力与能力的区别体现在，前者反映的是一种可能性，后者体现的是一种现实结果。因此，要全面了解一个企业，必须结合资产负债表与利润表。净资产收益率、每股收益等指标都是在结合两张报表的关键项目后，来全面评价一个企业的综合业绩和综合实力。一个既有实力又有能力的企业才是真正的好企业。

利润表的性质与编制

表 11-5 所示是 2021 年度珠江公司的利润表。

表 11-5　　　　　　　　　　　　利润表

会企 02 表

编制单位：珠江公司　　　　　　　　2021 年度　　　　　　　　　　单位：元

项目	本期金额
一、营业收入	350 000 000
减：营业成本	220 000 000
税金及附加	3 387 500
销售费用	13 300 000
管理费用	36 600 000
财务费用	20 000 000
信用减值损失	（50 500）
加：公允价值变动收益	（500 000）
投资收益	125 000
其中：对联营企业和合营企业的投资收益	0
加：资产处置收益（减损失）	（500 000）
二、营业利润	55 888 000
加：营业外收入	0

续表

项目	本期金额
减：营业外支出	0
三、利润总额	55 888 000
减：所得税费用	13 940 750
四、净利润	41 947 250
五、每股收益	
基本每股收益（元/股）	0.4 195[*]
稀释每股收益（元/股）	0.4 195

*基本每股收益=41 947 250÷100 000 000=0.4 195（元/股）。

编制说明：利润表是以虚账户的本期发生额为基础来编制的。利润表通常分单步式和多步式，前者将所有的收入减去所有成本与费用来计算企业净利润；后者则一步一步计算企业净利润。表 11-5 就是按多步式来编制的利润表。按多步式编制利润表可以提供更多的信息。净利润的另一个通俗说法是底线（bottom line），但底线项目包括营业外收支项目，容易混淆企业的实际经营实力。将营业利润单独列示，可以更准确地了解企业的经营能力。因此，相对于净利润，营业利润的信息含量更高，预测价值更大，对决策者的作用更大。

三、现金流量表

资产负债表让我们了解一个企业的经济实力，利润表让我们了解一个企业的经营能力，将两张报表结合起来，我们还能了解企业资产运用的效率和资产回报的大小，为什么还要提供现金流量表？对这个问题的回答就提供了现金流量表有什么作用的答案。

现金流量表的
性质与编制

通俗来讲，资产负债表中反映的资产是企业经营的起点，利润表中的净利润是企业在特定期间的经营结果，或者是一个暂时的终点。但如果我们要了解这中间的过程，这两张报表就无法提供这一答案。现金流量表就充当了两张报表之间的桥梁。现金流量表是反映企业在一定时期的现金及现金等价物流入流出的会计报表。通过这一报表我们可以了解企业核心资产——现金的来源、使用情况，从而掌握企业经营的基本过程。要说明的是，现金流量表中的现金是广义现金的概念，包括货币资产和现金等价物。所谓现金等价物，是指企业持有的期限短（3 个月内到期）、流动性强（可随时变现）、转换金额确定（如债券）、价值变动风险小的投资（有价证券），如 3 个月内到期的债券投资可以视作现金等价物，但股票不能作为现金等价物，因为股票的价值波动大。

从本质上讲，现金流量表是企业经营活动、投资活动和筹资活动的现金流入与流出情况的综合反映，它的基础就是收付实现制。而日常的会计处理和资产负债表与利润表的编制依据是权责发生制，因此，现金流量表的编制存在两种方法：一是重新按收付实现制调整所有的会计业务来编制现金流量表；二是根据涉及现金收付的经济业务按现金流量的每个项目直接计算来编制现金流量表。如果企业的业务量少，可以选择后一种方法；如果业务量大，就要按调整法进行编制。

另外，我国现行的现金流量表，分主表和补充资料两个主要部分：主表直接列示三类活动各主要项目的现金流入额与流出额，补充资料部分则将利润表的净利润调节为经营活动现金净流量。主表的列示方法又称为直接法，前面提到，直接法既可根据经济业务按每个现金流量的

项目直接计算出来，也可以将全部经济业务重新按收付实现制进行调整来编制现金流量表；补充资料编制的方法又称为间接法（见【例 11-2】）。

按直接法编制的现金流量表中，各项目的内容介绍如下。

第一，经营活动产生的现金流量。

（1）销售商品、提供劳务收到的现金为本期或前期销售商品、提供劳务收回的现金，包括向购买者收取的增值税销项税额。

（2）收到的税费返还包括收到的所得税、增值税、教育费附加和城市维护建设税等返还款。

（3）收到的其他与经营活动有关的现金是指除上述项目外收到的其他与经营活动有关的现金，如罚款收入、经营租赁固定资产收到的租金收入、个人赔款等。

（4）购买商品、接受劳务支付的现金包括为本期或前期购买存货支付的现金和支付的增值税进项税额。

（5）支付给职工以及为职工支付的现金包括实际支付给职工的工资、社会保险费等，但支付给工程人员的工资、社会保险费等在"购建固定资产、无形资产和其他长期资产支付的现金"项目中反映。

（6）支付的各项税费为本期实际支付和预交的所得税、增值税、教育费附加和城市维护建设税等。

（7）支付其他与经营活动有关的现金是指除上述项目外支付的其他与经营活动有关的现金，如罚款支出、业务招待费、保险费等。

第二，投资活动产生的现金流量。

（1）收回投资收到的现金包括出售股票投资、债券投资和投资性房地产等收到的现金。

（2）取得投资收益收到的现金反映的是股票投资收到的股利收入和债券利息收入。

（3）处置固定资产、无形资产和其他长期资产收到的现金净额是指处置固定资产、无形资产和其他长期资产收到的收入净额。

（4）购建固定资产、无形资产和其他长期资产支付的现金包括企业购买、建造固定资产，取得无形资产和其他长期资产支付的现金，包括购买与购建支付的增值税和工程及相关人员的工资与社会保险费等。

（5）投资支付的现金是指进行股票和债券投资实际支付的现金，如企业购买债券中所含的利息以及溢价或折价，均按实际支付的金额反映，包括支付的佣金与手续费等现金支出。

要注意的是，企业购买股票和债券时，实际支付的价款中包含已宣告但尚未领取的现金股利或已到付息期但尚未领取的债券利息则在"支付的其他与投资活动有关的现金"项目中列示。

（6）支付的其他与投资活动有关的现金是指除以上各项目外，支付的其他与投资活动有关的现金。

第三，筹资活动产生的现金流量。

（1）吸收投资收到的现金是指发行股票和债券收到的款项净额（即发行收入扣除佣金等发行费用）。

（2）取得借款收到的现金是指举借各种短期、长期借款而收到的现金。

（3）收到的其他与筹资活动有关的现金，是指除上述项目外，收到的其他与筹资活动有关的现金。

（4）偿还债务支付的现金是指本期归还各类债务的本金支付的现金。

（5）分配股利、利润或偿付利息支付的现金是指企业实际支付的利润、现金股利、借款利息等。包括为购建固定资产、无形资产和其他长期资产而发生的借款利息资本化部分。

（6）支付的其他与筹资活动有关的现金，是指除上述项目外，支付的其他与筹资活动有关的现金。

下面根据"库存现金""银行存款"和"其他货币资金"的 T 形账分析填列每个现金流量表的项目（也可以将全部经济业务重新按收付实现制进行调整来编制现金流量表，这一方法在本系列教材《中级财务会计》中介绍），表 11-6 所示是用这种简化方法直接编制的现金流量表。

库存现金

期初余额	55 000		
本期发生额	0	0	本期发生额
期末余额	55 000		

银行存款

期初余额	175 453 400		
（3）	20 000 000	17 000 000	（1）c
（6）a	339 000 000	11 300 000	（2）c
（7）	3 000 000	5 000 000	（8）a
（11）a	80 000 000	10 000 000	（8）b
（17）b	1 695 000	25 000 000	（9）
		100 000 000	（11）b
		200 000 000	（11）c
		40 000 000	（12）
		140 000 000	（13）
		5 000 000	（19）a
		46 315 625	（20）d

其他货币资金

期初余额	5 000 000		
		4 520 000	（2）b
本期发生额	0	4 520 000	本期发生额
期末余额	480 000		

本期发生额	443 695 000	599 615 625	本期发生额
期末余额	19 532 775		

表 11-6 　　　　　　　　　　现金流量表（简化直接法）

会企 03 表

编制单位：珠江公司　　　　　　　　　　2021 年度　　　　　　　　　　单位：元

项目	分析填列		本期金额
一、经营活动产生的现金流量			
销售商品、提供劳务收到的现金	（6）a （7） （11）	339 000 000 3 000 000 80 000 000	422 000 000
收到的税费返还			0
收到的其他与经营活动有关的现金	（17）	195 000	195 000
经营活动现金流入小计			422 195 000
购买商品、接受劳务支付的现金	（2）b （9） （11）b	4 520 000 12 000 000 100 000 000	116 520 000
支付给职工以及为职工支付的现金	（13）	100 000 000	100 000 000
支付的各项税费	（2）c （20）	1 300 000 46 315 625	47 615 625
支付其他与经营活动有关的现金	（9）	5 000 000	5 000 000
经营活动现金流出小计			269 135 625
经营活动产生的现金流量净额			153 059 375
二、投资活动产生的现金流量			
收回投资收到的现金			
取得投资收益收到的现金			
处置固定资产、无形资产和其他长期资产收到的现金净额	（17）	1 500 000	1 500 000
处置子公司及其他营业单位收到的现金净额			
收到其他与投资活动有关的现金			

续表

项目	分析填列		本期金额
投资活动现金流入小计			1 500 000
购建固定资产、无形资产和其他长期资产支付的现金	（2）c （9） （13） （19）	10 000 000 8 000 000 40 000 000 5 000 000	63 000 000
投资支付的现金	（8）	15 000 000	15 000 000
取得子公司及其他营业单位支付的现金净额			
支付的其他与投资活动有关的现金			
投资活动现金流出小计			78 000 000
投资活动产生的现金流量净额			（76 500 000）
三、筹资活动产生的现金流量			
吸收投资收到的现金	（3）	20 000 000	20 000 000
取得借款收到的现金			
收到的其他与筹资活动有关的现金			
筹资活动现金流入小计			20 000 000
偿还债务支付的现金	（11）	200 000 000	200 000 000
分配股利、利润或偿付利息支付的现金	（1） （12）	17 000 000 40 000 000	57 000 000
支付的其他与筹资活动有关的现金			
筹资活动现金流出小计			257 000 000
筹资活动产生的现金流量净额			（237 000 000）
四、汇率变动对现金及现金等价物的影响			0
五、现金及现金等价物净增加额			（160 440 625）
加：期初现金及现金等价物余额			180 508 400
六、期末现金及现金等价物余额			20 067 775

说明：

（1）销售商品、提供劳务收到的现金为本期销售商品和提供劳务（业务 6、业务 7）、收回应收款（业务 11）收到的现金。

（2）收到的其他与经营活动有关的现金为销售固定资产收到的增值税（业务 17）。

（3）购买商品、接受劳务支付的现金包括购买周转材料（业务 2）、生产与生产管理部门使用水电等（业务 9）、归还应付款（业务 11）所支付的现金。

（4）支付给职工以及为职工支付的现金是指偿付工资（业务 13）所支付的现金（不包括支付给工程人员的工资）。

（5）支付的各项税费为本期支付的所得税、增值税、教育费附加和城市维护建设税（业务 20）和购买工程物资支付的增值税（业务 2）。

（6）支付其他与经营活动有关的现金包括管理部门使用水电（业务 9）支付的现金。

（7）处置固定资产、无形资产和其他长期资产收到的现金净额是指固定资产处置的变卖净收入（业务 17）。

（8）购建固定资产、无形资产和其他长期资产支付的现金包括本期工程建设支付的现金（业务 2，业务 9，业务 13，业务 19）。

（9）投资支付的现金是指购买国债和交易性金融证券支付的现金（业务 8）。

（10）吸收投资收到的现金是指发行债券收到的净收入（业务3）。

（11）偿还债务支付的现金是指本期归还的长期借款（业务11）。

（12）分配股利、利润或偿付利息支付的现金是支付上年的股利（业务1）和借款利息（业务12）。

下面再举例简要说明按间接法编制企业现金流量表。[①]

【例11-2】 华南公司提供的2022年比较资产负债表信息和其他相应数据如表11-7所示。

表11-7   比较资产负债表

编制单位：华南公司   2022年12月31日   单位：元

资产	年末数	年初数	负债和所有者权益	年末数	年初数
货币资金	189 000	126 000	应付账款	258 000	151 200
应收账款	476 680	265 000	应付票据	88 200	201 600
减：坏账准备	23 080	13 000	长期借款	907 200	504 000
存货	604 800	504 000	负债合计	1 253 400	856 800
固定资产	2 368 800	1 512 000	股本	1 461 600	1 260 000
减：累计折旧	346 800	252 000	未分配利润	617 400	201 600
固定资产净值	2 022 000	1 260 000	所有者权益合计	2 079 000	1 461 600
无形资产	63 000	176 400			
合计	3 332 400	2 318 400	合计	3 332 400	2 318 400

2022年的其他数据如下。

（1）净利润为705 600元。

（2）当年计提折旧94 800元。

（3）无形资产按账面价值出售。

（4）股利支付289 800元。

（5）用银行存款252 000元购买设备。

（6）从银行借入三年期长期借款604 800元支付设备款。

（7）发行普通股用于偿还201 600元长期借款。

根据上述信息编制2022年度华南公司现金流量表（间接法），如表11-8所示。

表11-8   现金流量表

编制单位：华南公司   2022年12月   单位：元

项目	金额
一、经营活动产生的现金流量（间接法）	
净利润	+705 600
加：折旧费用	+94 800
坏账准备	+10 080
减：应收账款的增加*	-211 680
存货的增加	-100 800
加：应付账款的增加	106 800
减：应付票据的减少	-113 400
经营活动现金净流量	+491 400

[①] 由于【例11-1】采用间接法编制现金流量表相对于原理学习的读者而言过于复杂，我们用了一个简化的实例。有兴趣的读者如果想了解该例采用间接法编制的过程，请参见《学习指导书》第十一章附录。

续表

项目	金额	
二、投资活动产生的现金流量		
出售无形资产	113 400	
购买设备	−252 000	
投资活动现金净流量		−138 600
三、筹资活动产生的现金流量		
支付现金股利	−289 800	
筹资活动现金净流量		−289 800
现金净增加额		63 000

*此处为应收账款总额变动，如果按应收账款净额变动调整，则不用调整坏账准备。

注：非现金投资和筹资活动如下：发行 201 600 元普通股偿还长期借款；借入长期借款 604 800 元，支付设备款。

编制说明：

首先，在三类活动中，经营活动现金流量按间接法从净利润开始调节。

第一，流动资产的减少和流动负债的增加，会增加当期经营活动现金流。因此要作为调整的增加项，如表 11-8 中应付账款的增加。

第二，流动资产的增加和流动负债的减少，会减少当期经营活动现金流。因此要作为调整的减少项，如表 11-8 中应收账款和存货的增加以及应付票据的减少。

第三，资产减值（如坏账准备）和累计折旧不会影响经营活动现金流，因此要作为调整的增加项。

其次，投资活动和筹资活动的现金流动按直接法进行填列，根据比较资产负债表的增加变动和补充资料的信息分析填列。如固定资产原值本期增加 856 800 元，银行存款支付 252 000 元，其余 604 800 元用长期借款支付。

最后，不影响现金增减的投资活动和筹资活动只需要在附注中披露说明。

简 答 题

1. 阐述资产负债表、利润表和现金流量表三张报表之间的关系。

2. 某公司经营出现亏损，但经营活动产生的现金净流量为正。请解释哪些因素会导致这一情况出现。

3. 阐述经济活动与会计报告及会计信息处理系统的关系。

4. 简要说明为何利润表要按多步式编排。

5. 解释以生产为起点通过销售实现企业的利润目标，与从企业目标开始，确定销售，最后开始生产两者之间存在的观念、管理方式和会计核算上的区别。

练 习 题

一、财务报表编制

资料：承【例 11-1】。表 11-9 所示是珠江公司 2021 年 12 月 31 日的比较资产负债表。

货币资金 20 067 775 元由库存现金 55 000 元、银行存款 19 532 775 元、其他货币资金（银行汇票）480 000 元组成。存货 359 700 000 元由原材料 54 000 000 元、产成品 262 330 000 元、半成品 39 370 000 元和周转材料 4 000 000 元组成。

表 11-9 资产负债表

会企 01 表

编制单位：珠江公司　　　　　　　　2021 年 12 月 31 日　　　　　　　　单位：元

资产	年末余额	年初余额	负债及所有者权益	年末余额	年初余额
流动资产：			流动负债：		
货币资金	20 067 775	180 508 400	短期借款	150 000 000	150 000 000
交易性金融资产	4 500 000	0	应付票据	0	
应收票据	0	0	应付账款	136 500 000	180 000 000
应收账款	89 900 000	120 000 000	应付职工薪酬	74 500 000	15 000 000
减：坏账准备	（449 500）	（600 000）	应交税费	0	
其他应收款	580 000	580 000	应付利息	600 000	
存货	359 700 000	368 300 000	其他应付款	860 000	860 000
一年内到期的非流动资产	0	0	一年内到期的非流动负债	180 000 000	0
其他流动资产	0	0	其他流动负债	0	0
流动资产合计	474 298 275	668 788 400	流动负债合计	542 460 000	345 860 000
非流动资产：			非流动负债：		
其他债权投资	0	0	长期借款	70 000 000	450 000 000
债权投资	10 125 000	0	应付债券	20 000 000	
长期股权投资	0		预计负债	0	
固定资产	1 136 200 000	820 000 000	递延所得税负债	5 012 625	
减：累计折旧	（242 000 000）	（200 000 000）	非流动负债合计	95 012 625	450 000 000
工程物资	0	20 000 000	负债合计	637 472 625	795 860 000
在建工程	0	203 400 000	所有者权益：		
无形资产	0	0	实收资本（股本）	100 000 000	100 000 000
长期待摊费用	0	0	资本公积	250 000 000	250 000 000
递延所得税资产	125 000	0	盈余公积	158 500 000	150 000 000
非流动资产合计	904 450 000	843 400 000	未分配利润	232 775 650	216 328 400
			所有者权益合计	741 275 650	716 328 400
资产总计	1 378 748 275	1 512 188 400	负债及所有者权益总计	1 378 748 275	1 512 188 400

珠江公司 2022 年全年发生以下经济业务。

（1）2021 年珠江公司实现净利润 41 947 250 元，董事会决定按净利润的 10% 和 20% 提取法定盈余公积和分配现金股利，股利已支付（提示：上年利润已转入未分配利润账户）。

（2）购买原材料，价款 8 000 万元，增值税税率 13%，款未付；购买周转材料，价款 800 万元，增值税税率 13%，价税款以银行存款支付。

（3）年内发行股票 2 000 万股，面值 1 元，每股售价 5.8 元。发行费用 200 万元。

（4）购买设备，价款 600 万元，增值税税款 78 万元，款未付。

（5）生产领用原材料 1 亿元，周转材料 900 万元。

（6）本期销售商品收入 4 亿元，增值税税率 13%。该商品成本为 2.8 亿元。款已收。

（7）本期提供劳务收入 6 500 万元，增值税税率 6%。先期收款 390 万元，余款 6 500 万元未收。

（8）销售上年购买的股票（购买价 500 万元），上年年末账面价值 450 万元，售价 480 万元。

（9）本年水电、煤气等费用支出 2 000 万元，其中生产部门、生产管理部门和管理部门分配 1 200 万元、300 万元和 500 万元。

（10）登记本年工资费用 1.4 亿元，其中生产部门、生产管理部门、管理部门和销售部门分别为 8 000 万元、2 000 万元、2 500 万元和 1 500 万元。同时按 8%、12% 和 10% 分别计提医疗保险费、养老保险费和住房公积金。另按职工工资总额的 2% 和 1% 计提工会经费和职工教育经费。

（11）本期收回应收账款 5 000 万元，归还应付账款 0.5 亿元和长期借款 1.8 亿元。

（12）本期共支付利息 2 280 万元。

（13）支付应付工资 1.3 亿元（其中支付工程人员工资 1 000 万元）。

（14）上年 7 月 1 日企业发行 5 年期债券，面值 2 000 万元，利率 6%，每年付息一次，6 月 30 日发放第一年的利息。同时，上年购买的国库券面值 1 000 万元，利率 5%，到期一次还本付息，年末登记债券应计利息，登记国债利息收入。

（15）计提固定资产折旧，会计上使用直线折旧法，本年计提 6 500 万元，其中生产部门 5 000 万元，生产管理部门 700 万元，管理部门 800 万元。税法允许使用加速折旧法，按加速折旧法计提额为 7 500 万元。

（16）按 5‰ 计提坏账准备，本年收回前期已确认的一笔坏账 2 万元。

（17）期末在产品完工率 80%，结转产成品成本。

（18）登记应交所得税（25%），本期期初递延所得税资产和负债分别为 125 000 元和 5 012 625 元，本期期末递延所得税资产和负债分别为 13 750 元和 7 500 000 元。结转未交增值税。缴纳所得税、增值税、城市维护建设税（7%）和教育费附加（3%）。

（19）结转本年利润。

要求：

1. 编制 2022 年珠江公司相应的会计分录。

2. 登记 T 形账（包括"应交税费——应交增值税""利润分配——未分配利润"明细账）。

3. 编制试算平衡表。

4. 编制当年资产负债表、利润表和现金流量表（直接法）。

（提示：建议以小组形式完成此题。）

二、编制现金流量表（间接法）

南方公司 2022 年比较资产负债表信息和其他相应数据如表 11-10 所示，请根据所提供的资料，按间接法编制 2022 年度南方公司现金流量表。

表 11-10 　　　　　　　　　　　　比较资产负债表

编制单位：南方公司 　　　　　　　　2022 年 12 月 31 日 　　　　　　　　　　　单位：元

资产	年末数	年初数	负债和所有者权益	年末数	年初数
货币资金	270 000	81 000	应付账款	270 000	252 000
应收账款	276 000	240 000	预提费用	162 000	189 000
减：坏账准备	13 500	9 300	应付债券	375 000	180 000
存货	465 000	525 000	负债合计	807 000	621 000
待摊费用	22 500	20 400			
固定资产	1 131 000	912 000	股本	300 000	300 000
减：累计折旧	96 000	39 000	资本公积	195 000	195 000
固定资产净值	1 035 000	873 000	未分配利润	813 000	719 100
无形资产	60 000	105 000	所有者权益合计	1 308 000	1 214 000
合计	2 115 000	1 835 100	合计	2 115 000	1 835 000

其他相关资料为：2022 年度净利润 174 900 元，支付股利 81 000 元，计提折旧 57 000 元，无形资产摊销 15 000 元，无形资产本年转让按账面价值进行。

案例分析——比较分析①

---

① 本章新增了案例分析，具体内容见配套的《会计教学案例》，教师可根据教学情况使用。

补充资料 | 合并财务报表①

一、合并报表的编制原理

我们前面介绍的都是针对单一报表（独立法人企业或独立会计主体）的编制。这一节我们讨论合并财务报表（以下简称"合并报表"）编制的基本原理和如何阅读理解合并报表，首先我们介绍合并报表的编制原理。

（一）长期股权投资的成本法与权益法

每个独立法人企业（股份有限公司或有限责任公司）或独立会计主体（独资或合伙企业）编制的会计报表称为单独报表。为多个法人（包括独立会计主体）组成的集团公司编制的报表称为合并报表。一个企业集团由一家控制公司（母公司）和一个或多个被控制公司（子公司）组成。母公司与子公司的联系纽带是股权。

一家公司购买另一家公司的股票，购买方称为投资方，被购买方称为被投资方，如果投资方对被投资方的决策产生不了重大影响，这种股票投资（或股权投资）的会计核算采用公允价值法（参见第四章）；如果投资方对被投资方的决策能产生重大影响，这时被投资方就成为投资方的联营公司，这种股权投资采用长期股权投资进行核算，会计核算采用权益法； 如果投资方能控制被投资方的决策，这时被投资方就成为投资方的子公司②，投资方则为母公司，这种股权投资采用长期股权投资进行核算，会计核算可以采用权益法或成本法进行③。

【附例11-1】 珠江公司2022年1月1日以银行存款7 650 000元购买S公司70%的股权，高于S公司账面净资产2 400 000元溢价收购（溢价收购分配表参见附表11-1）。2022年S公司实现净利润1 000 000元，宣布分配现金股利500 000元。另外，本年摊销（母公司报表中）的可辨认资产与负债的公允价值调整额为346 500元（70%部分）。

附表 11-1　　　　　　　　　溢价收购分配表*（母公司）　　　　　　　　　单位: 元

分配项目	公允价值	账面价值	投资比例	分配金额
存货	2 900 000	2 500 000	400 000×70%	280 000
固定资产	6 700 000	5 200 000	1 500 000×70%	1 050 000
长期应付款	900 000	1 000 000	（100 000×70%）	（70 000）
可辨认净资产分配额				1 400 000
商誉				1 000 000
溢价收购				2 400 000

① 对于非会计类专业学生，由于一般不再开设《中级财务会计》及《高级财务会计》等后续财务会计的课程，但现行财务报表大多以合并报表的形式出现，为了有助于理解合并报表，特别附录此部分内容，本节的重点不是掌握合并报表的编制方法，而重在理解合并报表编制逻辑和如何看懂合并报表。

② 如果一家被投资企业同时由两个或以上投资方控制，则称共同控制，共同控制方称合营方，被控制方称合营企业或共同经营。

③ 我国现行准则规定，母公司对子公司长期股权投资要求采用成本法，编制合并报表时再调整到权益法的基础上后进行合并。

珠江公司按权益法编制对S公司长期股权投资的有关会计分录。

2022年1月1日，登记长期股权投资分录。

a. 借：长期股权投资——S公司   7 650 000

    贷：银行存款   7 650 000

2022年12月31日，按投资比例确认本年对S公司投资收益。

b. 借：长期股权投资——S公司（1 000 000×70%）   700 000

    贷：投资收益   700 000

登记应收S公司股利。

c. 借：应收股利——S公司（500 000×70%）   350 000

    贷：长期股权投资——S公司   350 000

摊销投资成本差额中可辨认净资产公允价值调整部分。

d. 借：投资收益   346 500

    贷：长期股权投资——S公司   346 500

如果珠江公司按成本法编制对S公司长期股权投资的有关会计分录。则：

2022年1月1日，登记长期股权投资分录。

a. 借：长期股权投资——S公司   7 650 000

    贷：银行存款   7 650 000

2022年12月31日，登记应收S公司股利。

b. 借：应收股利——S公司（500 000×70%）   350 000

    贷：投资收益   350 000

从成本法与权益法两种方法中，我们可以看出，成本法更注重法律形式，拿到手的真金白银才算真正的收益。而权益法下，则更注重经济实质，由于能对子公司的决策实施控制，子公司的实现的收益即为母公司的投资回报。

（二）合并报表的编制原理（单行合并与报表合并）

对于联营与合营企业，不要求编制合并报表，即这两类企业的资产与负债、收入与费用不纳入合并报表。只有形成母子关系组成企业集团，才需要编制集团合并报表，将母子公司资产与负债、收入与费用以及现金流合并成一张报表（是指母子公司的个别的资产负债表、利润表及现金流量表分别合并成一张合并表）。

参见附表11-2，合并前，母公司与子公司的所有联系都体现在母公司单独报表上，在资产负债表一就是通过长期股权投资项目、利润表上就是通过投资收益项目来对应连结的，合并后，母公司资产负债表中长期股权投资替换成子公司的资产与负债、母公司利润表中的投资收益来替换成子公司的收入与费用。此外，报表合并时，如果母公司不是100%收购其所有股权，还需要确认少数股东权益；如果溢价收购，还需要调整子公司各项资产与负债的账面价值的调整额（调整后还存在溢价的则确认为商誉）。收购后，母子公司发生的关联交易形成的往来项目、以及由此产生的未实现损益要进行抵销，同时，如果母公司不是100%收购其所有股权，则要确认并购后产生的少数股东收益与少数股东权益。合并报表编制的这一程序可归纳为如附图11-1所示。

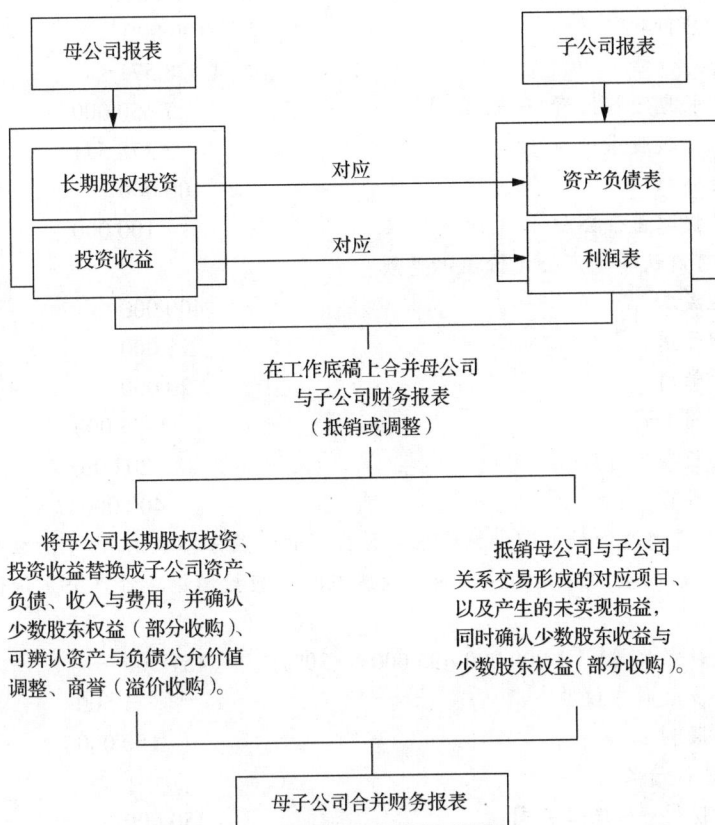

附图 11-1　合并报表编制流程图

下面通过一个实例简要说明合并报表编制的过程。

【附例11-2】　接【附例11-1】，编制合并一年后珠江公司与S公司的合并报表。根据【附例11-1】长期股权投资按权益法核算的结果，长期股权投资的本年发生额和期末余额分别为3 500元和7 653 500元，投资收益本期发生额为353 500元。另外，本年摊销（合并报表中）的可辨认资产与负债的公允价值调整额为495 000元（100%）：其中存货结转营业成本400 000元、固定资产结转折旧费用75 000元、长期应付款结转财务费用20 000元。购买商誉（70%）为1 000 000元，整体商誉（100%）为1 428 571元（1 000 000/70%）。

（1）编制抵销和调整分录。

抵销本年长期股权投资及投资收益。

a. 借：投资收益　　　　　　　　　　　　　　　353 500
　　贷：股利　　　　　　　　　　　　　　　　　　　350 000
　　　　长期股权投资——S公司　　　　　　　　　　　3 500

抵销珠江公司期初长期投资与S公司账面净资产，分配合并价差。

b. 借：股本　　　　　　　　　　　　　　　　　1 000 000
　　　资本公积　　　　　　　　　　　　　　　　4 500 000
　　　盈余公积　　　　　　　　　　　　　　　　　500 000
　　　未分配利润　　　　　　　　　　　　　　　1 500 000
　　　存货　　　　　　　　　　　　　　　　　　　400 000

    固定资产   1 500 000

    长期应付款   100 000

    商誉   1 428 571

     贷：长期股权投资——S 公司   7 650 000

      少数股东权益   3 278 571

  c. 借：盈余公积   100 000

     贷：提取盈余公积   100 000

摊销 S 公司可辨认净资产公允价值调整额。

  d. 借：营业成本   400 000

    折旧费用   75 000

    财务费用   20 000

     贷：固定资产   75 000

      长期应付款   20 000

      存货   400 000

  确认本期少数股权增加数（即少数股东对 S 公司的收益分享额），由于少数股权是按净资产的公允价值加商誉后的金额计算的，因而少数股东收益应按摊销净资产公允价值升值与商誉后的净利润来计算。

  e. 借：少数股东收益 [（1 000 000-495 000）×30%]   151 500

     贷：少数股东权益   1 500

      股利   150 000

抵销公司间债权债务。

  f. 借：应付股利——珠江公司   350 000

     贷：应收股利——S 公司   350 000

（2）编制合并工作底稿（见附表 11-2）。

附表 11-2   珠江公司合并工作底稿（合并一年后）   单位：元

合并项目	珠江	S（70%）	抵销与调整分录		合并金额
			借	贷	
利润表					
营业收入	50000000	10000000			60000000
投资收益*	353500		a. 353500		
营业成本	35000000	7000000	d. 400000		42400000
折旧费用	2500000	400000	d. 75000		2975000
管理费用	5753500	1000000			6753500
财务费用	1000000	100000	d. 20000		1120000
所得税	1800000	500000			2300000
少数股东收益			e. 151500		151500
净利润	4300000	1000000			4300000
利润分配表					

续表

合并项目	珠江	S（70%）	抵销与调整分录		合并金额
			借	贷	
期初未分配利润	3000000	1500000	b. 1500000		3000000
净利润	4300000	1000000			4300000
股利	2000000	500000		a. 350000 e. 150000	2000000
盈余公积	430000	100000		c. 100000	430000
期末未分配利润	4870000	1900000			4870000
资产负债表					
货币资金	4246500	1400000			5646500
应收账款	15000000	3200000			18200000
应收票据	1000000	600000			1600000
存货	5350000	3500000	b. 400000	d. 400000	8850000
应收股利	350000			f. 350000	
固定资产	55000000	8000000	b. 1500000	d. 75000	64425000
减：累计折旧	12500000	3200000			15700000
长期股权投资——S公司*	7653500			a. 3500 b. 7650000	
商誉			b. 1428571		1428571
合计	76100000	13900000			84450071
银行借款	10000000	2000000			12000000
应付账款	17000000	1500000			18500000
长期应付款	10000000	1000000	b. 100000	d. 20000	10920000
应交税费	1800000	500000			2300000
应付股利	2000000	500000	f. 350000		2150000
股本	5000000	1000000	b. 1000000		5000000
资本公积	20000000	4500000	b. 4500000		20000000
盈余公积	5430000	600000	c. 100000 b. 500000		5430000
未分配利润	4870000	1900000			4870000
少数股东权益				b. 3278571 e. 1500	3280071
合计	76100000	13900000			84450071

*合并报表前的单行合并项目。

二、合并报表的阅读与理解

合并报表自 20 世纪初开始在美国流行。1977 年前，日本几乎没有合并会计实务。1992 年，欧盟才要求推进合并报表编制的工作，同期，国际会计准则委员会（IASB）鼓励推行合并报表[①]。我国从 1995 年开始要求编制合并报表。

合并报表编制的意义在于，首先，将集团公司作为一个整体，可以清晰地反映整个集团的资产、负债结构，收入、费用结构。这样对比单行合并，有利于信息使用者了解集团的经济资源与分布、风险水平、收入结构与费用结构、利润质量等。其次，将集团公司作为一个整体编制一张合并报表，比起阅读一张母公司报表和无数张子公司报表，更有效率。最后，集团公司之间会经常发生内部交易，通过合并报表抵销内部交易，反映出的集团公司的财务状况、经营成果和现金流量信息才更真实、可靠。

下面讨论合并报表编制中的几个问题，通过这些问题的讨论，便于大家更好地理解和阅读合并报表。

（一）计价

企业合并会计中，存在两种方法：购买法和权益结合法（对应我国的同一控制下和非同一控制下的企业合并），由于 IASB 要求合并采用购买法，这里我们主要讨论购买法。

购买法下，合并报表中子公司的资产、负债要求按公允价值计价。

如果母公司完全按子公司账面净资产完成收购，单行合并转换成合并报表的抵销分录为：

借：净资产（子公司）

贷：长期股权投资（母公司）

在合并工作底稿中，通过抵销子公司净资产和母公司长期股权投资，正好将子公司各项资产与负债的账面价值与母公司相应项目合并起来。

如果母公司完全按子公司可辨认净资产的公允价值完成收购，单行合并转换成合并报表的抵销分录为：

借：净资产（账面）

各项资产负债公允价值与账面价值之间的调整额（子公司）

贷：长期股权投资（母公司）

在合并工作底稿中，通过抵销子公司净资产和母公司长期股权投资，以及调整各项资产负债公允价值与账面价值之间的差额，正好将子公司各项资产与负债的公允价值与母公司相应项目合并起来。

（二）少数股东权益

上面的讨论都是基于母公司对子公司净资产的 100%的收购。现实中，更多的是部分股权收购而取得子公司控股权。对应上面两种情形，则抵销分录变成。

如果母公司完全按子公司账面净资产完成部分收购（假定 70%），单行合并转换成合并报表的抵销分录为：

借：净资产（100%）

贷：长期股权投资（70%）

少数股东权益（30%）

在合并工作底稿中，通过抵销子公司 100%净资产和对应子公司 70%净资产的母公司长期股

---

① 查尔斯·T·亨格瑞：《财务会计教程》（第八版），第 279 页，北京，人民邮电出版社，2005。

权投资，正好将子公司 30%的净资产确认为子公司少数股东权益。

如果母公司完全按子公司可辨认净资产的公允价值完成收购，单行合并转换成合并报表的抵销分录为：

借：净资产（账面）

　　各项资产负债公允价值与账面价值之间的调整额（子公司）

　　贷：长期股权投资（母公司）

　　　　少数股东权益（30%净资产的公允价值）

在合并工作底稿中，通过抵销子公司净资产和母公司长期股权投资，以及调整各项资产负债公允价值与账面价值之间的差额，正好将子公司各项资产与负债的公允价值与母公司相应项目合并起来，同时按子公司净资产的公允价值的 30%确认少数股东权益。

（三）商誉

前面讨论的两种情形，一是按子公司净资产账期面价值的 100%收购或部分收购，二是按子公司可辨认净资产公允价值的 100%收购或部分收购。实际上还存在一种最常见的收购方式，即按子公司净资产公允价值进行部分溢价收购。在【例 6-5】中的购买就属于部分股权的溢价购买。这里的溢价就是指购买价格超过部分股权可辨认净资产的公允价值。

在商誉的计价中，有两种方式[①]：一种是购买商誉，即部分商誉；另一种是整体商誉，在【附例 11-2】中，购买商誉（70%）为 1 000 000 元，整体商誉（100%）为 1 428 571 元（1 000 000/70%）。两种情形的抵销分录如下。

第一种，确认部分商誉。

借：净资产（账面）

　　各项资产负债公允价值与账面价值之间的调整额

　　商誉（70%）

　　贷：长期股权投资（母公司）

　　　　少数股东权益（30%净资产的公允价值）

第二种，确认整体商誉。

借：净资产（账面）

　　各项资产负债公允价值与账面价值之间的调整额

　　商誉（100%）

　　贷：长期股权投资（母公司）

　　　　少数股东权益（30%净资产的公允价值+30%商誉）

（四）抵销

为了避免重复计算，集团内部的关联交易合并时要求抵销。这种抵销分两类：一类是关联交易形成的重复项目；另一类是关联交易产生的未实现利润。

【附例 11-3】 假定珠江公司并购 S 公司后，双方了生内部交易，珠江公司向 S 公司销售商品，成本价 30 000 元，售价 50 000 元，珠江公司已经发货并登记销售收入，但 S 公司还未将此商品对外出售，购货款也未支付。

这一交易中需要抵销的分录就是两类：一类是关联交易形成的往来项目——应收与应付款项，以及销售形成的营业收入和营业成本的重复项目。抵销分录如下。

[①] 我国现行准则规定确认部分商誉（即购买商誉），美国规定确认整体商誉，IASB 规定可以两种中选择其中一种。

借：应付账款   50 000
  贷：应收账款   50 000
借：营业收入   50 000
  贷：营业成本   50 000

另一类是关联交易产生的未实现利润。S 公司将购买的成本为 30 000 元的商品登记为 50 000 元，虚增存货 20 000 元，另外，将营业成本冲减 20 000 元，使珠江公司结转的销售成本从 50 000 元调整为 30 000 元。

借：营业成本   20 000
  贷：存货   20 000

销售抵销的分录可以合二为一。

借：营业收入   50 000
  贷：营业成本   30 000
    存货   20 000

合并抵销的分录类型很多，这里只是举一个简单的抵销分录来说明抵销的基本原理。